OEUVRES

COMPLÈTES

DE CHAMFORT.

TOME PREMIEE.

DE L'IMPRIMERIE DE DAVID,
RUE DU FAUBOURG POISSONNIÈRE, N° 1.

OEUVRES
COMPLÈTES
DE CHAMFORT,

RECUEILLIES ET PUBLIÉES, AVEC UNE NOTICE HISTORIQUE
SUR LA VIE ET LES ÉCRITS DE L'AUTEUR,

Par P. R. AUGUIS.

TOME PREMIER.

PARIS.

CHEZ CHAUMEROT JEUNE, LIBRAIRE,

PALAIS-ROYAL, GALERIES DE BOIS, N° 189.

1824.

NOTICE HISTORIQUE

SUR LA VIE ET LES ÉCRITS

DE CHAMFORT.

Il n'aurait été d'aucun avantage pour la mémoire de Chamfort qu'il eût tenu aux familles les plus distinguées; il aurait dû être aussi tout à fait indifférent que Nicolas (c'était le nom qu'on lui donna avant qu'il en prit un) ait été sans naissance, et même, pour ainsi dire, sans famille, s'il n'en était trop souvent résulté pour lui le malheur de jeter sur la société un coup-d'œil amer, de prendre de bonne heure en haine ses institutions, et de s'habituer à regarder comme les plus contraires au bonheur et à la morale, celles là même qui ont été créées pour la garantir. S'il y a peu de mérite à tenir son âme au niveau d'une situation élevée (quoique ce mérite même ne soit pas commun), il y en a beaucoup à l'élever au-dessus d'une situation réputée basse; il y en a surtout à se créer une morale pure et transcendante, quand on se trouve, en naissant, placé comme en contradiction avec les notions de la morale la plus vulgaire.

Sébastien - Roch - Nicolas Chamfort naquit en 1741, dans un village voisin de Clermont en Auvergne. Il ne lui fut permis de connaître et d'aimer que sa mère; et, quoiqu'il sût de très-bonne heure le secret de sa naissance, il ne s'écarta jamais du respect et de l'amour d'un fils. Admis, sous le nom de Nicolas, au collége des Grassins, en qualité de boursier, ses premières années n'y eurent rien de remarquable; il ne commença à se distinguer qu'en Troisième, et termina sa Rhétorique par les plus brillans succès; il obtint tous les prix. Son esprit naturellement caustique avait déjà contracté des habitudes satiriques, qui le firent renvoyer du collége avant d'avoir terminé sa Philosophie. Letourneur, qui depuis s'est fait connaître par ses traductions d'auteurs anglais, partagea sa disgrâce; ils parcoururent de compagnie quelques parties de la Normandie, et revinrent demander un asile au collége qui les avait renvoyés, et qui les reprit. Jeté, à quelque temps de là, dans le monde, sans fortune et sans appui, Chamfort se trouva bientôt réduit à l'état le plus misérable; il ne subsistait que de son travail pour quelques journalistes et pour quelques prédicateurs, dont il faisait les sermons. Son caractère, plus fort que l'adversité, luttait avec avantage contre elle; il se repaissait à l'avance du succès des ouvrages qu'il n'avait pas encore composés. Dans le temps qu'il travaillait à sa comédie de la *Jeune Indienne*, et qu'il faisait l'*Épître d'un père à son fils*, il disait à Sélis: « Savez-vous ce qui m'arrivera ? j'aurai un prix à l'Académie, ma comédie réussira, je me trouverai lancé dans le monde, et accueilli par les grands que je méprise ; ils feront ma fortune sans que je m'en mêle, et je vivrai ensuite en philosophe. » Heureux pressentiment ! l'épître obtint le prix, et la comédie fut applaudie. Un esprit brillant, des réparties ingénieuses, une figure agréable, achevèrent ce que le talent avait commencé; mais les succès que Chamfort eut auprès des femmes ne tardèrent pas à le désabuser sur les plaisirs qu'on trouve dans le grand monde. Cet Hercule sous la figure d'un Adonis, perdit la beauté de l'un, sans conserver la force de l'autre; ses traits restèrent affectés; des humeurs âcres se jetèrent sur ses yeux. Un voyage qu'il fit à Spa, puis à Cologne, ne lui rendit pas la santé qu'il avait espéré y retrouver. Cet homme qui avait supporté la mauvaise fortune avec tant de courage, devint la proie d'une mélancolie profonde ; et l'indigence qui s'était un moment éloignée de lui, ne tarda pas à revenir l'assaillir; mais il trouva dans les soins généreux de l'amitié un soulagement à ses maux.

L'Académie française qui avait couronné l'*Épître d'un père à son fils*, couronna, en 1769, l'*Eloge de Molière*, proposé pour sujet du prix d'éloquence. L'année suivante, Chamfort donna au théâtre la charmante comédie du *Marchand de Smyrne.* Ce fut à cette époque que Chabanon lui fit accepter la pension de douze cents livres qu'il avait sur le *Mercure de France.* Chamfort employa ce don de l'amitié à faire les frais d'un voyage à Contrexeville, pour y prendre les eaux et achever sa guérison.

L'académie de Marseille avait proposé pour sujet de prix l'*Eloge de La Fontaine.* M. Necker, qui savait que La Harpe avait concouru, ajouta une somme de 2,400 livres, ne doutant pas que l'ouvrage de La Harpe ne fût couronné. Il en fut autrement; Chamfort, excité par les circonstances piquantes qui accompagnaient la couronne proposée, entreprit de l'enlever, et y réussit. Les deux ouvrages imprimés eurent, devant le public, le même sort qu'à l'académie de Marseille : on en porte encore aujourd'hui le même jugement; et celui de Chamfort est resté comme un des morceaux les plus précieux que le genre de l'éloge nous ait fournis. Le commentaire sur les *Fables de La Fontaine* prouve d'ailleurs avec quelle attention Chamfort avait étudié notre fabuliste.

Il ne pouvait travailler que dans les intervalles de santé que la maladie lui laissait. Il espéra que les eaux de Barrège seraient plus efficaces que celles de Contrexeville; mais, à défaut de santé, il y trouva plusieurs dames de la cour, qui prirent un goût particulier à sa conversation ingénieuse et piquante. A son retour, la duchesse de Grammont l'engagea à s'arrêter à Chanteloup, chez le duc de Choiseul son frère, qui devait lui-même une grande partie de sa réputation à l'amabilité de son esprit, et qui fut charmé de celui de Chamfort. En effet, quand il ne voulait être qu'homme du monde, il était précisément ce qu'il fallait pour y plaire.

Les besoins de sa santé avaient encore une fois absorbé les ressources de ses ouvrages. Il s'était retiré, avec sa misantropie, à Sèvres, dans un appartement que madame Helvétius lui avait fait meubler, résolu de se laisser entièrement oublier du public. Il fallait cependant un aliment à l'inquiète activité de son esprit; sa tragédie de *Moustapha et Zéangir*, commencée depuis longtemps, abandonnée et reprise vingt fois dans les alternatives de langueur et de force qu'éprouvait sa santé, fut achevée dans cette retraite : plusieurs scènes de cette pièce prouvent avec quelle attention Chamfort avait étudié la manière de Racine, et jusqu'où il en aurait peut-être porté l'imitation, s'il n'eût été sans cesse distrait par ses maux et par des travaux étrangers à ses goûts. Représentée en 1776, à Fontainebleau, la tragédie de Moustapha obtint un succès que le public confirma, et qui valut à l'auteur une pension sur les menus et la place de secrétaire des commandemens du prince de Condé. Mais Chamfort qui s'indignait à la seule pensée de dépendance, n'éprouva plus que le besoin de briser les liens dont il se croyait garotté : d'abord il remit son brevet d'appointemens; et bientôt, se trouvant mal à l'aise dans un palais où tout lui parlait de grandeurs, il voulut aller respirer ailleurs l'air de la liberté. On ne manqua pas de crier à l'ingratitude; et pourtant ce n'était que l'effet de cette humeur ombrageuse, pour qui le poids de la reconnaissance était même un trop pesant fardeau.

Il s'était retiré en auteur dégoûté des grands, du monde, et des succès littéraires. Une femme aimable, dont il fit la connaissance à Boulogne, lui tint lieu, pendant six mois, de tout ce qu'il voulait oublier. La mort vint rompre des liens que l'habitude n'aurait pas tardé à relâcher. Retombé dans une morne mélancolie, Chamfort en fut tiré par M. de Choiseul-Gouffier, qui l'emmena avec lui en Hollande; le comte de Narbonne était du voyage ; son esprit vif et étincelant puisait de nouvelles saillies dans celui de Chamfort.

Admis à l'Académie française, à la place de Sainte-Palaye, il prononça un discours de réception, qui est resté un des morceaux les plus remarquables de ce genre. Depuis que son esprit et ses succès l'avaient lancé dans le grand monde, il n'y était pas resté spectateur oisif, ni, si l'on veut, spectateur bénévole; les vices qu'on appelait aimables, les ridicules consacrés et passés en usage, avaient fixé ses regards; et c'était par le plaisir de les peindre qu'il se dédomageait souvent de l'ennui et de la fatigue de les voir. Ses contes, où la science des mœurs était, comme dans la société, revêtue d'expressions spirituellement décentes, devinrent une galerie de portraits frappans de ressemblance ; et dans ses tableaux malins, piquans et variés, le peintre habile eut l'art d'amuser surtout ses modèles. C'était à qui se ferait son ami, croyant trouver dans l'amitié un abri sûr contre les traits de la malignité. Mais Chamfort ne prenait pas le change sur la nature de cet empressement. « J'ai, disait-il, trois sortes d'amis ; mes amis qui me détestent, mes amis qui me craignent, et mes amis qui ne se soucient pas du tout de moi. » Mirabeau chercha et saisit l'occasion de se lier avec lui. Entre ces deux hommes, si différens en apparence, il s'établit promptement une véritable intimité, qui eut sa source dans le besoin que Mirabeau, dévoré de la soif de la gloire littéraire, avait du talent de Chamfort ; et dans l'amour-propre de Chamfort, que savait si bien caresser l'homme le plus habile qui fut jamais à se faire des amis de ceux qui pouvaient lui être utiles. Le caractère principal de l'un s'alliait avec ce que l'autre avait d'accessoire. La force, l'impétuosité, la sensibilité passionnée dominaient dans Mirabeau ; la finesse d'observation, la délicatesse ingénieuse, dans Chamfort.

Pendant tout le temps de cette liaison, que la mort seule de Mirabeau paraît avoir rompue, il soumettait à Chamfort non-seulement ses ouvrages, mais ses opinions, sa conduite ;

l'espérance ou la crainte de ce qu'en penserait Chamfort, était devenue pour l'âme fougueuse de Mirabeau une sorte de conscience. Il le regardait comme son supérieur et son maître, même en force morale. Le caractère connu de Mirabeau laisse douter de la sincérité de ces protestations. Il paraît constant, d'un autre côté, que Chamfort eut beaucoup de part à plusieurs de ses ouvrages, et qu'on doit lui attribuer les morceaux les plus éloquens du livre sur l'ordre de Cincinnatus. On en trouve des preuves évidentes dans les lettres de Mirabeau à Chamfort, imprimées à la fin de notre quatrième volume. La révolution que leurs vœux avaient devancée, les trouva tous les deux prêts à la servir. Tandis que Mirabeau la proclamait à la tribune nationale, elle absorbait Chamfort tout entier. De sa tête active et féconde, jaillissaient les idées de liberté, revêtues de formes piquantes; jamais il ne dit plus de ces mots qui frappent l'imagination et qui restent dans la mémoire. Son cœur et son esprit étaient remplis de sentimens républicains; il applaudissait au décret qui supprimait les pensions; et pourtant toute sa fortune était en pensions, il les remplaça par le travail; et le *Mercure de France* s'enrichit de la nécessité dans laquelle on le mettait encore une fois, de se faire une ressource de sa plume. Ses articles étaient autant de petits ouvrages, tous plus piquans les uns que les autres. Il commença aussi le recueil important des *Tableaux de la Ré-*

volution, où, dans des discours accompagnés de gravures, les événemens remarquables sont éloquemment retracés. Chamfort en donna treize livraisons, contenant chacune deux tableaux. L'ouvrage fut continué jusqu'à la vingt-cinquième livraison, par M. Ginguené. Plus d'un orateur, dans l'assemblée constituante, mit à contribution son talent et son patriotisme. Il avait composé pour Mirabeau le *Discours contre les Académies*. Il ne paraissait aux assemblées populaires que dans les momens où il y avait du danger à s'y montrer. Habitué à parler en homme libre, il ne pouvait se persuader qu'il fût dangereux de s'expliquer franchement sur les hommes et les choses. Il n'avait pas attendu la révolution pour le faire : ni Marat, ni Robespierre, ni aucun de ceux qui commençaient à peser sur la France, n'étaient exempts de ses saillies. Indigné de la prostitution qu'ils avaient faite du doux nom de fraternité, il traduisait cette inscription tracée sur tous les murs, *Fraternité ou la mort*, par celle-ci : *Sois mon frère ou je te tue*. Il disait : *La fraternité de ces gens-là est celle de Caïn et d'Abel*. On lui faisait observer qu'il avait répété plusieurs fois ce mot : « Vous avez raison, répondit-il, j'aurais dû dire, pour varier, d'*Étéocle et de Polynice*. » Ses sarcasmes étaient autant de crimes qui étaient notés, dénoncés, et dont on se promettait dès lors de lui faire porter la peine. Cependant, comme c'était sous le masque du patriotisme et au nom de la liberté, qu'à cette époque déplorable on persécutait les patriotes et qu'on établissait la tyrannie, Chamfort était assez difficile à atteindre : depuis le commencement de la révolution, il marchait sur la même ligne, et en quelque sorte aux premiers rangs de la phalange républicaine; nul n'avait supporté, avec plus de courage, et ses propres pertes, et les crises violentes qui avaient agité le corps politique, et cette espèce de réforme, ou si l'on veut ce commencement de dégradation sociale, qui, rangeant l'esprit parmi les objets de luxe, privait nécessairement l'amour-propre d'une partie de ses jouissances.

Ses bons mots, en passant de bouche en bouche, attestaient ses opinions et ses sentimens populaires. L'homme qui avait proposé pour devise à nos soldats entrant en pays ennemi : *Guerre aux châteaux, paix aux chaumières;* celui qui disait en 1792 : *Je ne croirai pas à la révolution, tant que je verrai ces carosses et ces cabriolets écraser les passans*, ne pouvait pas aisément être regardé comme un ennemi du peuple.

Il avait été nommé l'un des bibliothécaires de la Bibliothèque nationale, par le ministre Rolland; c'en fut assez. Dénoncé par un certain Tobiesen Duby, employé subalterne dans le même établissement, il fut arrêté avec ses collègues, et conduit aux Madelonnettes. Il n'en sortit que pour rester sous la surveillance d'un gendarme, qui ne le quittait pas. Il avait conçu pour la prison une horreur profonde, et jurait de mourir plutôt que de s'y laisser reconduire. Cependant la tyrannie érigée par le crime, appuyée sur la terreur publique, devenait de jour en jour plus cruelle ; on signifie brusquement à Chamfort qu'il faut retourner dans une maison d'arrêt ; il se souvient de son serment : sous prétexte de faire ses préparatifs, il se retire dans une pièce voisine, s'y renferme, charge un pistolet, veut le tirer sur son front, se fracasse le haut du nez et s'enfonce l'œil droit. Étonné de vivre et résolu de mourir, il saisit un rasoir, essaie de se couper la gorge, y revient à plusieurs reprises, et se met les chairs en lambeaux ; l'impuissance de sa main ne change rien aux résolutions de son âme ; il se porte plusieurs coups vers le cœur, et commençant à défaillir, il tâche par un dernier effort de se couper les deux jarrets, et de s'ouvrir les veines. Enfin, vaincu par la douleur, il pousse un cri et se jette sur un siège. Les personnes qui se trouvaient chez lui, et avec lesquelles il venait de dîner, averties de ce qui se passait par le bruit du coup de pistolet et par le sang qui coule à flots sous la porte, se pressent autour de Chamfort pour étancher le sang avec des mouchoirs, des linges, des bandages ; mais lui, d'une voix ferme, déclare qu'il a voulu mourir en homme libre, plutôt que d'être reconduit en esclave dans une maison d'arrêt, et que si, par violence, on s'obstinait à l'y traîner dans l'état où il est, il lui reste assez de force pour achever ce qu'il a commencé. « Je suis un homme libre, ajouta-t-il, jamais on ne me fera rentrer vivant dans une prison. » Il signa cette déclaration où respire l'énergie du plus ferme caractère; et sans daigner s'apercevoir qu'il pouvait être entendu des nombreux agens de la tyrannie, il continua de s'expliquer librement sur les motifs de l'action qu'il venait de commettre. Il disait à ses amis : « Voilà ce que c'est que d'être maladroit de la main ; on ne réussit à rien, pas même à se tuer. Et cependant je pouvais le faire en sûreté, ajoutait-il ; je ne craignais pas du moins d'être jeté à la voierie du Panthéon. » C'était ainsi qu'il l'appelait depuis l'apothéose de Marat. Contre son attente, les progrès de la guérison furent très-rapides ; il s'amusait à traduire les épigrammes de l'anthologie ; et, tout meurtri des coups qu'il s'était portés pour se soustraire à ceux de la tyrannie, il ne craignait pas de se montrer aux tyrans. Les tendres soins qu'il avait reçus de l'amitié semblaient avoir adouci l'idée du besoin qu'il en avait eu. « Ce n'est point à la vie que je suis revenu, disait-il, c'est à mes amis. »

Toujours plus indigné des horreurs dont il avait voulu s'affranchir par la mort, on l'entendit dire plus d'une fois : « Ce que je vois me donne à tout moment l'envie de me recommencer. » Obligé, par la perte presque totale de ses moyens d'existence et par les frais considérables de sa détention et de son traitement, à vivre de privations, il alla s'établir, avec ce qui lui restait de ses livres, dans une modeste chambre de la rue Chabanais, sans regretter pourtant le temps où il occupait un appartement au Palais-Bourbon, ou dans l'hôtel de M. de Vaudreuil. Il n'avait conservé, de l'ancien ordre de choses, que le souvenir de ses abus, et du nouveau, que l'espoir que la liberté sortirait triomphante de la lutte sanglante dans laquelle l'anarchie, excitée sourdement par le despotisme, l'avait engagée.

Ramené insensiblement à ses habitudes littéraires, ce fut presque uniquement pour l'occuper d'une manière utile que Ginguené et quelques autres conçurent le projet du journal intitulé : *la Décade philosophique ;* mais la mort qui naguère s'était trop fait attendre, quand il s'en remettait à elle du soin de l'affranchir des tyrans, ne lui laissa pas le temps d'y travailler. Une humeur dartreuse, qui avait été contrariée dans son cours, acheva ce que la honte de vivre sous une tyrannie anarchique avait commencé. Chamfort expira le 13 avril 1793, non pas sur un grabat, comme l'ont dit quelques personnes mal instruites ou mal intentionnées, mais dans le modeste asile où ses malheurs l'avaient relégué. La terreur était alors si générale, que ce fut un acte de courage que de l'accompagner jusqu'à sa dernière demeure : et celui qui, au temps de sa faveur dans le monde, avait vu se presser autour de lui tant d'hommes se disant ses amis, semblait moins se rendre au champ de repos qu'à la terre de l'exil. Trois personnes seulement mouillèrent son cercueil de leurs larmes : MM. Van Praet, Sieyes et Ginguené.

Chamfort avait eu une jeunesse très-orageuse ; sa pauvreté, ses passions, son goût exclusif pour les lettres, qui l'éloignait de toute occupation lucrative, donnèrent, à son entrée dans le monde un aspect qui put blesser des hommes austères ; et ceux qui l'avaient suivi de moins près depuis cette ancienne époque, pouvaient en avoir conservé de fâcheuses impressions. La vivacité de son esprit, le sel de ses réparties, une certaine causticité naturelle, qui fait trop souvent suspecter la bonté du caractère, une invincible aversion pour la sottise confiante, et l'impossibilité absolue de déguiser ce sentiment, inspirèrent à beaucoup de gens une sorte de crainte qu'il prenait trop peu de soin de dissiper, et qui, pour l'ordinaire, se change facilement en haine. La chaleur avec laquelle il avait embrassé la cause d'une révolution qui heurtait tant de vieilles idées et blessait tant d'intérêts, lui a fait, de tous les ennemis de cette révolution, des ennemis personnels. Il avait pris, dans les réunions politiques et dans les clubs, l'habitude de parler haut, de soutenir son opinion à outrance, et de mettre la violence de la dispute à la place de cette discussion polie et spirituelle dont lui-même avait été le parfait modèle. « Il y a une certaine énergie ardente, a-t-il dit lui-même, mère ou compagne nécessaire de telle espèce de talens, laquelle, pour l'ordinaire, condamne ceux qui les possèdent au malheur, non pas d'être sans morale, de n'avoir pas de très-beaux mouvemens, mais de se livrer fréquemment à des écarts qui supposeraient l'absence de toute morale. C'est une âpreté dévorante dont ils ne sont pas maîtres et qui les rend très-odieux. On s'afflige en songeant que Pope et Swift, en Angleterre, Voltaire et Rousseau, en France, jugés, non par la haine, non par la jalousie, mais par l'équité, par la bienveillance, sur la foi des faits attestés ou avoués par leurs amis et par leurs admirateurs, seraient atteints et convaincus d'actions très-condamnables, de sentimens quelquefois pervers (1). »

Les événemens de la vie de Chamfort prouvent que la trempe de son âme était naturellement forte, et qu'habitué de bonne heure à lutter contre l'adversité, il ne s'en laissa jamais abattre. La philosophie avait tellement renforcé en lui la nature, qu'après avoir, pendant quelques années, joui des douceurs de l'aisance, il sut, déjà sur son déclin, envisager avec courage et sérénité une position presque aussi malheureuse que celle où il avait passé sa jeunesse. De là cette fierté qui ne savait composer avec rien de petit ni de servile, cet amour de l'indépendance qui repoussait toute

---

(1) *Maximes et Pensées*, tom. I, chap. VII, pag. 422.

chaîne, fût-elle d'or. Son plus grand malheur peut-être (s'il n'en trouva pas le dédommagement dans la philosophie et la vérité) fut d'être trop tôt et trop complètement détrompé de toute illusion. Son apparente misantropie était celle de J. J. Rousseau ; il haïssait les hommes, mais parce qu'ils ne s'aimaient pas ; et le secret de son caractère est tout entier dans ces mots qu'il répétait souvent : « Tout homme qui, à quarante ans, n'est pas misantrope, n'a jamais aimé les hommes. »

FIN DE LA NOTICE SUR CHAMFORT.

ŒUVRES
COMPLÈTES
DE CHAMFORT.

ÉLOGE DE MOLIÈRE.

DISCOURS QUI A REMPORTÉ LE PRIX DE L'ACADÉMIE FRANÇAISE EN 1769.

> Qui mores hominum inspexit....
> HORACE.

Le nom de Molière manquait aux fastes de l'Académie. Cette foule d'étrangers, que nos arts attirent parmi nous, en voyant dans ce sanctuaire des lettres les portraits de tant d'écrivains célèbres, a souvent demandé: *Où est Molière?* Une de ces convenances que la multitude révère, et que le sage respecte, l'avait privé pendant sa vie des honneurs littéraires, et ne lui avait laissé que les applaudissemens de l'Europe. L'adoption éclatante que vous faites aujourd'hui, Messieurs, de ce grand homme, venge sa mémoire, et honore l'Académie. Tant qu'il vécut, on vit dans sa personne un exemple frappant de la bizarrerie de nos usages; on vit un citoyen vertueux, réformateur de sa patrie, désavoué par sa patrie, et privé des droits de citoyen; l'honneur véritable séparé de tous les honneurs de convention; le génie dans l'avilissement, et l'infamie associée à la gloire: mélange inexplicable, à qui ne connaîtrait point nos contradictions, à qui ne saurait point que le théâtre, respecté chez les Grecs, avili chez les Romains, ressuscité dans les états du souverain pontife (1), redevable de la première tragédie à un archevêque (2), de la première comédie à un cardinal (3), protégé en France par deux cardinaux (4), y fut à la fois anathématisé dans les chaires, autorisé par un privilége du roi et proscrit dans les tribunaux. Je n'entrerai point à ce sujet dans une discussion où je serais à coup sûr contredit, quelque parti que je prisse. D'ailleurs Molière est si grand, que cette question lui devient étrangère. Toutefois je n'oublierai pas que je parle de comédie; je ne cacherai point la simplicité de mon sujet sous l'emphase monotone du panégyrique, et je n'imiterai pas les comédiens français, qui ont fait peindre Molière sous l'habit d'Auguste.

---

(1) Léon X.
(2) *La Sophonisbe* de l'archevêque Trissino.
(3) *La Calandra* du cardinal Bibiéna.
(4) Les cardinaux de Richelieu et Mazarin.

Le théâtre et la société ont une liaison intime et nécessaire. Les poètes comiques ont toujours peint, même involontairement, quelques traits du caractère de leur nation; des maximes utiles, répandues dans leurs ouvrages, ont corrigé peut-être quelques particuliers; les politiques ont même conçu que la scène pouvait servir à leurs desseins; le tranquille Chinois, le pacifique Péruvien allaient prendre au théâtre l'estime de l'agriculture, tandis que les despotes de la Russie, pour avilir aux yeux de leurs esclaves le patriarche dont ils voulaient saisir l'autorité, le faisaient insulter dans des farces grotesques: mais que la comédie dût être un jour l'école des mœurs, le tableau le plus fidèle de la nature humaine, et la meilleure histoire morale de la société; qu'elle dût détruire certains ridicules, et que, pour en retrouver la trace, il fallût recourir à l'ouvrage même qui les a pour jamais anéantis: voilà ce qui aurait semblé impossible avant que Molière l'eût exécuté.

Jamais poète comique ne rencontra des circonstances si heureuses: on commençait à sortir de l'ignorance; Corneille avait élevé les idées des Français; il y avait dans les esprits une force nationale, effet ordinaire des guerres civiles, et qui peut-être n'avait pas peu contribué à former Corneille lui-même: on n'avait point, à la vérité, senti encore l'influence du génie de Descartes, et jusque-là sa patrie n'avait eu que le temps de le persécuter ; mais elle respectait un peu moins des préjugés combattus avec succès, à peu près comme le superstitieux qui, malgré lui, sent diminuer sa vénération pour l'idole qu'il voit outrager impunément : le goût des connaissances rapprochait des conditions jusqu'alors séparées. Dans cette crise, les mœurs et les manières anciennes contrastaient avec les lumières nouvelles; et le caractère national, formé par des siècles de barbarie, cessait de s'assortir avec l'esprit nouveau qui se répandait de jour en jour. Molière s'efforça de concilier l'un et l'autre. L'humeur sauvage des pères et des époux, la vertu des femmes qui tenait un peu de la pruderie, le savoir défiguré par le pédantisme, gênaient l'esprit de société qui devenait celui de la nation ; les médecins, également attachés à leurs robes, à leur latin et aux principes d'Aristote, méritaient presque tous l'éloge que M. Diafoirus donne à son fils, de combattre les vérités les plus démontrées; le mélange ridicule de l'ancienne barbarie et du faux bel-esprit moderne avait produit le jargon des précieuses; l'ascendant prodigieux de la cour sur la ville avait multiplié les airs, les prétentions, la fausse importance dans tous les ordres de l'état, et jusque dans la bourgeoisie : tous ces travers et plusieurs autres se présentaient avec une franchise et une bonne foi très-commode pour le poète comique : la société n'était point encore une arène où l'on se mesurât des yeux avec une défiance déguisée en politesse ; l'arme du ridicule n'était point aussi affilée qu'elle l'est devenue depuis, et n'inspirait point une crainte pusillanime, digne elle-même d'être jouée sur le théâtre : c'est dans un moment si favorable que fut placée la jeunesse de Molière. Né en 1620, d'une famille attachée au service domestique du roi, l'état de ses parens lui assurait une fortune aisée. Il eut des préjugés à vaincre, des représentations à repousser, pour embrasser la profession de comédien ; et cet homme, qui a obtenu une place distinguée parmi les sages, parut faire une folie de jeunesse en obéissant à l'attrait de son talent. Son éducation ne fut pas indigne de son génie. Ce siècle mémorable réunissait alors sous un maître célèbre trois disciples singuliers : Bernier, qui devait observer les mœurs étrangères ; Chapelle, fameux pour avoir porté la philosophie dans une vie licencieuse ; et Molière, qui a rendu la raison aimable, le plaisir honnête et le vice ridicule. Ce maître, si heureux en disciples, était Gassendi, vrai sage, philosophe pratique, immortel pour avoir soupçonné quelques vérités prouvées depuis par Newton. Cet ordre de connaissances, pour lesquelles Molière n'eut point l'aversion que l'agrément des lettres inspire quelquefois, développa dans lui cette supériorité d'intelligence, qui peut le distinguer même des grands hommes ses contemporains. Il eut l'avantage de voir de près son maître combattre des erreurs accréditées dans l'Europe, et il apprit de bonne heure ce qu'un esprit sage ne sait jamais trop tôt, qu'un seul homme peut quelquefois avoir raison contre tous les peuples et contre tous les siècles. La force de cette éducation philosophique influa sur sa vie entière ; et lorsque dans la suite il fut entraîné vers le théâtre, par un penchant auquel il sacrifia même la protection immédiate d'un prince, il mêla les études d'un sage à la vie tumultueuse d'un acteur, et sa passion pour jouer la comédie tourna encore au profit de son talent pour l'écrire. Toutefois il ne se pressa point de paraître ; il remonta aux principes et à l'origine de son art. Il vit la comédie naître dans la Grèce, et demeurer trop long-temps dans l'enfance. La tragédie l'avait devancée, et l'art de représenter les héros avait paru plus important que celui de ridiculiser les hommes.

Les magistrats, en réservant la protection du gouvernement à la tragédie, dont l'éclat leur avait imposé, et qu'ils crurent seule capable de seconder leurs vues, ne prévoyaient pas qu'Aristophane aurait un jour, sur sa patrie, plus d'influence que les trois illustres tragiques d'Athènes. Molière étudia ses écrits, monument le plus singulier de l'antiquité grecque. Il vit avec étonnement les traits les plus opposés se confondre dans le caractère de ce poète. Satire cynique, censure ingénieuse, hardie, vrai comique, superstition, blasphême, saillie brillante, bouffonnerie froide : Rabelais sur la scène, tel est Aristophane. Il attaque le vice avec le courage de la vertu, la vertu avec l'audace du vice. Travestissemens ridicules ou affreux, personnages métaphysiques, allégories révoltantes, rien ne lui coûte ; mais de cet amas d'absurdités naissent quelquefois des beautés inattendues. D'une seule scène partent mille traits de satire qui se dispersent et frappent à la fois : en un moment il a démasqué un traître, insulté un magistrat, flétri un délateur, calomnié un sage. Une certaine verve comique, et quelquefois une rapidité entraînante, voilà son seul mérite théâtral ; et c'est aussi le seul que Molière ait daigné s'approprier. Combien ne dut-il pas regretter la perte des ouvrages de Ménandre ! la comédie avait pris sous lui une forme plus utile. Les poètes, que la loi privait de la satire personnelle, furent dans la nécessité d'avoir du génie ; et cette idée sublime de généraliser la peinture des vices, fut une ressource forcée où ils furent réduits par l'impuissance de médire. Une intrigue, trop souvent faible, mais prise dans des mœurs véritables, attaqua, non les torts passagers du citoyen, mais les ridicules plus durables de l'homme. Des jeunes gens épris d'amour pour des courtisanes, des esclaves fripons aidant leurs jeunes maîtres à tromper leurs pères, ou les précipitant dans l'embarras, et les en tirant par leur adresse : voilà ce qu'on vit sur la scène comme dans le monde. Quand les poètes latins peignirent ces mœurs, ils renoncèrent au droit qui fit depuis la gloire de Molière, celui d'être les réformateurs de leurs concitoyens. Sans compiler ici les jugemens portés sur Plaute et sur Térence, observons que la différence de leurs talens n'en met aucune dans le génie de leur théâtre. On ne voit point qu'une grande idée philosophique, une vérité mâle, utile à la société, ait présidé à l'ordonnance de leurs plans. Mais où Molière aurait-il cherché de pareils points de vue ? Des esquisses grossières déshonoraient la scène dans toute l'Italie. La *Calandra* du cardinal Bibiena et la *Mandragore* de Machiavel n'avaient pu effacer cette honte. Ces ouvrages, par lesquels de grands hommes réclamaient contre la barbarie de leur siècle, n'étaient représentés que dans les fêtes qui leur avaient donné naissance. Le peuple redemandait avec transport ces farces monstrueuses, assemblage bizarre de scènes quelquefois comiques, jamais vraisemblables, dont l'auteur abandonnait le dialogue au caprice des comédiens, et qui semblaient n'être destinées qu'à faire valoir la pantomime italienne. Toutefois quelques-unes de ces scènes, admises depuis dans les chefs-d'œuvres de Molière, ramenées à un but moral, et surtout embellies du style d'Horace et de Boileau, montrent avec quel succès le génie peut devenir imitateur.

Le théâtre espagnol lui offrit quelquefois une

intrigue pleine de vivacité et d'esprit ; et s'il y condamna le mélange du sacré et du profane, de la grandeur et de la bouffonnerie, les fous, les astrologues, les scènes de nuit, les méprises, les travestissemens, l'oubli des vraisemblances, au moins vit-il que la plupart des intrigues roulaient sur le point d'honneur et sur la jalousie, vrai caractère de la nation. Le titre de plusieurs ouvrages annonçait même des pièces de caractère ; mais ce titre donnait de fausses espérances, et n'était qu'un point de ralliement où se réunissaient plusieurs intrigues : genre inférieur dans lequel Molière composa l'*Étourdi*, et dont le *Menteur* est le chef-d'œuvre. Telles étaient les sources où puisaient Scarron, Thomas Corneille, et leurs contemporains. La nation n'avait produit d'elle-même que des farces méprisables ; et, sans quelques traits de l'*Avocat Patelin* (car pourquoi citerai-je les comédies de P. Corneille ?) ce peuple si enjoué, si enclin à la plaisanterie, n'aurait pu se glorifier d'une seule scène de bon comique. Mais, pour un homme tel que Molière, la comédie existait dans des ouvrages d'un autre genre. Tout ce qui peut donner l'idée d'une situation, développer un caractère, mettre un ridicule en évidence, en un mot toutes les ressources de la plaisanterie, lui parurent du ressort de son art. L'ironie de Socrate, si bien conservée dans les dialogues de Platon, cette adresse captieuse avec laquelle il dérobait l'aveu naïf d'un travers, était une figure vraiment théâtrale; et dans ce sens le sage de la Grèce était le poète comique des honnêtes gens, Aristophane n'était que le bouffon du peuple. Combien de traits dignes de la scène dans Horace et dans Lucien! Et Pétrone, lorsqu'il représente l'opulent et voluptueux Trimalcon entendant parler d'un pauvre et demandant: *Qu'est-ce qu'un pauvre?* La comédie, au moins celle d'intrigue, existait dans Bocace; et Molière en donna la preuve aux Italiens. Elle existait dans Michel Cervante, qui eut la gloire de combattre et de vaincre un ridicule dont le théâtre espagnol aurait dû faire justice. Elle existait dans la gaîté souvent grossière, mais toujours naïve, de Rabelais et de Verville, dans quelques traits piquans de la *Satire Ménipée*, et surtout dans les *Lettres provinciales*. Parvenu à connaître toutes les ressources de son art, Molière conçut quel pouvait en être le chef-d'œuvre. Qu'est-ce en effet qu'une bonne comédie ? C'est la représentation naïve d'une action plaisante, où le poète, sous l'apparence d'un arrangement facile et naturel, cache les combinaisons les plus profondes; fait marcher de front, d'une manière comique, le développement de son sujet et celui de ses caractères mis dans tout leur jour par leur mélange, et par leur contraste avec les situations; promenant le spectateur de surprise en surprise; lui donnant beaucoup et lui promettant davantage; faisant servir chaque incident, quelquefois chaque mot, à nouer ou à dénouer; produisant avec un

seul moyen plusieurs effets tous préparés et non
prévus, jusqu'à ce qu'enfin le dénouement décèle
par ses résultats une utilité morale, et laisse
voir le philosophe caché derrière le poète. Que
ne puis-je montrer l'application de ces principes à
toutes les comédies de Molière! On verrait quel
artifice particulier a présidé à chacun de ses ouvrages; avec quelle hardiesse il élève dans les
premières scènes son comique au plus haut degré, et présente aux spectateurs un vaste lointain,
comme dans l'*Ecole des femmes*; comment il se
contente quelquefois d'une intrigue simple afin
de ne laisser paraître que les caractères, comme
dans le *Misantrope*; avec quelle adresse il prend
son comique dans les rôles accessoires, ne pouvant le faire naître du rôle principal; c'est l'artifice du *Tartuffe*; avec quel art un seul personnage, presque détaché de la scène, mais animant
tout le tableau, forme par un contraste piquant
les groupes inimitables du *Misantrope* et des
Femmes savantes; avec quelle différence il traite
le comique noble et le comique bourgeois, et
le parti qu'il tire de leur mélange dans le *Bourgeois Gentilhomme*; dans quel moment il offre
ses personnages au spectateur, nous montrant
Harpagon dans le plus beau moment de sa vie,
le jour qu'il marie ses enfans, qu'il se marie lui-
même, le jour qu'il donne à dîner. Enfin on verrait chaque pièce présenter des résultats intéressans sur ce grand art, ouvrir toutes les sources

du comique, et de l'ensemble de ses ouvrages se former une poétique complète de la comédie.

Forcés d'abandonner ce terrain trop vaste, saisissons du moins le génie de ce grand homme et le but philosophique de son théâtre. Je vois Molière, après deux essais que ses chefs-d'œuvres mêmes n'ont pu faire oublier, changer la forme de la comédie. Le comique ancien naissait d'un tissu d'événemens romanesques, qui semblaient produits par le hasard, comme le tragique naissait d'une fatalité aveugle : Corneille, par un effort de génie, avait pris l'intérêt dans les passions; Molière, à son exemple, renversa l'ancien système; et, tirant le comique du fond des caractères, il mit sur la scène la morale en action, et devint le plus aimable précepteur de l'humanité qu'on eût vu depuis Socrate. Il trouva, pour y réussir, des ressources qui manquaient à ses prédécesseurs : les différens états de la société, leurs préjugés, leurs préventions, leur admiration exclusive pour eux-mêmes, leur mépris mutuel et inexorable, sont des puérilités réservées aux peuples modernes. Les Grecs et les Romains, n'étant point pour leur vie emprisonnés dans un seul état de la société, ne cherchaient point à accréditer des préjugés en faveur d'une condition qu'ils pouvaient quitter le lendemain, ni à jeter sur les autres un ridicule qui les exposait à jouer un jour le rôle de ces maris honteux de leurs anciens traits satiriques contre un joug qu'ils viennent de subir.

La vie retirée des femmes privait le théâtre d'une autre source de comique. Partout elles sont le ressort de la comédie. Sont-elles enfermées, il faut parvenir jusqu'à elles ; et voilà le comique d'intrigue : sont-elles libres, leur caractère, devenu plus actif, développe le nôtre ; et voilà le comique de caractère. Du commerce des deux sexes naît cette foule de situations piquantes où les placent mutuellement l'amour, la jalousie, le dépit, les ruptures, les réconciliations, enfin l'intérêt mêlé de défiance que les deux sexes prennent involontairement l'un à l'autre. Ne serait-il pas possible, d'ailleurs, que les femmes eussent des ridicules particuliers, et que le théâtre trouvât sa plus grande richesse dans la peinture des travers aimables dont la nature les a favorisées ? Celui que Molière attaqua dans les *Précieuses* fut anéanti ; mais l'ouvrage survécut à l'ennemi qu'il combattait. Plût à Dieu que la comédie du *Tartuffe* eût eu le même honneur ! C'est une gloire que Molière eut encore dans les *Femmes savantes*. C'est qu'il ne s'est pas contenté de peindre les travers passagers de la société : il a peint l'homme de tous les temps ; et s'il n'a pas négligé les mœurs locales, c'est une draperie légère qu'il jette hardiment sur le nu, et qui laisse sentir la justesse des proportions et la netteté des contours.

Le prodigieux succès des *Précieuses*, en apprenant à Molière le secret de ses forces, lui montra l'usage qu'il en devait faire. Il conçut qu'il aurait plus d'avantage à combattre le ridicule qu'à s'attaquer au vice. C'est que le ridicule est une forme extérieure qu'il est possible d'anéantir; mais le vice, plus inhérent à notre âme, est un Protée, qui, après avoir pris plusieurs formes, finit toujours par être le vice. Le théâtre devint donc en général une école de bienséance plutôt que de vertu, et Molière borna quelque temps son empire pour y être plus puissant. Mais combien de reproches ne s'est-il point attirés en se proposant ce but si utile, le seul convenable à un poète comique, qui n'a pas, comme de froids moralistes, le droit d'ennuyer les hommes, et qui ne prend sa mission que dans l'art de plaire! Il n'immola point tout à la vertu; donc il immola la vertu même: telle fut la logique de la prévention ou de la mauvaise foi. On se prévalut de quelques détails nécessaires à la constitution de ses pièces, pour l'accuser d'avoir négligé les mœurs : comme si des personnages de comédie devaient être des modèles de perfection; comme si l'austérité, qui ne doit pas même être le fondement de la morale, pouvait devenir la base du théâtre. Eh! que résulte-t-il de ses pièces les plus libres, de l'*Ecole des Maris* et de l'*Ecole des Femmes*? Que ce sexe n'est point fait pour une gêne excessive; que la défiance l'irrite contre des tuteurs et des maris jaloux. Cette morale est-elle nuisible? N'est-elle pas fondée sur la nature et sur la raison? Pourquoi prêter à Molière l'odieux dessein de ridiculiser la vieillesse? Est-ce sa faute si un jeune homme amoureux est plus intéressant qu'un vieillard; si l'avarice est le défaut d'un âge avancé plutôt que de la jeunesse? Peut-il changer la nature et renverser les vrais rapports des choses? Il est l'homme de la vérité. S'il a peint des mœurs vicieuses, c'est qu'elles existent; et quand l'esprit général de sa pièce emporte leur condamnation, il a rempli sa tâche: il est un vrai philosophe et un homme vertueux. Si le jeune Cléante, à qui son père donne sa malédiction, sort en disant: *Je n'ai que faire de vos dons*, a-t-on pu se méprendre à l'intention du poète? Il eût pu sans doute représenter ce fils toujours respectueux envers un père barbare : il eût édifié davantage en associant un tyran et une victime; mais la vérité, mais la force de la leçon que le poète veut donner aux pères avares, que devenaient-elles? L'Harpagon placé au parterre eût pu dire à son fils: *Vois le respect de ce jeune homme : quel exemple pour toi ! Voilà comme il faut être.* Molière manquait son objet, et, pour donner mal-à-propos une froide leçon, peignait à faux la nature. Si le fils est blâmable, comme il l'est en effet, croit-on que son emportement, aussi bien que la conduite plus condamnable encore de la femme de Georges Dandin, soient d'un exemple bien pernicieux? Et fera-t-on cet outrage à l'humanité, de penser que le vice n'ait besoin que de se montrer pour entraîner tous les cœurs? Ceux que Cléante a scandalisés veulent-ils un exemple du respect et de la tendresse filiale ? Qu'ils contemplent dans le *Malade imaginaire* la douleur touchante d'Angélique aux pieds de son père qu'elle croit mort, et les transports de sa joie quand il ressuscite pour l'embrasser. Chaque sujet n'emporte avec lui qu'un certain nombre de sentimens à produire, de vérités à développer ; et Molière ne peut donner toutes les leçons à la fois. Se plaint-on d'un médecin qui sépare les maladies compliquées, et les traite l'une après l'autre ?

Ce sont donc les résultats qui constituent la bonté des mœurs théâtrales ; et la même pièce pourrait présenter des mœurs odieuses, et être d'une excellente moralité. On reproche avec raison à l'un des imitateurs de Molière d'avoir mis sur le théâtre un neveu mal honnête homme, qui, secondé par un valet fripon, trompe un oncle crédule, le vole, fabrique un faux testament, et s'empare de sa succession au préjudice des autres héritiers. Voilà sans doute le comble des mauvaises mœurs : mais que Molière eût traité ce sujet, il l'eût dirigé vers un but philosophique ; il eût peint la destinée d'un vieux garçon, qui, n'inspirant un véritable intérêt à personne, est dépouillé tout vivant par ses collatéraux et ses valets. Il eût intitulé sa pièce le *Célibataire*, et enrichi notre théâtre d'un ouvrage plus nécessaire aujourd'hui qu'il ne le fut le siècle passé.

C'est ce désir d'être utile qui décèle un poète

philosophe. Heureux s'il conçoit quels services il peut rendre : il est le plus puissant des moralistes. Veut-il faire aimer la vertu? une maxime honnête, liée à une situation forte de ses personnages, devient pour les spectateurs une vérité de sentiment. Veut-il proscrire le vice? il a dans ses mains l'arme du ridicule, arme terrible, avec laquelle Pascal a combattu une morale dangereuse, Boileau le mauvais goût, et dont Molière a fait voir sur la scène des effets plus prompts et plus infaillibles. Mais à quelles conditions cette arme lui sera-t-elle confiée? Avoir à la fois un cœur honnête, un esprit juste; se placer à la hauteur nécessaire pour juger la société; savoir la valeur réelle des choses, leur valeur arbitraire dans le monde, celle qu'il importerait de leur donner; ne point accréditer les vices que l'on attaque, en les associant à des qualités aimables (méprise devenue trop commune chez les successeurs de Molière), qui renforcent ainsi les mœurs, au lieu de les corriger; connaître les maladies de son siècle; prévoir les effets de la destruction d'un ridicule : tels sont, dans tous les temps, les devoirs d'un poète comique. Et ne peut-il pas quelquefois s'élever à des vues d'une utilité plus prochaine? Ce fut un assez beau spectacle de voir Molière seconder le le gouvernement dans le dessein d'abolir la coutume barbare d'égorger son ami pour un mot équivoque; et, tandis que l'état multipliait les édits contre les duels, les proscrire sur la scène, en plaçant, dans la comédie des *Fâcheux* un homme d'une valeur reconnue, qui a le courage de refuser un duel. Cet usage n'apprendra-t-il point aux poètes quel emploi ils peuvent faire de leurs talens, et à l'autorité quel usage elle peut faire du génie ?

Si jamais auteur comique a fait voir comment il avait conçu le système de la société, c'est Molière dans le *Misantrope* : c'est là que, montrant les abus qu'elle entraîne nécessairement, il enseigne à quel prix le sage doit acheter les avantages qu'elle procure; que, dans un système d'union fondé sur l'indulgence mutuelle, une vertu parfaite est déplacée parmi les hommes, et se tourmente elle-même sans les corriger; c'est un or qui a besoin d'alliage pour prendre de la consistance, et servir aux divers usages de la société. Mais en même temps l'auteur montre, par la supériorité constante d'Alceste sur tous les autres personnages, que la vertu, malgré les ridicules où son austérité l'expose, éclipse tout ce qui l'environne; et l'or qui a reçu l'alliage n'en est pas moins le plus précieux des métaux.

Molière, après le *Misantrope*, d'abord mal apprécié, mais bientôt mis à sa place, fut sans contredit le premier écrivain de la nation; lui seul réveillait sans cesse l'admiration publique. Corneille n'était plus le Corneille et du *Cid* et d'*Horace*; les apparitions du lutin qui, selon l'expression de Molière même, lui dictait ses beaux vers, devenaient tous les jours moins fréquentes; Racine, encouragé par les conseils et même par les bienfaits de Molière, qui par là donnait un grand homme à la France, n'avait encore produit qu'un seul chef-d'œuvre. Ce fut dans ce moment qu'on attaqua l'auteur du *Misantrope*. Il avait déjà éprouvé une disgrâce au théâtre : Cotin, le protégé de l'hôtel de Rambouillet, comblé des grâces de la cour; Boursault, qui força Molière de faire la seule action blâmable de sa vie, en nommant ses ennemis sur la scène; Montfleuri, qui, de son temps, eut des succès prodigieux, qui se crut égal, peut-être supérieur à Molière, et mourut sans être détrompé; tous ces hommes et la foule de leurs protecteurs avaient triomphé de la chute de *D. Garcie de Navarre*, et peut-être la moitié de la France s'était flattée que l'auteur n'honorerait point sa patrie. Forcés de renoncer à cette espérance, ses ennemis voulurent lui ôter l'honneur de ses plus belles scènes, en les attribuant à son ami Chapelle; artifice d'autant plus dangereux, que l'amitié même, en combattant ces bruits, craint quelquefois d'en triompher trop complètement. Et comment un homme que la considération attachée aux succès vient de chercher dans le sein de la paresse, ne serait-il pas tenté d'en profiter? Et s'il désavoue ces rumeurs, ne ressemble-t-il pas toujours un peu à ces jeunes gens qui, soupçonnés d'être bien reçus par une jolie femme, paraissent, dans leur désaveu même, vous remercier d'une opinion si flatteuse, et n'aspirer en effet qu'au mérite de la discrétion?

Au milieu de ces vaines intrigues, Molière, s'élevant au comble de son art et au-dessus de lui-même, songeait à immoler les vices sur la scène, et commença par le plus odieux. Il avait déjà signalé sa haine pour l'hypocrisie : la chaire n'a rien de supérieur à la peinture des faux dévots dans le *Festin de Pierre*. Enfin, il rassembla toutes ses forces, et donna le *Tartuffe*. C'est là qu'il montre l'hypocrisie dans toute son horreur, la fausseté, la perfidie, la bassesse, l'ingratitude qui l'accompagnent; l'imbécillité, la crédulité ridicule de ceux qu'un Tartuffe a séduits; leur penchant à voir partout de l'impiété et du libertinage, leur insensibilité cruelle, enfin l'oubli des nœuds les plus sacrés. Ici le sublime est sans cesse à côté du plaisant. Femmes, enfans, domestiques, tout devient éloquent contre le monstre; et l'indignation qu'il excite n'étouffe jamais le comique. Quelle circonspection, quelle justesse dans la manière dont l'auteur sépare l'hypocrisie de la vraie piété! C'est à cet usage qu'il a destiné le rôle du frère. C'est le personnage honnête de presque toutes ses pièces; et la réunion de ses rôles de frère formerait peut-être un cours de morale à l'usage de la société. Cet art, qui manque aux satires de Boileau, de tracer une ligne nette et précise entre le vice et la vertu, la raison et le ridicule, est le grand mérite de Molière. Quelle connaissance du cœur! quel choix dans l'assemblage des vices et des travers dont il compose le cortége d'un vice principal! avec quelle adresse il les fait servir à le mettre en évidence! Quelle finesse sans subtilité! quelle précision sans métaphysique dans les nuances d'un même vice! Quelle différence entre la dureté du superstitieux Orgon attendri malgré lui par les pleurs de sa fille, et la dureté d'Harpagon insensible aux larmes de la sienne!

C'est ce même sentiment des convenances, cette sûreté de discernement qui ont guidé Molière, lorsque, mettant sur la scène des vices odieux, comme ceux de Tartuffe et d'Harpagon, c'est un homme et non pas une femme qu'il offre à l'indignation publique. Serait-ce que les grands vices, ainsi que les grandes passions, fussent réservés à notre sexe; ou que la nécessité de haïr une femme fût un sentiment trop pénible, et dût paraître contre nature? S'il est ainsi, pourquoi, malgré le penchant mutuel des deux sexes, cette indulgence n'est-elle pas réciproque? C'est que les femmes font cause commune; c'est qu'elles sont liées par un esprit de corps, par une espèce de confédération tacite, qui, comme les ligues secrètes d'un état, prouve peut-être la faiblesse du parti qui se croit obligé d'y avoir recours.

Molière se délassait de tous ces chefs-d'œuvres par des ouvrages d'un ordre inférieur, mais qui, toujours marqués au coin du génie, suffiraient pour la gloire d'un autre. Ce genre de comique où l'on admet des intrigues de valets, des personnages d'un ridicule outré, lui donnait des ressources dont l'auteur du *Misantrope* avait dû se priver. Ramené dans la sphère où les anciens avaient été resserrés, il les vainquit sur leur propre terrain. Quel feu! quel esprit, quelle verve! Celui qui appelait Térence un demi-Ménandre, aurait sans doute appelé Ménandre un demi-Molière. Quel parti ne tire-t-il pas de ce genre pour peindre la nature avec plus d'énergie! Cette mesure précise qui réunit la vérité de la peinture et l'exagération théâtrale, Molière la passe alors volontairement, et la sacrifie à la force de ses tableaux. Mais quelle heureuse licence! avec quelle candeur comique un personnage grossier, dévoilant des idées ou des sentimens que les autres hommes dissimulent, ne trahit-il pas d'un seul mot la foule de ses complices! naïveté d'un effet toujours sûr au théâtre, mais que le poète ne rencontre que dans les états subalternes, et jamais dans la bonne compagnie, où chacun laisse deviner tous ses ridicules avant que de convenir d'un seul. Aussi est-ce le comique bourgeois qui produit le plus de ces mots que leur vérité fait passer de bouche en bouche. On sait, par exemple, que les hommes n'ont guère pour but que leur intérêt dans les conseils qu'ils donnent. Cette vérité, exprimée noblement, eût pu ne pas laisser de traces. Mais qu'un bourgeois, voyant la fille de son voisin attaquée de mélancolie, conseille au père de lui acheter une garniture de diamans pour hâter sa guérison, le mot qu'il s'attire : *Vous êtes orfèvre, monsieur Josse!* ne peut plus s'oublier, et devient proverbe dans l'Europe. Telle est la fécondité de ces proverbes, telle est l'étendue de leur application, qu'elle leur tient lieu de noblesse aux yeux des esprits les plus élevés, chez lesquels ils ne sont pas moins d'usage que parmi le peuple.

Mais si Molière a renforcé les traits de ses figures, jamais il n'a peint à faux ni la nature, ni la société. Chez lui jamais de ces marquis burlesques, de ces vieilles amoureuses, de ces Aramintes folles à dessein : personnages de convention parmi ses successeurs, et dont le ridicule forcé, ne peignant rien, ne corrige personne. Point de ces supercheries sans vraisemblance, de ces faux contrats qui concluent les mariages dans nos comédies, et qui nous feront regarder par la postérité comme un peuple de dupes et de faussaires. S'il a mis sur la scène des intrigues avec de jeunes personnes, c'est qu'alors on s'adressait à elles plutôt qu'à leurs mères, qui avaient rarement la prétention d'être les sœurs aînées de leurs filles. Jamais il ne montre ses personnages corrigés par la leçon qu'ils ont reçue. Il envoie le Misantrope dans un désert, le Tartuffe au cachot; ses jaloux n'imaginent qu'un moyen de ne plus l'être, c'est de renoncer aux femmes; le superstitieux Orgon, trompé par un hypocrite, ne croira plus aux honnêtes gens : il croit abjurer son caractère, et l'auteur le lui conserve par un trait de génie. Enfin, son pinceau a si bien réuni la force et la fidélité, que, s'il existait un être isolé, qui ne connût ni l'homme de la nature, ni l'homme de la société, la lecture réfléchie de ce poète pourrait lui tenir lieu de tous les livres de morale et du commerce de ses semblables.

Telle est la richesse de mon sujet, qu'on imputera sans doute à l'oubli les sacrifices que je fais à la précision. Je m'entends reprocher de n'avoir point développé l'âme de Molière; de ne l'avoir point montré toujours sensible et compatissant, assignant aux pauvres un revenu annuel sur ses revenus, immolant aux besoins de sa troupe les nombreux avantages qu'on lui faisait envisager en quittant le théâtre, sacrifiant même sa vie à la pitié qu'il eut pour des malheureux, en jouant la comédie la veille de sa mort. O Molière! tes vertus te rendent plus cher à ceux qui t'admirent; mais c'est ton génie qui intéresse l'humanité, et c'est lui surtout que j'ai dû peindre. Ce génie si élevé était accompagné d'une raison toujours sûre, calme et sans enthousiasme, jugeant sans passion les hommes et les choses : c'est par elle qu'il avait deviné Racine, Baron; apprécié La Fontaine, et connu sa propre place. Il paraît qu'il méprisait, ainsi que le grand Corneille, cette modestie affectée, ce mensonge des âmes communes, manége ordinaire à la médiocrité, qui appelle de fausses vertus au secours d'un petit talent. Aussi déployat-il toujours une hauteur inflexible à l'égard de ces hommes qui, fiers de quelques avantages frivoles, veulent que le génie ne le soit pas des siens; exigent qu'il renonce pour jamais au sentiment de ce qui lui est dû, et s'immole sans relâche à leur vanité. A cette raison impartiale, il joignait l'esprit le plus observateur qui fut jamais. Il étudiait l'homme dans toutes les situations; il épiait surtout ce premier sentiment si précieux, ce mouvement involontaire qui échappe à l'âme dans sa surprise, qui révèle le secret du caractère, et qu'on pourrait appeler le mot du cœur. La manière dont il excusait les torts de sa femme, se bornant à la plaindre, si elle était entraînée vers la coquetterie par un charme aussi invincible qu'il était lui-même entraîné vers l'amour, décèle à la fois bien de la tendresse, de la force d'esprit, et une grande habitude de réflexion. Mais sa philosophie, ni l'ascendant de son esprit sur ses passions, ne purent empêcher l'homme qui a le plus fait rire la France, de succomber à la mélancolie : destinée qui lui fut commune avec plusieurs poètes comiques; soit que la mélancolie accompagne naturellement le génie de la réflexion, soit que l'observateur trop attentif du cœur humain en soit puni par le malheur de le connaître. Que ceux qui savent lire dans le cœur des grands hommes conçoivent encore qu'elle dut être son indignation contre les préjugés dont il fut la victime. L'homme le plus extraordinaire de son temps, comme Boileau le dit depuis à Louis xiv, celui chez qui tous les ordres de la société allaient prendre des leçons de vertu et de bienséance, se voyait retranché de la société. Ah! du moins, s'il eut pressenti quelle justice on devait lui rendre! s'il eût pu prévoir qu'un jour dans ce temple des arts!.... Mais non, il meurt; et, tandis que Paris est inondé, à l'occasion de sa mort, d'épigrammes folles et cruelles, ses amis sont forcés de cabaler pour lui obtenir *un peu de terre*. On la lui refuse long-temps; on déclare sa cendre indigne de se mêler à la cendre des Harpagons et des Tartuffes dont il a vengé son pays; et il faut qu'un corps illustre attende cent années pour apprendre à l'Europe que nous ne sommes pas tous des barbares. Ainsi fut traité par les Français l'écrivain le plus utile à la France.

Malgré ses défauts, malgré les reproches qu'on fait à quelques-uns de ses dénouemens, à quelques négligences de style et à quelques expressions licencieuses, il fut avec Racine celui qui marcha le plus rapidement vers la perfection de son art. Mais Racine a été remplacé : Molière ne le fut pas; et même, à génie égal, ne pouvait guère l'être. C'est qu'il réunit des avantages et des moyens presque toujours séparés. Homme de lettres, il connut le monde et la cour; ornement de son siècle, il fut protégé; philosophe, il fut comédien. Depuis sa mort, tout ce que peut faire l'esprit venant après le génie, on l'a vu exécuté: mais ni Regnard, toujours bon plaisant, toujours comique par son style, souvent par la situation, dans ses pièces privées de moralité; ni Dancourt, soutenant par un dialogue vif, facile et gai, une intrigue agréable, quoique licencieuse gratuitement; ni Dufresni, toujours plein d'esprit, philosophe dans les détails, très-peu dans l'ensemble, faisant sortir son comique ou du mélange de plusieurs caractères inférieurs, ou du jeu de deux passions contrariées l'une par l'autre dans le même personnage; ni quelques auteurs célèbres par un ou deux bons ouvrages dans le genre où Molière en a tant donné : rien n'a dédommagé la nation, forcée enfin d'apprécier ce grand homme, en voyant sa place vacante pendant un siècle.

La trempe vigoureuse de son génie le mit sans effort au-dessus de deux genres qui ont depuis occupé la scène. L'un est le comique attendrissant, trop admiré, trop décrié; genre inférieur qui n'est pas sans beauté, mais qui, se proposant de tracer des modèles de perfection, manque souvent de vraisemblance, et est peut-être sorti des bornes de l'art en voulant les reculer. L'autre est ce genre plus faible encore, qui, substituant à l'imitation éclairée de la nature, à cette vérité toujours intéressante, seul but de tous les beaux-arts, une imitation puérile, une vérité minutieuse, fait de la scène un miroir où se répètent froidement et sans choix les détails les plus frivoles; exclut du théâtre ce bel assortiment de parties heureusement combinées, sans lequel il n'y a point de vraie création, et renouvellera parmi nous ce qu'on a vu chez les Romains, la comédie changée en simple pantomime, dont il ne restera rien à la postérité que le nom des acteurs qui, par leurs talens, auront caché la misère et la nullité des poètes.

Tous ces drames, mis à la place de la vraie comédie, ont fait penser qu'elle était anéantie pour jamais. La révolution des mœurs a semblé autoriser cette crainte. Le précepte d'*être comme tout le monde*, ayant fait de la société un bal masqué où nous sommes tous cachés sous le même déguisement, ne laisse percer que des nuances sur lesquelles le microscope théâtral dédaigne de s'arrêter; et les caractères, semblables à ces monnaies dont le trop grand usage a effacé l'empreinte, ont été détruits par l'abus de la société poussée à l'excès. C'est peu d'avoir semé d'épines la carrière, on s'est plu encore à la borner. Des conditions entières, qui autrefois payaient fidèlement un tribut de ridicules à la scène, sont parvenues à se soustraire à la justice dramatique : privilége que ne leur eût point accordé le siècle précédent, qui ne consultait point en pareil cas les intéressés, et n'écoutait pas la laideur déclamant contre l'art de peindre. Certains vices ont formé les mêmes prétentions, et ont trouvé une faveur générale. Ce sont des vices protégés par le public, dans la possession desquels on ne veut point être inquiété; et le poète est forcé de les ménager comme des coupables puissans que la multitude de leurs complices met à l'abri des recherches. S'il est ainsi, la vraie comédie n'existera bientôt plus que dans ces drames de société que leur extrême licence (car ils peignent nos mœurs) bannit à jamais de tous les théâtres publics.

Qui pourra vaincre tant d'obstacles multipliés? Le génie. On a répété que si Molière donnait ses ouvrages de nos jours, la plupart ne réussiraient point. On a dit une chose absurde. Eh! comment peindrait-il des mœurs qui n'existent plus? Il peindrait les nôtres : il arracherait le voile qui dérobe ces nuances à nos yeux. C'est le propre du génie de rendre digne des beaux arts la nature commune. Ce qu'il voit existait, mais n'existait que pour lui. Ce paysage sur lequel vous avez promené vos yeux, le peintre qui le considérait avec vous, le retrace sur la toile, et vous ne l'avez vu que dans ce moment : Molière est ce peintre. Le caractère est-il faible, où veut-il se cacher, renforcez la situation ; c'est une espèce de torture qui arrache au personnage le secret qu'il veut cacher. Tout devient théâtral dans les mains d'un homme de génie. Quoi de plus odieux que le Tartuffe? de plus aride en apparence que le sujet des *Femmes savantes?* Et ce sont les chefs-d'œuvres du théâtre. Quoi de plus triste qu'un pédant pyrrhonien incertain de son existence? Molière le met en scène avec un vieillard prêt à se marier, qui le consulte sur le danger de cet engagement. On conçoit dès lors tout le comique d'un pyrrhonisme qui s'exerce sur la fidélité d'une jolie femme.

Qui ne croirait, à nous entendre, que tous les vices ont disparu de la société? Ceux mêmes contre lesquels Molière s'est élevé, croit-on qu'ils soient anéantis? N'est-il plus de Tartuffe? et, s'il en existe encore, pense-t-on qu'en renonçant au manteau noir et au jargon mystique, ils aient renoncé à la perfidie et à la séduction? Ce sont des criminels dont Molière a donné le signalement au public, et qui sont cachés sous une autre forme. Les ridicules même qu'il a détruits n'en auraient-ils pas produit de nouveaux? Ne ressembleraient-ils pas à ces végétaux dont la destruction en fait naître d'autres sur la terre qu'ils ont couverte de leurs débris? Tel est le malheur de la nature humaine. Gardons-nous d'en conclure qu'on ne doive point combattre les ridicules : l'intervalle qui sépare la destruction des uns et la naissance des autres, est le prix de la victoire qu'on remporte sur eux. Que dirait-on d'un homme qui ne souhaiterait pas la fin d'une guerre ruineuse, sous prétexte que la paix est rarement de longue durée?

N'existerait-il pas un point de vue d'où Molière découvrirait une nouvelle carrière dramatique? Répandre l'esprit de société fut le but qu'il se proposa : arrêter ses funestes effets serait-il un dessein moins digne d'un sage? Verrait-il, sans porter la main sur ses crayons, l'abus que nous avons fait de la société et de la philosophie ; le mélange ridicule des conditions ; cette jeunesse qui a perdu toute morale à quinze ans, toute sensibilité à vingt ; cette habitude malheureuse de vivre ensemble sans avoir besoin de s'estimer ; la difficulté de se déshonorer, et, quand on y est enfin parvenu, la facilité de recouvrer son honneur et de rentrer dans cette île autrefois *escarpée et sans bords ?* Les découvertes nouvelles faites sur le cœur humain par La Bruyère et d'autres moralistes, le comique original d'un peuple voisin qui fut inconnu à Molière, ne donneraient-ils pas de nouvelles leçons à un poète comique ? D'ailleurs est-il certain que nos mœurs, dont la peinture nous amuse dans des romans agréables et dans des contes charmans, seront toujours ridicules en pure perte pour le théâtre ? Rendons-nous plus de justice, augurons mieux de nos travers, et ne désespérons plus de pouvoir rire un jour à nos dépens. Après une déroute aussi complète des ridicules qu'on la vit au temps de Molière, peut-être avaient-ils besoin d'une longue paix pour se mettre en état de reparaître. De bons esprits ont pensé qu'il fallait la révolution d'un siècle pour renouveler le champ de la comédie. Le terme est expiré : la nation demande un poète comique : qu'il paraisse ; le trône est vacant.

FIN DE L'ÉLOGE DE MOLIÈRE.

ÉLOGE DE LA FONTAINE.

DISCOURS QUI A REMPORTÉ LE PRIX DE L'ACADÉMIE DE MARSEILLE
EN 1774.

> Æsopo ingentem statuam posuere Attici.
> PHED. L. II, *épilog.*

LE plus modeste des écrivains, La Fontaine, a lui-même, sans le savoir, fait son éloge, et presque son apothéose, lorsqu'il a dit que,

> Si l'apologue est un présent des hommes,
> Celui qui nous l'a fait mérite des autels.

C'est lui qui a fait ce présent à l'Europe; et c'est vous, messieurs, qui, dans ce concours solennel, allez, pour ainsi dire, élever en son honneur l'autel que lui donnait notre reconnaissance. Il semble qu'il vous soit réservé d'acquitter la nation envers deux de ses plus grands poëtes, ses deux poëtes les plus aimables. Celui que vous associez aujourd'hui à Racine, non moins admirable par ses écrits, encore plus intéressant par sa personne, plus simple, plus près de nous, compagnon de notre enfance, est devenu pour nous un ami de tous les momens. Mais, s'il est doux de louer La Fontaine; d'avoir à peindre le charme de cette morale indulgente qui pénètre dans le cœur sans le blesser, amuse l'enfant pour en faire un homme, l'homme pour en faire un sage, et nous menerait à la vertu en nous rendant à la nature; comment découvrir le secret de ce style enchanteur, de ce style inimitable et sans modèle, qui réunit tous les tons sans blesser l'unité? Comment parler de cet heureux instinct, qui sembla le diriger dans sa conduite comme dans ses ouvrages; qui se fait également sentir dans la douce facilité de ses mœurs et de ses écrits, et forma, d'une âme si naïve et d'un esprit si fin, un ensemble si piquant et si original? Faudra-t-il raisonner sur le sentiment, disserter sur les grâces, et ennuyer nos lecteurs pour montrer comment La Fontaine a charmé les siens? Pour moi, messieurs, évitant de discuter ce qui doit être senti, et de vous offrir l'analyse de la naïveté, je tâcherai seulement de fixer vos regards sur le charme de sa morale, sur la finesse exquise de son goût, sur l'accord singulier que l'un et l'autre eurent toujours avec la simplicité de ses mœurs; et dans ces différens points de vue, je saisirai rapidement les principaux traits qui le caractérisent.

PREMIERE PARTIE.

L'apologue remonte à la plus haute antiquité; car il commença dès qu'il y eut des tyrans et des esclaves. On offre de face la vérité à son égal : on la laisse entrevoir de profil à son maître. Mais, quelle que soit l'époque de ce bel art, la philosophie s'empara bientôt de cette invention de la servitude, et en fit un instrument de la morale. Lokman et Pilpay dans l'Orient, Ésope et Gabrias dans la Grèce, revêtirent la vérité du voile transparent de l'apologue; mais le récit d'une petite action réelle ou allégorique, aussi diffus dans les deux premiers que serré et concis dans les deux autres, dénué des charmes du sentiment et de la poésie, découvrait trop froidement, quoique avec esprit, la moralité qu'il présentait. Phèdre, né dans l'esclavage comme ses trois premiers prédécesseurs, n'affectant ni le laconisme excessif de Gabrias, ni même la brièveté d'Ésope, plus élégant, plus orné, parlant à la cour d'Auguste le langage de Térence; Faërne, car j'omets Avienus trop inférieur à son devancier; Faërne, qui, dans sa latinité du seizième siècle, semblerait avoir imité Phèdre, s'il avait pu connaître des ouvrages ignorés de son temps, ont droit de plaire à tous les esprits cultivés; et leurs bonnes fables donneraient même l'idée de la perfection dans ce genre, si la France n'eût produit un homme unique dans l'histoire des lettres, qui devait porter la peinture des mœurs dans l'apologue, et l'apologue dans champ de la poésie. C'est alors que la fable devient un ouvrage de génie, et qu'on peut s'écrier, comme notre fabuliste, dans l'enthousiasme que lui inspire ce bel art : *C'est proprement un charme* (1). Oui, c'en est un sans doute; mais on ne l'éprouve qu'en lisant La Fontaine, et c'est à lui que le charme a commencé.

L'art de rendre la morale aimable existait à peine parmi nous. De tous les écrivains profanes, Montaigne seul (car pourquoi citerais-je ceux qu'on ne lit plus?) avait approfondi avec agrément cette science si compliquée, qui, pour l'honneur du genre humain, ne devrait pas même être une science. Mais, outre l'inconvénient d'un langage déjà vieux, sa philosophie audacieuse, souvent libre jusqu'au cynisme, ne pouvait convenir ni à tous les âges, ni à tous les esprits; et son ouvrage, précieux à tant d'égards, semble plutôt une peinture fidèle des inconséquences de l'esprit humain, qu'un traité de philosophie pratique. Il nous fallait un livre d'une morale douce, aimable, facile, applicable à toutes les circonstances, faite

---

(1) Chamfort, dans cet Eloge, se plaît souvent à emprunter à La Fontaine ses propres expressions : on a eu soin de les distinguer par un caractère différent.

pour tous les états, pour tous les âges, et qui pût remplacer enfin, dans l'éducation de la jeunesse,

> Les quatrains de Pibrac et les doctes sentences
> Du conseiller Mathieu ;
>
> Molière.

car c'étaient là les livres de l'éducation ordinaire. La Fontaine cherche ou rencontre le genre de la fable que Quintilien regardait comme consacré à l'instruction de l'ignorance. Notre fabuliste, si profond aux yeux éclairés, semble avoir adopté l'idée de Quintilien : écartant tout appareil d'instruction, toute notion trop compliquée, il prend sa philosophie dans les sentimens universels, dans les idées généralement reçues, et pour ainsi dire, dans la morale des proverbes qui, après tout, sont le produit de l'expérience de tous les siècles. C'était le seul moyen d'être à jamais l'homme de toutes les nations ; car la morale, si simple en elle-même, devient contentieuse au point de former des sectes, lorsqu'elle veut remonter aux principes d'où dérivent ses maximes, principes presque toujours contestés. Mais La Fontaine, en partant des notions communes et des sentimens nés avec nous, ne voit point dans l'apologue un simple récit qui mène à une froide moralité ; il fait de son livre

> Une ample comédie à cent acteurs divers.

C'est en effet comme de vrais personnages dramatiques qu'il faut les considérer; et, s'il n'a point la gloire d'avoir eu le premier cette idée si heureuse d'emprunter aux différentes espèces d'animaux l'image des différens vices que réunit la nôtre ; s'ils ont pu se dire comme lui :

>Le roi de ces gens-là n'a pas moins de défauts
>Que ses sujets,

lui seul a peint les défauts que les autres n'ont fait qu'indiquer. Ce sont des sages qui nous conseillent de nous étudier; La Fontaine nous dispense de cette étude, en nous montrant à nous-mêmes : différence qui laisse le moraliste à une si grande distance du poète. La bonhomie réelle ou apparente qui lui fait donner des noms, des surnoms, des métiers aux individus de chaque espèce; qui lui fait envisager les espèces mêmes comme des républiques, des royaumes, des empires, est une sorte de prestiges qui rend leur feinte existence réelle aux yeux de ses lecteurs. Ratopolis devient une grande capitale; et l'illusion où il nous amène est le fruit de l'illusion parfaite où il a su se placer lui-même. Ce genre de talent si nouveau, dont ses devanciers n'avaient pas eu besoin pour peindre les premiers traits de nos passions, devient nécessaire à La Fontaine, qui doit en exposer à nos yeux les nuances les plus délicates : autre caractère essentiel, né de ce génie d'observation dont Molière était si frappé dans notre fabuliste.

Je pourrais, messieurs, saisir une multitude de

rapports entre plusieurs personnages de Molière et d'autres de La Fontaine ; montrer en eux des ressemblances frappantes dans la marche et dans le langage des passions (1) ; mais, négligeant les détails de ce genre, j'ose considérer l'auteur des fables d'un point de vue plus élevé. Je ne cède point au vain désir d'exagérer mon sujet, maladie trop commune de nos jours ; mais, sans méconnaître l'intervalle qui sépare l'art si simple de l'apologue, et l'art si compliqué de la comédie, j'observerai, pour être juste envers La Fontaine, que la gloire d'avoir été avec Molière le peintre le plus fidèle de la nature et de la société, doit rapprocher ici ces deux grands hommes. Molière, dans chacune de ses pièces, ramenant la peinture des mœurs à un objet philosophique, donne à la co-

---

(1) Qui peint le mieux, par exemple, les effets de la prévention, ou M. de Sotenville repoussant un homme à jeun, en lui disant : *Retirez-vous, vous puez le vin* ; ou l'ours, qui, s'écartant d'un corps qu'il prend pour un cadavre, se dit à lui-même : *Otons-nous ; car il sent ?* Et le chien dont le raisonnement serait fort bon dans la bouche d'un maître, mais, *qui n'étant que d'un simple chien, fut trouvé mauvais*, ne rappelle-t-il pas Sosie ?

> Tous mes discours sont des sottises,
> Partant d'un homme sans éclat :
> Ce seraient paroles exquises,
> Si c'était un grand qui parlât.

On pourrait rapprocher plusieurs traits de cette espèce ; mais il suffit d'en citer quelques exemples. La Fontaine est, après la nature et Molière, la meilleure étude d'un poète comique.

médie la moralité de l'apologue; La Fontaine, transportant dans ses fables la peinture des mœurs, donne à l'apologue une des grandes beautés de la comédie, les caractères. Doués, tous les deux, au plus haut degré du génie d'observation, génie dirigé dans l'un par une raison supérieure, guidé dans l'autre par un instinct non moins précieux, ils descendent dans le plus profond secret de nos travers et de nos faiblesses; mais chacun, selon la double différence de son génie et de son caractère, les exprime différemment. Le pinceau de Molière doit être plus énergique et plus ferme; celui de La Fontaine plus délicat et plus fin : l'un rend les grands traits avec une force qui le montre comme supérieur aux nuances; l'autre saisit les nuances avec une sagacité qui suppose la science des grands traits. Le poète comique semble s'être plus attaché aux ridicules, et a peint quelquefois les formes passagères de la société; le fabuliste semble s'adresser davantage aux vices, et a peint une nature encore plus générale. Le premier me fait plus rire de mon voisin; le second me ramène plus à moi-même. Celui-ci me venge davantage des sottises d'autrui; celui-là me fait mieux songer aux miennes. L'un semble avoir vu les ridicules comme un défaut de bienséance, choquant pour la société; l'autre, avoir vu les vices comme un défaut de raison, fâcheux pour nous-mêmes. Après la lecture du premier, je crains l'opinion publique, après la lecture du second, je crains ma conscience.

Enfin l'homme corrigé par Molière, cessant d'être ridicule, pourrait demeurer vicieux : corrigé par La Fontaine, il ne serait plus ni vicieux ni ridicule, il serait raisonnable et bon; et nous nous trouverions vertueux, comme La Fontaine était philosophe, sans nous en douter.

Tels sont les principaux traits qui caractérisent chacun de ces grands hommes; et si l'intérêt qu'inspirent de tels noms me permet de joindre à ce parallèle quelques circonstances étrangères à leur mérite, j'observerai que, nés l'un et l'autre précisément à la même époque, tous deux sans modèles parmi nous, sans rivaux, sans successeurs, liés pendant leur vie d'une amitié constante, la même tombe les réunit après leur mort; et que la même poussière couvre les deux écrivains les plus originaux que la France ait jamais produits (1).

Mais ce qui distingue La Fontaine de tous les moralistes, c'est la facilité insinuante de sa morale; c'est cette sagesse, naturelle comme lui-même, qui paraît n'être qu'un heureux développement de son instinct. Chez lui, la vertu ne se présente point environnée du cortége effrayant qui l'accompagne d'ordinaire : rien d'affligeant, rien de pénible. Offre-t-il quelque exemple de générosité, quelque sacrifice, il le fait naître de l'amour, de l'amitié, d'un sentiment si simple,

---

(1) Ils ont été enterrés dans l'église Saint-Joseph, rue Montmartre.

si doux que ce sacrifice même a dû paraître un bonheur. Mais, s'il écarte en général les idées tristes d'efforts, de privations, de dévouement, il semble qu'ils cesseraient d'être nécessaires, et que la société n'en aurait plus besoin. Il ne vous parle que de vous-même ou pour vous-même; et de ses leçons, ou plutôt de ses conseils, naîtrait le bonheur général. Combien cette morale est supérieure à celle de tant de philosophes qui paraissent n'avoir point écrit pour des hommes, et qui *taillent*, comme dit Montaigne, *nos obligations à la raison d'un autre être!* Telles sont en effet la misère et la vanité de l'homme, qu'après s'être mis au-dessous de lui même par ses vices, il veut ensuite s'élever au-dessus de sa nature par le simulacre imposant des vertus auxquelles il se condamne; et qu'il deviendrait, en réalisant les chimères de son orgueil, aussi méconnaissable à lui-même par sa sagesse, qu'il l'est en effet par sa folie. Mais, après tous ces vains efforts, rendu à sa médiocrité naturelle, son cœur lui répète ce mot d'un vrai sage : que c'est une cruauté de vouloir élever l'homme à tant de perfection. Aussi tout ce faste philosophique tombe-t-il devant la raison simple, mais lumineuse, de La Fontaine. Un ancien osait dire qu'il faut combattre souvent les lois par la nature : c'est par la nature que La Fontaine combat les maximes outrées de la philosophie. Son livre est la loi naturelle en action : c'est la morale de Montaigne épurée dans une âme plus douce, rectifiée par un sens encore plus droit, embellie des couleurs d'une imagination plus aimable, moins forte peut-être, mais non pas moins brillante.

N'attendez point de lui ce fastueux mépris de la mort, qui, parmi quelques leçons d'un courage trop souvent nécessaire à l'homme, a fait débiter aux philosophes tant d'orgueilleuses absurdités. Tout sentiment exagéré n'avait point de prise sur son âme, s'en écartait naturellement; et la facilité même de son caractère semblait l'en avoir préservé. La Fontaine n'est point le poète de l'héroïsme : il est celui de la vie commune, de la raison vulgaire. Le travail, la vigilance, l'économie, la prudence sans inquiétude, l'avantage de vivre avec ses égaux, le besoin qu'on peut avoir de ses inférieurs, la modération, la retraite, voilà ce qu'il aime et ce qu'il fait aimer. L'amour, cet objet de tant de déclamations,

> Ce mal qui peut-être est un bien,

dit La Fontaine, il le montre comme une faiblesse naturelle et intéressante. Il n'affecte point ce mépris pour l'espèce humaine, qui aiguise la satire mordante de Lucien, qui s'annonce hardiment dans les écrits de Montaigne, se découvre dans la folie de Rabelais, et perce quelquefois même dans l'enjouement d'Horace. Ce n'est point cette austérité qui appelle, comme dans Boileau, la plaisanterie au secours d'une raison sévère, ni cette dureté misantropique de La Bruyère et de Pascal, qui, portant le flambeau dans l'abîme du cœur humain, jette une lueur effrayante sur ses tristes profondeurs. Le mal qu'il peint, il le rencontre : les autres l'ont cherché. Pour eux, nos ridicules sont des ennemis dont ils se vengent : pour La Fontaine, ce sont des passans incommodes dont il songe à se garantir; il rit et ne hait point (1). Censeur assez indulgent de nos faiblesses, l'avarice est de tous nos travers celui qui paraît le plus révolter son bon sens naturel. Mais, s'il n'éprouve et n'inspire point

> Ces haines vigoureuses
> Que doit donner le vice aux âmes vertueuses,

au moins préserve-t-il ses lecteurs du poison de la misantropie, effet ordinaire de ces haines. L'âme, après la lecture de ses ouvrages, calme, reposée, et, pour ainsi dire, rafraîchie comme au retour d'une promenade solitaire et champêtre, trouve en soi-même une compassion douce pour l'humanité, une résignation tranquille à la providence, à la nécessité, aux lois de l'ordre établi; enfin l'heureuse disposition de supporter patiemment les défauts d'autrui, et même les siens, leçon qui n'est peut-être pas une des moindres que puisse donner la philosophie.

---

(1) *Ridet et odit.* Juvénal.

Ici, messieurs, je réclame pour La Fontaine l'indulgence dont il a fait l'âme de sa morale ; et déjà l'auteur des fables a sans doute obtenu la grâce de l'auteur des contes : grâce que ses derniers momens ont encore mieux sollicitée. Je le vois, dans son repentir, imitant en quelque sorte ce héros dont il fut estimé (1), qu'un peintre ingénieux nous représente déchirant de son histoire le récit des exploits que sa vertu condamnait ; et si le zèle d'une pieuse sévérité reprochait encore à La Fontaine une erreur qu'il a pleurée lui-même, j'observerais qu'elle prit sa source dans l'extrême simplicité de son caractère ; car c'est lui qui, plus que Boileau,

> Fit, sans être malin, ses plus grandes malices ;
> BOILEAU.

je remarquerais que les écrits de ce genre ne passèrent long-temps que pour des jeux d'esprit, des *joyeusetés folâtres*, comme le dit Rabelais dans un livre plus licencieux, devenu la lecture favorite, et publiquement avouée, des hommes les plus graves de la nation ; j'ajouterais que la reine de Navarre, princesse d'une conduite irréprochable et même de mœurs austères, publia des contes beaucoup plus libres, sinon par le fond, du moins par la forme, sans que la médisance

---

(1) Le grand Condé.

se permît, même à la cour, de soupçonner sa vertu. Mais, en abandonnant une justification trop difficile de nos jours, s'il est vrai que la décence dans les écrits augmente avec la licence des mœurs, bornons-nous à rappeler que La Fontaine donna dans ses contes le modèle de la narration badine ; et, puisque je me permets d'anticiper ici sur ce que je dois dire de son style et de son goût, observons qu'il eut sur Pétrone, Machiavel et Bocace, malgré leur élégance et la pureté de leur langage, cette même supériorité que Boileau, dans sa dissertation sur Joconde, lui donne sur l'Arioste lui-même. Et parmi ses successeurs, qui pourrait-on lui comparer ? serait-ce ou Vergier, ou Grécourt, qui, dans la faiblesse de leur style, négligeant de racheter la liberté du genre par la décence de l'expression, oublient que les Grâces, pour être sans voile, ne sont pourtant pas sans pudeur ? ou Sénecé, estimable pour ne s'être pas traîné sur les traces de La Fontaine en lui demeurant inférieur ? ou l'auteur de la *Métromanie*, dont l'originalité, souvent heureuse, paraît quelquefois trop bizarre ? Non sans doute, et il faut remonter jusqu'au plus grand poète de notre âge; exception glorieuse à La Fontaine lui-même, et pour laquelle il désavouerait le sentiment qui lui dicta l'un de ses plus jolis vers :

L'or se peut partager ; mais non pas la louange.

Où existait avant lui, du moins au même degré,

cet art de préparer, de fondre, comme sans dessein, les incidens ; de généraliser des peintures locales ; de ménager au lecteur ces surprises qui font l'âme de la comédie ; d'animer ses récits par cette gaîté de style, qui est une nuance du style comique, relevée par les grâces d'une poésie légère qui se montre et disparaît tour à tour ? Que dirai-je de cet art charmant de s'entretenir avec son lecteur, de se jouer de son sujet, de changer ses défauts en beautés, de plaisanter sur les objections, sur les invraisemblances; talent d'un esprit supérieur à ses ouvrages, et sans lequel on demeure trop souvent au-dessous ? Telle est la portion de sa gloire que La Fontaine voulait sacrifier; et j'aurais essayé moi-même d'en dérober le souvenir à mes juges, s'ils n'admiraient en hommes de goût ce qu'ils réprouvent par des motifs respectables, et si je n'étais forcé d'associer ses contes à ses apologues en m'arrêtant sur le style de cet immortel écrivain.

SECONDE PARTIE.

Si jamais on a senti à quelle hauteur le mérite du style et l'art de la composition pouvaient élever un écrivain, c'est par l'exemple de La Fontaine. Il règne dans la littérature une sorte de convention qui assigne les rangs d'après la distance reconnue entre les différens genres, à peu près comme l'ordre civil marque les places dans la société d'après la différence des conditions; et, quoique la considération d'un mérite supérieur puisse faire déroger à cette loi, quoiqu'un écrivain parfait dans un genre subalterne soit souvent préféré à d'autres écrivains d'un genre plus élevé, et qu'on néglige Stace pour Tibulle, ce même Tibulle n'est point mis à côté de Virgile. La Fontaine seul, environné d'écrivains dont les ouvrages présentent tout ce qui peut réveiller l'idée de génie, l'invention, la combinaison des plans, la force et la noblesse du style, La Fontaine paraît avec des ouvrages de peu d'étendue, dont le fond est rarement à lui, et dont le style est ordinairement familier : *le bonhomme* se place parmi tous ces grands écrivains, comme l'avait prévu Molière, et conserve au milieu d'eux le surnom d'inimitable. C'est une révolution qu'il a opérée dans les idées reçues, et qui n'aura peut-être d'effet que pour lui; mais elle prouve au moins que, quelles que soient les conventions littéraires qui distribuent les rangs, le génie garde une place distinguée à quiconque viendra, dans quelque genre que ce puisse être, instruire et enchanter les hommes. Qu'importe en effet de quel ordre soient les ouvrages, quand ils offrent des beautés du premier ordre? D'autres auront atteint la perfection de leur genre, le fabuliste aura élevé le sien jusqu'à lui.

Le style de La Fontaine est peut-être ce que l'histoire littéraire de tous les siècles offre de plus étonnant. C'est à lui seul qu'il était réservé de faire admirer, dans la brièveté d'un apologue, l'accord des nuances les plus tranchantes et l'harmonie des couleurs les plus opposées. Souvent une seule fable réunit la naïveté de Marot, le badinage et l'esprit de Voiture, des traits de la plus haute poésie, et plusieurs de ces vers que la force du sens grave à jamais dans la mémoire. Nul auteur n'a mieux possédé cette souplesse de l'âme et de l'imagination qui suit tous les mouvemens de son sujet. Le plus familier des écrivains devient tout à coup et naturellement le traducteur de Virgile ou de Lucrèce; et les objets de la vie commune sont relevés chez lui par ces tours nobles et cet heureux choix d'expression qui les rendent dignes du poëme épique. Tel est l'artifice de son style, que toutes ces beautés semblent se placer d'elles-mêmes dans sa narration, sans interrompre ni retarder sa marche. Souvent même la description la plus riche, la plus brillante, y devient nécessaire, et ne paraît, comme dans la fable *du Chêne et du Roseau*, dans celle *du Soleil et de Borée*, que l'exposé même du fait qu'il raconte. Ici, messieurs, le poète des grâces m'arrête et m'interdit, en leur nom, les détails et la sécheresse de l'analyse. Si l'on a dit de Montaigne qu'il faut le montrer et non le peindre, le transcrire et non le décrire, ce jugement n'est-il pas plus applicable à La Fontaine ? Et combien de fois en effet n'a-t-il pas été transcrit ? Mes juges me pardonneraient-ils d'offrir à leur admiration cette foule de traits présens au souvenir de tous ses lecteurs, et répétés dans tous ces livres consacrés à notre éducation, comme le livre qui les a fait naître? Je suppose en effet que mes rivaux relèvent : l'un l'heureuse alliance de ses expressions, la hardiesse et la nouveauté de ses figures d'autant plus étonnantes qu'elles paraissent plus simples; que l'autre fasse valoir ce charme continu du style qui réveille une foule de sentimens, embellit de couleurs si riches et si variées tous les contrastes que lui présente son sujet, m'intéresse à des bourgeons gâtés par un écolier, m'attendrit sur le sort de l'aigle qui vient de perdre

Ses œufs, ses tendres œufs, sa plus douce espérance;

qu'un troisième vous vante l'agrément et le sel de sa plaisanterie qui rapproche si naturellement les grands et les petits objets, voit tour à tour dans un renard, Patrocle, Ajax, Annibal; Alexandre dans un chat; rappelle, dans le combat de deux coqs pour une poule, la guerre de Troie pour Hélène; met de niveau Pyrrhus et la laitière; se représente dans la querelle de deux chèvres qui se disputent le pas, fières de leur généalogie si poétique et si plaisante, Philippe IV et Lous XIV s'avançant dans l'île de la Conférence : que prouveront-ils ceux qui vous offriront tous ces traits, sinon que des remarques devenues communes peuvent être plus ou moins heureusement rajeunies par le mérite de l'expression ? Et d'ailleurs, comment peindre un poète qui souvent semble s'abandonner comme dans une conversation facile; qui, citant Ulysse à propos des voyages d'une tortue, s'étonne lui-même de le trouver là; dont les beautés paraissent quelquefois une heureuse rencontre, et possèdent ainsi, pour me servir d'un mot qu'il aimait, *la grâce de la soudaineté;* qui s'est fait une langue et une poétique particulières; dont le tour est naïf quand sa pensée est ingénieuse, l'expression simple quand son idée est forte; relevant ses grâces naturelles par cet attrait piquant qui leur prête ce que la physionomie ajoute à la beauté; qui se joue sans cesse de son art; qui, à propos de la tardive maternité d'une alouette, me peint les délices du printemps, les plaisirs, les amours de tous les êtres, et met l'enchantement de la nature en contraste avec le veuvage d'un oiseau ?

Pour moi, sans insister sur ces beautés différentes, je me contenterai d'indiquer les sources principales d'où le poète les a vu naître; je remarquerai que son caractère distinctif est cette étonnante aptitude à se rendre présent à l'action qu'il nous montre; de donner à chacun de ses personnages un caractère particulier dont l'unité se conserve dans la variété de ses fables, et le fait reconnaître partout. Mais une autre source de beautés bien supérieures, c'est cet art de savoir, en paraissant vous occuper de bagatelles, vous placer d'un mot dans un grand ordre de choses. Quand le loup, par exemple, accusant auprès du lion malade, l'indifférence du renard sur une santé si précieuse,

> Daube, au coucher du roi, son camarade absent,

suis-je dans l'antre du lion? suis-je à la cour? Combien de fois l'auteur ne fait-il pas naître du fond de ses sujets, si frivoles en apparence, des détails qui se lient comme d'eux-mêmes aux objets les plus importans de la morale, et aux plus grands intérêts de la société? Ce n'est pas une plaisanterie d'affirmer que la dispute du lapin et de la belette, qui s'est emparée d'un terrier dans l'absence du maître; l'un faisant valoir la raison du premier occupant, et se moquant des prétendus droits de Jean Lapin; l'autre réclamant les droits de succession transmis au susdit Jean par Pierre et Simon ses aïeux, nous offre précisément le résultat de tant de gros ouvrages sur la propriété; et La Fontaine faisant dire à la belette :

> Et quand ce serait un royaume?

Disant lui-même ailleurs :

> Mon sujet est petit, cet accessoire est grand,

ne me force-t-il point d'admirer avec quelle

adresse il me montre les applications générales de son sujet dans le badinage même de son style? Voilà sans doute un de ses secrets ; voilà ce qui rend sa lecture si attachante, même pour les esprits les plus élevés : c'est qu'à propos du dernier insecte, il se trouve, plus naturellement qu'on ne le croit, près d'une grande idée, et qu'en effet il touche au sublime en parlant de la fourmi. Et craindrais-je d'être égaré par mon admiration pour La Fontaine, si j'osais dire que le système abstrait, *tout est bien*, paraît peut-être plus vraisemblable et surtout plus clair après le discours de Garo dans la fable de *la Citrouille et du Gland*, qu'après la lecture de Leibnitz et de Pope lui-même?

S'il sait quelquefois simplifier ainsi les questions les plus compliquées, avec quelle facilité la morale ordinaire doit-elle se placer dans ses écrits? Elle y naît sans effort, comme elle s'y montre sans faste, car La Fontaine ne se donne point pour un philosophe, il semble même avoir craint de le paraître. C'est en effet ce qu'un poète doit le plus dissimuler. C'est, pour ainsi dire, son secret ; et il ne doit le laisser surprendre qu'à ses lecteurs les plus assidus et admis à sa confiance intime. Aussi La Fontaine ne veut-il être qu'un homme, et même un homme ordinaire. Peint-il les charmes de la beauté ?

Un philosophe, un marbre, une statue,
Auraient senti *comme nous* ses plaisirs.

C'est surtout quand il vient de reprendre quelques-uns de nos travers, qu'il se plaît à faire cause commune avec nous, et à devenir le disciple des animaux qu'il a fait parler. Veut-il faire la satire d'un vice : il raconte simplement ce que ce vice fait faire au personnage qui en est atteint ; et voilà la satire faite. C'est du dialogue, c'est des actions, c'est des passions des animaux que sortent les leçons qu'il nous donne. Nous en adresse-t-il directement : c'est la raison qui parle avec une dignité modeste et tranquille. Cette bonté naïve qui jette tant d'intérêt sur la plupart de ses ouvrages, le ramène sans cesse au genre d'une poésie simple qui adoucit l'éclat d'une grande idée, la fait descendre jusqu'au vulgaire par la familiarité de l'expression, et rend la sagesse plus persuasive en la rendant plus accessible. Pénétré lui-même de tout ce qu'il dit, sa bonne foi devient son éloquence, et produit cette vérité de style qui communique tous les mouvemens de l'écrivain. Son sujet le conduit à répandre la plénitude de ses pensées, comme il épanche l'abondance de ses sentimens, dans cette fable charmante où la peinture du bonheur de deux pigeons attendrit par degrés son âme, lui rappelle les souvenirs les plus chers, et lui inspire le regret des illusions qu'il a perdues.

Je n'ignore pas qu'un préjugé vulgaire croit ajouter à la gloire du fabuliste, en le représentant comme un poète qui, dominé par un instinct aveugle et involontaire, fut dispensé par la nature du soin d'ajouter à ses dons, et de qui l'heureuse indolence cueillait nonchalamment des fleurs qu'il n'avait point fait naître. Sans doute La Fontaine dut beaucoup à la nature qui lui prodigua la sensibilité la plus aimable, et tous les trésors de l'imagination ; sans doute le *fablier* était né pour porter des fables : mais par combien de soins cet arbre si précieux n'avait-il pas été cultivé? Qu'on se rappelle cette foule de préceptes du goût le plus fin et le plus exquis, répandus dans ses préfaces et dans ses ouvrages ; qu'on se rappelle ce vers si heureux, qu'il met dans la bouche d'Apollon lui-même :

Il me faut du nouveau, n'en fût-il plus au monde;

doutera-t-on que La Fontaine ne l'ait cherché, et que la gloire, ainsi que la fortune, ne vende *ce qu'on croit qu'elle donne?* Si ses lecteurs, séduits par la facilité de ses vers, refusent d'y reconnaître les soins d'un art attentif, c'est précisément ce qu'il a désiré. Nier son travail, c'est lui en assurer la plus belle récompense. O La Fontaine! ta gloire en est plus grande : le triomphe de l'art est d'être ainsi méconnu.

Et comment ne pas apercevoir ses progrès et ses études dans la marche même de son esprit? Je vois cet homme extraordinaire, doué d'un talent qu'à la vérité il ignore lui-même jusqu'à vingt-deux ans, s'enflammer tout à coup à la lecture d'une ode de Malherbe, comme Mallebranche à celle d'un livre de Descartes, et sentir cet enthousiasme d'une âme, qui, voyant de plus près la gloire, s'étonne d'être né pour elle. Mais pourquoi Malherbe opéra-t-il le prodige refusé à la lecture d'Horace et de Virgile? C'est que La Fontaine les voyait à une trop grande distance; c'est qu'ils ne lui montraient pas, comme le poète français, quel usage on pouvait faire de cette langue qu'il devait lui-même illustrer un jour. Dans son admiration pour Malherbe, auquel il devait, si je puis parler ainsi, sa naissance poétique, il le prit d'abord pour son modèle; mais, bientôt revenu au ton qui lui appartenait, il s'aperçut qu'une naïveté fine et piquante était le vrai caractère de son esprit: caractère qu'il cultiva par la lecture de Rabelais, de Marot, et de quelques-uns de leurs contemporains. Il parut ainsi faire rétrograder la langue, quand les Bossuet, les Racine, les Boileau en avançaient le progrès par l'élévation et la noblesse de leur style: mais elle ne s'enrichissait pas moins dans les mains de La Fontaine, qui lui rendait les biens qu'elle avait laissé perdre, et qui, comme certains curieux, rassemblant avec soin les monnaies antiques, se composait un véritable trésor. C'est dans notre langue ancienne qu'il puisa ces expressions imitatives ou pittoresques, qui présentent sa pensée avec toutes les nuances accessoires; car nul auteur n'a mieux senti le besoin *de rendre son âme visible :* c'est le terme dont il se sert pour exprimer un des attributs de la poésie. Voilà toute sa poétique à laquelle il paraît avoir sacrifié tous les préceptes de la poétique ordinaire et de notre versification, dont ses écrits sont un modèle, souvent même parce qu'il en brave les règles. Eh! le goût ne peut-il pas les enfreindre, comme l'équité s'élève au-dessus des lois ?

Cependant La Fontaine était né poète, et cette partie de ses talens ne pouvait se développer dans les ouvrages dont il s'était occupé jusqu'alors. Il la cultivait par la lecture des modèles de l'Italie ancienne et moderne, par l'étude de la nature et de ceux qui l'ont su peindre. Je ne dois point dissimuler le reproche fait à ce rare écrivain par le plus grand poète de nos jours, qui refuse ce titre de peintre à La Fontaine. Je sens, comme il convient, le poids d'une telle autorité; mais celui qui loue La Fontaine serait indigne d'admirer son critique, s'il ne se permettait d'observer que l'auteur des fables, sans multiplier ces tableaux où le poète s'annonce à dessein comme peintre, n'a pas laissé d'en mériter le nom. Il peint rapidement et d'un trait : il peint par le mouvement de ses vers, par la variété de ses mesures et de ses repos, et surtout par l'harmonie imitative. Des figures vraies et frappantes, mais peu de bordure et point de cadre : voilà La Fontaine. Sa muse aimable et nonchalante rappelle ce riant tableau de l'Aurore dans un de ses poëmes, où il représente cette jeune déesse, qui, se balançant dans les airs,

> La tête sur son bras, et son bras sur la nue,
> Laisse tomber des fleurs, et ne les répand pas.

Cette description charmante est à la fois une réponse à ses censeurs, et l'image de sa poésie.

Ainsi se formèrent par degrés les divers talens de La Fontaine, qui tous se réunirent enfin dans ses fables. Mais elles ne purent être que le fruit de sa maturité : c'est qu'il faut du temps à de certains esprits pour connaître les qualités différentes dont l'assemblage forme leur vrai caractère, les combiner, les assortir, fortifier ces traits primitifs par l'imitation des écrivains qui ont avec eux quelque ressemblance, et pour se montrer enfin tout entier dans un genre propre à déployer la variété de leurs talens. Jusqu'alors l'auteur, ne faisant pas usage de tous ses moyens, ne se présente point avec tous ses avantages. C'est un athlète doué d'une force réelle, mais qui n'a point encore appris à se placer dans une attitude qui puisse la développer toute entière. D'ailleurs, les ouvrages qui, tels que les fables de La Fontaine, demandent une grande connaissance du cœur humain et du système de la société, exigent un esprit mûri par l'étude et par l'expérience; mais aussi, devenus une source féconde de réflexions, ils rappellent sans cesse le lecteur, auquel ils offrent de nouvelles beautés et une plus grande richesse de sens à mesure qu'il a lui-même par sa propre expérience étendu la sphère de ses idées : et c'est ce qui nous ramène si souvent à Montaigne, à Molière et à La Fontaine.

Tels sont les principaux mérites de ces écrits

<blockquote>Toujours plus beaux, plus ils sont regardés,
BOILEAU.</blockquote>

et qui, mettant l'auteur des fables au-dessus de son genre même, me dispensent de rappeler ici la foule de ses imitateurs étrangers ou français : tous se déclarent trop honorés de le suivre de loin ; et s'il eut la bêtise, suivant l'expression de M. de Fontenelle, de se mettre au-dessous de Phèdre, ils ont l'esprit de se mettre au-dessous de La Fontaine, et d'être aussi modestes que ce grand homme. Un seul, plus confiant, s'est permis l'espérance de lutter avec lui ; et cette hardiesse, non moins que son mérite réel, demande peut-être une exception. Lamotte, qui conduisit son esprit partout, parce que son génie ne l'emporta nulle part ; Lamotte fit des fables...... O La Fontaine ! la révolution d'un siècle n'avait point encore appris à la France combien tu étais un homme rare ; mais, après un moment d'illusion, il fallut bien voir qu'un philosophe froidement ingénieux, ne joignant à la finesse ni le naturel,

<blockquote>Ni la grâce plus belle encore que la beauté ;</blockquote>

ne possédant point *ce qui plaît plus d'un jour;* dissertant sur son art et sur la morale; laissant percer l'orgueil de descendre jusqu'à nous, tandis que son devancier paraît se trouver naturellement à notre niveau; tâchant d'être naïf, et prouvant qu'il a dû plaire; faible avec recherche, quand La Fontaine ne l'est jamais que par négligence, ne pouvait être le rival d'un poète simple, souvent sublime, toujours vrai, qui laisse dans le cœur le souvenir de tout ce qu'il dit à la raison, joint à *l'art de plaire* celui *de n'y penser pas,* et dont les fautes quelquefois heureuses font appliquer à son talent ce qu'il a dit d'une femme aimable :

> La négligence, à mon gré, si requise,
> Pour cette fois fut sa dame d'atours.

Aussi tous les reproches qu'on a pu lui faire sur quelques longueurs, sur quelques incorrections, n'ont point affaibli le charme qui ramène sans cesse à lui, qui le rend aimable pour toutes les nations, et pour tous les âges sans en excepter l'enfance. Quel prestige peut fixer ainsi tous les esprits et tous les goûts? qui peut frapper les enfans, d'ailleurs si incapables de sentir tant de beautés? C'est la simplicité de ces formules où ils retrouvent la langue de la conversation; c'est le jeu presque théâtral de ces scènes si courtes et si animées; c'est l'intérêt qu'il leur fait prendre à ses personnages en les mettant sous leurs yeux : illusion qu'on ne retrouve plus chez ses imitateurs, qui ont beau appeler un singe Bertrand et un chat Raton, ne montrent jamais ni un chat ni un singe. Qui peut frapper tous les peuples? C'est ce fond de raison universelle répandu dans ses fables; c'est ce tissu de leçons convenables à tous les états de la vie; c'est cette intime liaison de petits objets à de grandes vérités : car nous n'osons penser que tous les esprits puissent sentir les grâces de ce style qui s'évanouissent dans une traduction ; et, si on lit La Fontaine dans la langue originale, n'est-il pas vraisemblable qu'en supposant aux étrangers la plus grande connaissance de cette langue, les grâces de son style doivent toujours être mieux senties chez un peuple où l'esprit de société, vrai caractère de la nation, rapproche les rangs sans les confondre ; où le supérieur voulant se rendre agréable sans trop descendre, l'inférieur plaire sans s'avilir, l'habitude de traiter avec tant d'espèces différentes d'amour-propre, de ne point les heurter dans la crainte d'en être blessés nous-mêmes, donne à l'esprit ce tact rapide, cette sagacité prompte, qui saisit les nuances les plus fines des idées d'autrui, présente les siennes dans le jour le plus convenable, et lui fait apprécier dans les ouvrages d'agrément les finesses de langue, les bienséances du style, et ces convenances générales, dont le sentiment se perfectionne par le grand usage de la société. S'il est ainsi, comment les étrangers, supérieurs à nous sur tant d'objets et si respectables d'ailleurs, pourraient-ils.... Mais quoi ! puis-je hasarder cette opinion, lorsqu'elle est réfutée d'avance par l'exemple d'un étranger qui signale aux yeux de l'Europe son admiration pour La Fontaine? Sans doute cet étranger illustre, si bien naturalisé parmi nous, sent toutes les grâces de ce style enchanteur. La préférence qu'il accorde à notre fabuliste sur tant de grands hommes, dans le zèle qu'il montre pour sa mémoire, en est elle-même une preuve ; à moins qu'on ne l'attribue en partie à l'intérêt qu'inspirent sa personne et son caractère (1).

TROISIÈME PARTIE.

Un homme ordinaire qui aurait dans le cœur les sentimens aimables dont l'expression est si intéressante dans les écrits de La Fontaine, serait cher à tous ceux qui le connaîtraient ; mais le fabuliste avait pour eux (et ce charme n'est point tout à fait perdu pour nous), un attrait encore plus piquant : c'est d'être l'homme tel qu'il paraît être sorti des mains de la nature. Il semble qu'elle l'ait fait naître pour l'opposer à

---

(1) On sait qu'un étranger demanda à l'académie de Marseille la permission de joindre la somme de deux mille livres à la médaille académique.

l'homme tel qu'il se compose dans la société, et qu'elle lui ait donné son esprit et son talent pour augmenter le phénomène et le rendre plus remarquable par la singularité du contraste. Il conserva jusqu'au dernier moment tous les goûts simples qui supposent l'innocence des mœurs et la douceur de l'âme ; il a lui-même essayé de se peindre en partie dans son roman de Psyché, où il représente la variété de ses goûts, sous le nom de Polyphile, qui aime *les jardins, les fleurs, les ombrages, la musique, les vers, et réunit toutes ces passions douces qui remplissent le cœur d'une certaine tendresse.* On ne peut assez admirer ce fond de bienveillance générale qui l'intéresse à tous les êtres vivans :

> Hôtes de l'univers, sous le nom d'animaux ;

c'est sous ce point de vue qu'il les considère. Cette habitude de voir dans les animaux des membres de la société universelle, enfans d'un même père, disposition si étrange dans nos mœurs, mais commune dans les siècles reculés, comme on peut le voir par Homère, se retrouve encore chez plusieurs orientaux. La Fontaine est-il bien éloigné de cette disposition, lorsqu'attendri par le malheur des animaux qui périssent dans une inondation, châtiment des crimes des hommes, il s'écrie par la bouche d'un vieillard :

> Les animaux périr ! car encor les humains,
> Tous devaient succomber sous les célestes armes.

Il étend même cette sensibilité jusqu'aux plantes, qu'il anime non-seulement par ces traits hardis qui montrent toute la nature vivante sous les yeux d'un poète, et qui ne sont que des figures d'expression, mais par le ton affectueux d'un vif intérêt qu'il déclare lui-même, lorsque, voyant le cerf brouter la vigne qui l'a sauvé, il s'indigne

> .... Que de si doux ombrages
> Soient exposés à ces outrages.

Serait-il impossible qu'il eût senti lui-même le prix de cette partie de son caractère, et qu'averti par ses premiers succès, il l'eût soigneusement cultivée ? Non, sans doute ; car cet homme, qu'on a cru (1) inconnu à lui-même, déclare formellement qu'il étudiait sans cesse le goût du public, c'est-à-dire tous les moyens de plaire. Il est vrai que, quoiqu'il se soit formé sur son art une théorie très-fine et très-profonde, quoiqu'il eût reçu de la nature ce coup-d'œil qui fit donner à Molière le nom de *contemplateur*, sa philosophie, si admirable dans les développemens du cœur humain, ne s'éleva point jusqu'aux généralités qui forment les systèmes : de là quelques incertitudes dans ses principes, quelques fables dont le résultat n'est point irrépréhensible, et où la morale paraît trop sacrifiée à la prudence ;

---

(1) A La Fontaine, à lui seul inconnu.
MARMONTEL, *Epitre aux Poëtes*.

de là quelques contradictions sur différens objets de politique et de philosophie. C'est qu'il laisse indécises les questions épineuses, et prononce rarement sur ces problèmes dont la solution n'est point dans le cœur et dans un fond de raison universelle. Sur tous les objets de ce genre qui sont absolument hors de lui, il s'en rapporte volontiers à Plutarque et à Platon, et n'entre point dans les disputes des philosophes ; mais, toutes les fois qu'il a véritablement une manière de sentir personnelle, il ne consulte que son cœur, et ne s'en laisse imposer ni par de grands mots ni par de grands noms. Sénèque, en nous conservant le mot de Mécénas qui veut vivre absolument, dût-il vivre goutteux, impotent, perclus, a beau invectiver contre cet opprobre ; La Fontaine ne prend point le changé, il admire ce trait avec une bonne foi plaisante ; il le juge digne de la postérité. Selon lui, *Mécénas fut un galant homme*, et je reconnais celui qui déclare plus d'une fois vouloir vivre un siècle tout au moins.

Cette même incertitude de principes, il faut en convenir, passa même quelquefois dans sa conduite : toujours droit, toujours bon sans effort, il n'a point à lutter contre lui-même ; mais a-t-il un mouvement blâmable, il succombe et cède sans combat. C'est ce qu'on put remarquer dans sa querelle avec Furetière et avec Lulli, par lequel il s'était vu trompé et, comme il dit, *enquinaudé* ; car on ne peut dissimuler que l'auteur des fables n'ait fait des opéras peu connus : le ressentiment qu'il conçut contre la mauvaise foi de cet Italien, lui fit trouver dans *le peu qu'il avait de bile*, de quoi faire une satire violente ; et sa gloire est qu'on puisse en être si étonné ; mais, après ce premier mouvement, redevenu La Fontaine, il reprit son caractère véritable, qui était celui d'un enfant, dont en effet il venait de montrer la colère. Ce n'est pas un spectacle sans intérêt que d'observer les mouvemens d'une âme qui, conservant même dans le monde les premiers traits de son caractère, sembla toujours n'obéir qu'à l'instinct de la nature. Il connut et sentit les passions ; et, tandis que la plupart des moralistes les considéraient comme des ennemis de l'homme, il les regarda comme les ressorts de notre âme, et en devint même l'apologiste. Cette idée, que les philosophes ennemis des stoïciens avaient rendue familière à l'antiquité, paraissait de son temps une idée nouvelle ; et si l'auteur des fables la développa quelquefois avec plaisir, c'est qu'elle était pour lui une vérité de sentiment, c'est que des passions modérées étaient les instrumens de son bonheur. Sans doute le philosophe, dont la rigide sévérité voulut les anéantir en soi-même, s'indignait d'être entraîné par elles, et les redoutait comme l'intempérant craint quelquefois les festins. La Fontaine, défendu par la nature contre le danger d'abuser de ses dons, se laissa guider sans crainte à des penchans qui l'égarèrent quelquefois, mais sans le conduire au précipice. L'amour, cette passion qui parmi nous se compose de tant d'autres, reprit dans son âme sa simplicité naturelle : fidèle à l'objet de son goût, mais inconstant dans ses goûts, il paraît que ce qu'il aima le plus dans les femmes, fut celui de leurs avantages dont elles sont elles-mêmes le plus éprises, leur beauté. Mais le sentiment qu'elle lui inspira, doux comme l'âme qui l'éprouvait, s'embellit des grâces de son esprit, et la plus aimable sensibilité prit le ton de la galanterie la plus tendre. Qui a jamais rien dit de plus flatteur pour le sexe que le sentiment exprimé dans ces vers ?

> Ce n'est point près des rois que l'on fait sa fortune :
> Quelqu'ingrate beauté qui nous donne des lois,
> Encor en tire-t-on un souris quelquefois.

C'est ce goût pour les femmes, dont il parle sans cesse, comme l'Arioste, en bien et en mal, qui lui dicta ses contes, se reproduit sans danger et avec tant de grâces dans ses fables mêmes, et conduisit sa plume dans son roman de Psyché. Cette déesse nouvelle, que le conte ingénieux d'Apulée n'avait pu associer aux anciennes divinités de la poésie, reçut de la brillante imagination de La Fontaine une existence égale à celle des dieux d'Hésiode et d'Homère, et il eut l'honneur de créer comme eux une divinité. Il se plut à réunir en elle seule toutes les faiblesses des femmes, et, comme il le dit, leurs trois plus grands défauts : la vanité, la curiosité et le trop d'esprit ; mais il l'embellit en même temps de toutes les grâces de ce sexe enchanteur. Il la place ainsi au milieu des prodiges de la nature et de l'art, qui s'éclipsent tous auprès d'elle. Ce triomphe de la beauté, qu'il a pris tant de plaisir à peindre, demande et obtient grâce pour les satires qu'il se permet contre les femmes, satires toujours générales : et dans cette Psyché même, il place au tartare

Ceux dont les vers ont noirci quelque belle.

Aussi ses vers et sa personne furent-ils également accueillis de ce sexe aimable, d'ailleurs si bien vengé de la médisance par le sentiment qui en fait médire. On a remarqué que trois femmes furent ses bienfaitrices, parmi lesquelles il faut compter cette fameuse duchesse de Bouillon qui, séduite par cet esprit de parti, fléau de la littérature, se déclara si hautement contre Racine ; car ce grand tragique, qu'on a depuis appelé le poëte des femmes, ne put obtenir le suffrage des femmes les plus célèbres de son siècle, qui toutes s'intéressaient à la gloire de La Fontaine. La gloire fut une de ses passions les plus constantes ; il nous l'apprend lui-même :

Un vain bruit et l'amour ont occupé mes ans ;

et dans les illusions de l'amour même, cet autre sentiment conservait des droits sur son cœur.

> Adieu, plaisir, honneurs, louange bien aimée,

s'écriait-il dans le regret que lui laissaient les momens perdus pour sa réputation. Ce ne fut pas sans doute une passion malheureuse : il jouit de cette gloire si chère, et ses succès le mirent au nombre de ces hommes rares à qui le suffrage public donne le droit de se louer eux-mêmes sans affliger l'amour-propre d'autrui. Il faut convenir qu'il usa quelquefois de cet avantage ; car, tout étonnant que paraît La Fontaine, il ne fut pourtant pas un poète sans vanité. Mais, ne se louant que pour promettre à ses amis

> Un temple dans ses vers,

pour rendre son encens plus digne d'eux, sa vanité même devint intéressante, et ne parut que l'aimable épanchement d'une âme naïve, qui veut associer ses amis à sa renommée. Ne croirait-on pas encore qu'il a voulu réclamer contre les portraits qu'on s'est permis de faire de sa personne, lorsqu'il ose dire :

> Qui n'admettrait Anacréon chez soi ?
> Qui bannirait Waller et La Fontaine ?

Est-il vraisemblable, en effet, qu'un homme admis chez les Conti, les Vendôme, et parmi tant de sociétés illustres, fût tel que nous le représente une exagération ridicule, sur la foi de quelques réponses naïves échappées à ses distractions? La grandeur encourage, l'orgueil protège, la vanité cite un auteur illustre, mais la société n'appelle ou n'admet que celui qui sait plaire; et les Chaulieu, les Lafare, avec lesquels il vivait familièrement, n'ignoraient pas l'ancienne méthode de négliger la personne en estimant les écrits. Leur société, leur amitié, les bienfaits des princes de Conti et de Vendôme, et dans la suite ceux de l'auguste élève de Fénélon, récompensèrent le mérite de La Fontaine, et le consolèrent de l'oubli de la cour, s'il y pensa.

C'est une singularité bien frappante de voir un écrivain tel que lui, né sous un roi dont les bienfaits allèrent étonner les savans du nord, vivre négligé, mourir pauvre, et près d'aller dans sa caducité chercher, loin de sa patrie, les secours nécessaires à la simple existence : c'est qu'il porta toute sa vie la peine de son attachement à Fouquet, ennemi du grand Colbert. Peut-être n'eût-il pas été indigne de ce ministre célèbre de ne pas punir une reconnaissance et un courage qu'il devait estimer. Peut-être, parmi les écrivains dont il présentait les noms à la bienfaisance du roi, le nom de La Fontaine n'eût-il pas été déplacé; et la postérité ne reprocherait point à sa mémoire d'avoir abandonné au zèle bienfaisant de l'amitié, un homme qui fut un des ornemens de son siècle, qui devint le successeur immédiat de Colbert lui-même à l'Académie, et le loua d'avoir protégé les lettres. Une fois négligé, ce fut une raison de l'être toujours, suivant l'usage, et le mérite de La Fontaine n'était pas d'un genre à toucher vivement Louis XIV. Peut-être les rois et les héros sont-ils trop loin de la nature pour apprécier un tel écrivain : il leur faut des tableaux d'histoire plutôt que des paysages ; et Louis XIV, mêlant à la grandeur naturelle de son âme quelques nuances de la fierté espagnole qu'il semblait tenir de sa mère, Louis XIV, si sensible au mérite des Corneille, des Racine, des Boileau, ne se retrouvait point dans des fables. C'était un grand défaut, dans un siècle où Despréaux fit un précepte de l'art poétique, de former tous les héros de la tragédie sur le monarque français (1) ; et la description du passage du Rhin importait plus au roi que les débats du lapin et de la belette.

Malgré cet abandon du maître, qui retarda même la réception de l'auteur des fables à l'Académie française ; malgré la médiocrité de sa fortune, La Fontaine (et l'on aime à s'en convaincre), La Fontaine fut heureux ; il le fut même plus

---

(1)   Que Racine, enfantant des miracles nouveaux,
De ses héros sur lui forme tous les tableaux.
BOILEAU, *Art. poét.*

qu'aucun des grands poètes ses contemporains. S'il n'eut point cet éclat imposant attaché aux noms des Racine, des Corneille, des Molière, il ne fut point exposé au déchaînement de l'envie, toujours plus irritée par les succès de théâtre. Son caractère pacifique le préserva de ces querelles littéraires qui tourmentèrent la vie de Despréaux. Cher au public, cher aux plus grands génies de son siècle, il vécut en paix avec les écrivains médiocres; ce qui paraît un peu plus difficile, pauvre, mais sans humeur, comme à son insçu; libre des chagrins domestiques, d'inquiétude sur son sort, possédant le repos, de douces rêveries et le *vrai dormir* dont il fait de grands éloges : ses jours parurent couler négligemment comme ses vers. Aussi, malgré son amour pour la solitude, malgré son goût pour la campagne, ce goût si ami des arts auxquels il offre de plus près leur modèle, il se trouvait bien partout. Il s'écrie, dans l'ivresse des plus doux sentimens, qu'il aime à la fois la ville, la campagne; que tout est pour lui le souverain bien;

> Jusqu'au sombre plaisir d'un cœur mélancolique,
> Les chimères, le rien, tout est bon.

Il retrouve en tout lieu le bonheur qu'il porte en lui-même, et dont les sources intarissables sont l'innocente simplicité de son âme et la sensibilité d'une imagination souple et légère. Les yeux s'arrêtent, se reposent avec délices sur le spectacle d'un homme, qui, dans un monde trompeur, soupçonneux, agité de passions et d'intérêts divers, marche avec l'abandon d'une paisible sécurité, trouve sa sûreté dans sa confiance même, et s'ouvre un accès dans tous les cœurs, sans autre artifice que d'ouvrir le sien, d'en laisser échapper tous les mouvemens, d'y laisser lire même ses faiblesses, garans d'une aimable indulgence pour les faiblesses d'autrui. Aussi La Fontaine inspira-t-il toujours cet intérêt qu'on accorde involontairement à l'enfance. L'un se charge de l'éducation et de la fortune de son fils; car il avait cédé aux désirs de sa famille, et un soir il se trouva marié: l'autre lui donne un asile dans sa maison; il se croit parmi des frères; ils vont le devenir en effet, et la société reprend les vertus de l'âge d'or pour celui qui en a la candeur et la bonne foi. Il reçoit des bienfaits: il en a le droit, car il rendrait tout sans croire s'en être acquitté. Peut-être il est des âmes qu'une simplicité noble élève naturellement au-dessus de la fierté; et, sans blâmer le philosophe, qui écarte un bienfaiteur dans la crainte de se donner un tyran, sait se priver, souffrir et se taire, n'est-il pas plus beau, peut-être, n'est-il pas du moins plus doux de voir La Fontaine montrer à son ami ses besoins comme ses pensées, abandonner généreusement à l'amitié le droit précieux qu'elle réclame, et lui rendre hommage par le bien qu'il reçoit d'elle? Il aimait, c'était sa reconnaissance, et ce fut celle qu'il fit éclater envers le malheureux Fouquet. J'admirerai sans doute, il le faut bien, un chef-d'œuvre de poésie et de sentiment dans sa touchante élégie sur cette fameuse disgrâce. Mais, si je le vois, deux ans après la chute de son bienfaiteur, pleurer à l'aspect du château où M. Fouquet avait été détenu; s'il s'arrête involontairement autour de cette fatale prison dont il ne s'arrache qu'avec peine; si je trouve l'expression de cette sensibilité, non dans un écrit public, monument d'une reconnaissance souvent fastueuse, mais dans l'épanchement d'un commerce secret, je partagerai sa douleur : j'aimerai l'écrivain que j'admire. O La Fontaine ! essuie tes larmes, écris cette fable charmante des *Deux Amis*; et je sais où tu trouves l'éloquence du cœur et le sublime de sentiment : je reconnais le maître de cette vertu qu'il nomme, par une expression nouvelle, *le don d'être ami*. Qui l'avait mieux reçu de la nature ce don si rare ? Qui a mieux éprouvé les illusions du sentiment ? Avec quel intérêt, avec quelle bonne foi naïve, associant dans un même recueil plusieurs de ses immortels écrits à la traduction de quelques harangues anciennes, ouvrage de son ami Maucroix, ne se livre-t-il pas à l'espérance d'une commune immortalité ? Que mettre au-dessus de son dévouement à ses amis, si ce n'est la noble confiance qu'il avait lui-même en eux ? O vous ! messieurs, vous qui savez si bien, puisque vous chérissez sa mémoire, sentir et apprécier ce charme inexprimable de la facilité dans les vertus, partage des mœurs antiques, qui de vous, allant offrir à son ami l'hospice de sa maison, n'éprouverait l'émotion la plus douce, et même le transport de la joie, s'il en recevait cette réponse aussi attendrissante qu'inattendue : *J'y allais ?* Ce mot si simple, cette expression si naïve d'un abandon sans réserve, est le plus digne hommage rendu à l'humanité généreuse ; et jamais bienfaiteur, digne de l'être, n'a reçu une si belle récompense de son bienfait.

Tel est l'image que mes faibles yeux ont pu saisir de ce grand homme, d'après ses ouvrages mêmes, plus encore que d'après une tradition récente, mais qui, trop souvent infidèle, s'est plu, sur la foi de quelques plaisanteries de société, à montrer, comme un jeu bizarre de la nature, un homme qui en fut véritablement un prodige; qui offrit le singulier contraste d'un conteur trop libre et d'un excellent moraliste ; reçut en partage l'esprit le plus fin qui fut jamais, et devint en tout le modèle de la simplicité ; posséda le génie de l'observation, même de la satire, et ne passa jamais que pour un bon homme ; déroba, sous l'air d'une négligence quelquefois réelle, les artifices de la composition la plus savante ; fit ressembler l'art au naturel, souvent même à l'instinct; cacha son génie par son génie même ; tourna au profit de son talent l'opposition de son esprit et de son âme, et fut, dans le siècle des grands écrivains, sinon le premier, du moins le plus étonnant. Malgré ses défauts, observés même dans son éloge, il sera toujours le plus relu de tous les auteurs ; et l'intérêt qu'inspirent ses ouvrages s'étendra toujours sur sa personne. C'est que plusieurs de ses défauts même participent quelquefois des qualités aimables qui les avaient fait naître ; c'est qu'on juge l'homme et l'auteur par l'assemblage de ses qualités habituellement dominantes ; et La Fontaine, désigné de son vivant par l'épithète de bon, ressemblance remarquable avec Virgile, conservera, comme écrivain, le surnom d'inimitable, titre qu'il obtint avant même d'être tout-à-fait apprécié, titre confirmé par l'admiration d'un siècle, et devenu, pour ainsi dire, inséparable de son nom.

FIN DE L'ÉLOGE DE LA FONTAINE.

NOTES

SUR

LES FABLES DE LA FONTAINE.

LIVRE PREMIER.

FABLE I.

Cette fable est une des plus faibles de La Fontaine. Elle n'est très-citée que parce qu'elle est la première. La fourmi qui paiera *l'intérêt et le principal. Je chantais, eh bien! dansez maintenant.* La briéveté la plus concise vaudrait mieux que ces prétendus ornemens.

V. 15. La fourmi n'est pas prêteuse ;
C'est là son moindre défaut.

Il y a là une équivoque, ou plutôt une vraie faute. La Fontaine veut dire que d'être prêteuse est son moindre défaut, pour faire entendre qu'elle ne l'est pas ; et on peut croire qu'il dit que de n'être pas prêteuse est son moindre défaut, c'est-à-dire qu'elle a de bien plus grands défauts que de ne pas prêter.

FABLE II.

C'est ici qu'on commence à trouver La Fontaine. Le discours du renard n'a que cinq vers, et n'en est pas moins un chef-d'œuvre. *Monsieur du corbeau*, pour entrer en matière ; et à la fin, *vous êtes le phénix*, etc.

V. 14. Il est plaisant de mettre la morale dans la bouche de celui qui profite de la sottise : c'est le renard qui donne la leçon à celui qu'il a dupé, ce qui rend cette petite scène, en quelque sorte, théâtrale et comique.

Il est fâcheux que *Monsieur* rime avec *Flatteur*, c'est-à-dire ne rime pas ; mais c'était l'usage alors de prononcer l'*r* de monsieur. On tolère même de nos jours cette petite négligence au théâtre, parce qu'elle est moins remarquable.

FABLE III.

Cette petite fable est charmante par la vérité de la peinture, pour le dialogue des deux grenouilles, et pour l'expression élégante qui s'y trouve.

Plusieurs gens de goût blâment La Fontaine d'avoir mis la morale, ou à la fin, ou au commencement de chaque fable ; chaque fable, disent-ils, contient sa morale dans elle-même : sévérité qui nous aurait fait perdre bien des vers charmans.

FABLE IV.

V. 5. *Relevé.* Mauvaise rime qu'on appelle suffisante ; La Fontaine pouvait mettre d'un *pas dégagé*.

V. 6. Et faisait sonner sa sonnette.

Est un vers heureux et d'harmonie imitative, qui s'est trouvé sous la plume de l'auteur.

La Fontaine ne manque pas, du moins autant qu'il le peut, l'occasion de mettre la morale de son Apologue dans la bouche d'un de ses acteurs. Cette fable des deux Mulets est d'une applicationn bien fréquente.

V. 2. Celui-ci, glorieux d'une charge si belle,
N'eût voulu pour beaucoup en être soulagé.

Ce mulet-là fait songer à bien d'honnêtes gens.

FABLE V.

Cette fable du loup et du chien est parfaite d'un bout à l'autre ; il n'y a à critiquer que l'avant-dernier vers.

Et ne voudrais pas même à ce prix un trésor.

Un loup n'a que faire d'un trésor.

FABLE VI.

Voilà certainement une mauvaise fable que La Fontaine a mise en vers d'après Phèdre. L'association de ces quatre personnages est absurde et contre nature. Quel besoin le lion a-t-il d'eux pour chasser ? ils sont eux-mêmes le gibier qu'il cherche. Si Phèdre a voulu faire voir qu'une association avec plus fort que soi est souvent dangereuse ; il y avait une grande quantité d'images ou d'allégories qui auraient rendu cette vérité sensible. Voyez la fable du Pot de terre et du Pot de fer.

FABLE VII.

La Fontaine pour nous dédommager d'avoir fait une fable aussi mauvaise que l'est la précédente, lui fait succéder un apologue excellent, où il développe avec finesse et avec force le jeu de l'amour-propre de toutes les espèces d'animaux, c'est-à-dire de l'homme, dont l'espèce réunit tous les genres d'amour-propre.

On ne finirait pas si on voulait noter tous les vers heureux de cette fable.

V. 23. Dame fourmi trouva le citron trop petit.

. . . .
. . . .

V. 28. Lynxs envers nos pareils et taupes envers nous.

Et les deux derniers vers.

C'est donc la faute à Jupiter si nous ne nous apercevons pas de nos propres défauts. Esope, que Phèdre a gâté en l'imitant, dit, et beaucoup mieux, chaque homme naît avec deux besaces, etc. De cette manière, la faute n'est point rejetée spécialement sur le fabricateur souverain. La Fontaine aurait mieux fait d'imiter Esope que Phèdre en cette occasion.

FABLE VIII.

Autre Apologue, excellent d'un bout à l'autre.

FABLE IX.

V. 27. *Fi!* Espèce d'interjection qu'on n'emploie que proverbialement et dans le style très-familier.

FABLE X.

Cette fable est connue de tout le monde, même de ceux qui ne connaissent que celle-là. Ce qui en fait la beauté, c'est la vérité du dialogue. Plusieurs personnes ne semblent voir dans cet Apologue qu'une vérité triviale, que le faible est opprimé par le fort. Ce ne serait pas la peine de faire une fable. Ce qui fait la beauté de celle-ci, c'est la prétention du loup qui veut avoir raison de son injustice, et qui ne supprime tout prétexte et tout raisonnement, que lorsqu'il est réduit à l'absurde par les réponses de l'agneau.

V. 19 et 20. *Si je n'étais pas né* ne rime pas avec *l'an passé*. Pure négligence.

FABLE XI.

Ce n'est point là une fable, quoiqu'en dise La Fontaine; c'est un compliment en vers adressé à M. le duc de la Rochefoucault sur son livre des Maximes. Un homme qui s'enfuit dans le désert pour éviter des miroirs: c'est là une idée assez bizarre, et une invention assez médiocre de La Fontaine.

V. 21. On voit bien où je veux venir.

On le voit à travers un nuage; cela est si vrai, que La Fontaine est obligé d'expliquer son idée toute entière, et de dire enfin:

> Et quant au canal, c'est celui
> Que chacun sait, le livre des Maximes.

Cela rappelle un peu le peintre qui mettait au bas de ses figures, d'un coq, par exemple, *ceci est un coq*.

FABLE XII.

La plupart des fables et des contes ont fait le tour du globe. La Fontaine met en Europe la scène où il suppose que fut fait le récit de cette aventure, récit que les Orientaux mettent dans la bouche du fameux Gengiskan, à l'occasion du Grand Mogol, prince qui dépendait en quelque sorte de ses grands vassaux. Au surplus, ce récit ne peut pas s'appeler une fable ; c'est une petite histoire allégorique qui conduit à une vérité morale. Toute fable suppose une action.

FABLE XIII.

V. 10. *Au lieu de deux*, etc. Voilà deux traits de naturel qu'on ne trouve guère que dans La Fontaine, et qui charment par leur simplicité.

V. 12. *De nul d'eux*. Transposition que de nos jours on trouverait un peu forcée, mais qui se pardonnait alors dans le style familier.

V. 13. *Un quart*, un quatrième.

Un quart voleur survient, etc. Voilà les conquérans appelés *voleurs*, c'est-à-dire par leur nom. Nous sommes bien loin de l'Epître dédicatoire, et de ce roi qui comptera ses jours par ses conquêtes.

FABLE XIV.

Encore de la mauvaise morale : on peut trop louer sa maîtresse, et tout éloge qui n'a pas l'air d'échapper à un sentiment vrai, ou d'être une galanterie aimable d'un esprit facile, déplaît souvent même à celle qui en est l'objet. On peut trop louer son roi, 1° quand on le loue et qu'il est blâmable ; 2° quand on le loue démesurément pour une bagatelle, etc.

V. 4. Ce sont maximes toujours bonnes.

Au contraire presque toujours mauvaises.

Castor et Pollux ne font pas un beau rôle dans cette fable. Quel mal avaient fait ces pauvres conviés et ces échansons ? Cela dut faire grand plaisir à ce Simonide, qui était fort avare.

Un jour un athlète qui avait remporté le prix aux courses de mules lui offrit une somme d'argent pour chanter sa victoire. Simonide, mécontent de la somme, répondit : Moi, faire des vers pour des animaux qui sont des demi-baudets! Le vainqueur tripla la somme offerte. Alors Simonide fit une pièce très-pompeuse qui commence par des vers dont voici le sens : « Nobles filles des coursiers qui devancent les aquilons. »

Le même Simonide fut avec Anacréon à la cour d'Hipparque, fils de Pisistrate. Le dernier ne voulut que des honneurs, il fallut des présens au premier.

V. 64. *Melpomène.* Tout cela signifie qu'un poète peut tirer quelqu'avantage de ses travaux.

FABLE XVII.

V. 4 et 5. Il avait du comptant,
Et partant.

Ce vers de six syllabes, suivi d'un autre de trois, si l'on peut appeler ce dernier un vers, ne me semble qu'une négligence et non une beauté. Quand cette hardiesse sera une beauté, je ne manquerai pas de l'observer.

A proprement parler, cette pièce n'est pas exactement une fable, c'est un récit allégorique ; mais il est si joli et rend si sensible la vérité morale dont il s'agit, qu'il ne faut pas se rendre difficile.

FABLE XVIII.

V. 4. *Besogne*, (autrefois besongne) n'est pas le mot propre ; mais, à cela près, la fable est charmante d'un bout à l'autre. Elle me rappelle le trait d'un riche particulier qui avait fait dîner ensemble un antiquaire, qui hors de là ne savait rien, et un physicien célèbre dénué de toute espèce d'érudition. Ces deux messieurs ne surent que se dire. Sur quoi on observa que le maître de la maison leur avait fait faire le repas du renard et de la cicogne.

FABLE XIX.

Dans ce récit, La Fontaine pouvait se dispenser d'annoncer son dessein. Cela diminue la curiosité, d'autant plus qu'il y revient à

FABLE XX.

Ces deux petits faits mis ainsi à côté l'un de l'autre, racontés dans le même nombre de vers et dans la même mesure, font un effet très-piquant. Les six derniers vers ne sont que l'explication des six premiers, mais le commentaire plaît autant que le texte.

V. 3. Le *beau premier*, le fin premier, mots reçus dans l'ancien style pour dire simplement le premier. On le disait encore de nos jours dans le style familier.

FABLE XXI.

V. 7. *Les témoins déposaient.* Cette formule de nos tribunaux est plaisante : elle nous transporte au milieu de la société. C'est le charme et le secret de La Fontaine ; il nous montre ainsi qu'en parlant des animaux, il ne nous perd pas de vue un seul instant.

V. 31. *Plût-à-Dieu*, etc. Tous les procès ne sont pas de nature à être jugés ainsi ; et quant à la méthode des Turcs, Dieu nous en préserve. La voici : Le juge, appellé Cadi, prend une connaissance succincte de l'affaire, fait donner la bastonnade à celui qui lui paraît avoir tort, et ce tort se réduit souvent à n'avoir pas donné de l'argent au juge comme a fait son adversaire : puis il renvoie les deux parties.

FABLE XXII.

Je ne connais rien de plus parfait que cet Apologue. Il faudrait insister sur chaque mot, pour en faire sentir les beautés. L'auteur entre en matière sans prologue, sans morale. Chaque mot que dit le chêne fait sentir au roseau sa faiblesse.

V. 5. Un roitelet pour vous est un pesant fardeau.
Le moindre vent qui d'aventure
Fait rider la face de l'eau, etc.

Et puis tout d'un coup l'amour-propre lui fait prendre le style le plus pompeux et le plus poétique.

> V. 8. Cependant que mon front, au Caucase pareil,
> Non content, etc.

Puis vient le tour de la pitié qui protège, et d'un orgueil mêlé de bonté.

> V. 12. Encor si vous naissiez à l'abri du feuillage
> Dont je couvre le voisinage.

Enfin il finit par s'arrêter sur l'idée la plus affligeante pour le roseau, et la plus flatteuse pour lui-même.

> V. 18. La nature envers vous m'a semblé bien injuste.

Le roseau, dans sa réponse, rend d'abord justice à la bonté du cœur que le chêne a montrée. En effet, il n'a pas été trop impertinent, et il a rendu aimable le sentiment de sa supériorité. Enfin le roseau refuse sa protection, sans orgueil, seulement parce qu'il n'en a pas besoin.

> V. 22. Je plie et ne romps pas.

Arrive le dénouement ; La Fontaine décrit l'orage avec la pompe de style que le chêne a employée en parlant de lui-même.

> V. 27. Le plus terrible des enfans
> Que le Nord eût porté jusque-là dans ses flancs.
> . . . .
> V. 30. Le vent redouble ses efforts,
> Et fait si bien qu'il déracine
> Celui de qui la tête au ciel était voisine,
> Et dont les pieds touchaient à l'empire des morts.

Remarquez que La Fontaine ne s'amuse pas plus à moraliser à la fin de sa fable qu'au commencement. La morale est toute entière dans le récit du fait. Cet Apologue est non-seulement le meilleur de ce premier livre, mais il n'y en a peut-être pas de plus achevé dans La Fontaine. Si l'on considère qu'il n'y a pas un mot de trop, pas un terme impropre, pas une négligence ; que dans l'espace de trente vers, La Fontaine, en ne faisant que se livrer au courant de sa narration, à pris tous les tons, celui de la poésie la plus gracieuse, la plus élevée : on ne craindra pas d'affirmer qu'à l'époque où cette fable parut, il n'y avait rien de ce ton là dans notre langue. Quelques autres fables, comme celle des animaux malades de la peste, présentent peut-être des leçons plus importantes, offrent des vérités qui ont plus d'étendue, mais il n'y en a pas d'une exécution plus facile.

LIVRE DEUXIÈME.

FABLE IV.

V. 10. *Il ne règnera plus*, etc. Voici encore un exemple de l'artifice et du naturel avec lequel La Fontaine passe du ton le plus simple à celui de la haute poésie. Avec quelle grâce il revient au style familier, dans les vers suivans :

V. 13. . . . . Il faudra qu'on pâtisse
Du combat qu'a causé madame la génisse.

Madame : mot qui donne de l'importance à la génisse. Ce vers rappelle celui de Virgile (Géorg. liv. 3) : *Pascitur in magná silvá formosa juvenca.*

FABLE V.

Cette fable est très-jolie : on ne peut en blâmer que la morale.

V. 33. Le sage dit, selon les gens,
Vive le roi ! vive la ligue !

Ce n'est point le sage qui dit cela : c'est le fourbe, et même le fourbe impudent. Quel parti devait donc prendre La Fontaine ? Celui de ne pas donner de morale du tout.

Solon décerna des peines contre les citoyens qui, dans un temps de troubles, ne se déclareraient pas ouvertement pour un des partis: son objet était de tirer l'homme de bien d'une inaction funeste, de le jeter au milieu des factieux, et de sauver la république par l'ascendant de la vertu.

Il paraît bien dur de blâmer la chauve-souris de s'être tirée d'affaire par un trait d'esprit et d'habileté, qui même ne fait point de mal à son ennemie la belette; mais La Fontaine a tort d'en tirer la conclusion qu'il en tire.

Il y a des questions sur lesquelles la morale reste muette et ne peut rien décider. C'est ce que l'Aréopage donna bien à entendre dans une cause délicate et embarrassante dont le jugement lui fut renvoyé. Le tribunal ordonna, sans rien prononcer, que les deux parties eussent à comparaître de nouveau dans cent ans.

FABLE IV.

V. 1. *Flèche empennée.* Le mot *empennée* n'est point resté dans la langue; c'est que nous avons celui d'*emplumée*, que l'auteur aurait aussi bien fait d'employer.

V. 9. *Des enfans de Japet, etc.* La Fontaine se contente d'indiquer d'un seul mot le point d'où sont partis tous les maux de l'humanité.

FABLE VII.

Cette fable, très-remarquable par la leçon qu'elle donne, ne l'est, dans son exécution, que par son élégante simplicité.

La morale de cet Apologue est si évidente, que le goût ordonnait peut-être de ne pas y joindre d'affabulation; c'est le nom qu'on donne à l'explication que l'auteur fait de sa fable.

FABLE VIII.

Cette fable est une des plus heureuses et des mieux tournées.

V. 19. *Ses œufs, ses tendres œufs,* etc. Il semble que l'âme de La Fontaine n'attend que les occasions de s'ouvrir à tout ce qui peut être intéressant. Ce vers est d'une sensibilité si douce, qu'il fait plaindre l'aigle, malgré le rôle odieux qu'il joue dans cette fable.

FABLE IX.

V. 36. *J'en vois deux*, *etc.* Tant pis ; une bonne fable ne doit offrir qu'une seule moralité, et la mettre dans toute son évidence. Au reste, ce qui peut justifier La Fontaine, c'est que ces deux vérités sont si près l'une de l'autre, que l'esprit les réduit aisément à une moralité seule et unique.

FABLE X.

V. 1. Un ânier, son sceptre à la main,
Menait en empereur romain
Deux coursiers à longues oreilles.

Il y a bien de l'esprit et du goût à savoir tout annoblir sans donner aux petites choses une importance ridicule. C'est ce que fait La Fontaine en mêlant la plaisanterie à ses périphrases les plus poétiques ou à ses descriptions les plus pompeuses.

V. 21. Camarade épongier.

Épongier. Mot créé par La Fontaine, mais employé si heureusement, qu'on croirait qu'il existait avant lui.

FABLES XI ET XII.

Ces deux fables ne comportent aucune espèce de notes, n'étant remarquables ni par de grandes beautés, ni par aucun défaut. C'est la simplicité et la pureté de Phèdre, avec un peu plus d'élégance.

FABLE XIII.

Encore une fable qui n'est point fable. Un trait que La Fontaine raconte en quatre vers, lui donne lieu de causer avec son lecteur, mais pour le jeter dans des questions métaphysiques auxquelles il n'entendait pas grand'chose. De là il fait une sortie contre l'astrologie judiciaire, qui, de son temps, n'était pas encore tombée tout-à-fait.

V. 21. Aurait-il imprimé ? etc.

Voilà deux vers qui ne dépareraient pas le poème écrit du style le plus haut et le plus soutenu.

V. 40. *Emmenez avec vous les souffleurs tout d'un temps.*

Les souffleurs, c'est-à-dire les alchymistes, dont la science est à la chymie ce que l'astrologie judiciaire est à l'astronomie.

FABLE XIV.

V. 2. *Car que faire en un gîte, à moins que l'on ne songe?*

Ce vers est devenu proverbe à cause de son extrême naturel, sans qu'on puisse voir d'ailleurs ce qui a fait sa fortune.

V. 29. *Et d'où me vient cette vaillance?*

Il se croit déjà brave, et son amour-propre devient son consolateur. Voilà ce me semble la pensée dont il fallait achever le développement ; et c'est ce que l'auteur ne fait pas. Au contraire, le lièvre qui vient de parler de sa vaillance, parle de sa poltronnerie dans les deux derniers vers. On pourrait, pour sauver cette faute et cette contradiction, supposer que le lièvre finit de parler après ce vers :

Je suis donc un foudre de guerre ?

et que c'est La Fontaine qui dit en son propre nom les deux vers suivans ; mais cette conjecture n'est pas assez fondée.

FABLE XV.

Il fallait ce me semble que le renard commençât par dire au coq : « Eh ! mon ami, pourquoi n'étais-tu pas aux fêtes qu'on a données pour la paix qui vient de se conclure ? » Dans ces vers, *nous ne sommes plus en querelle*, le renard n'a l'air que de proposer la paix.

V. 17. *Que celle*
De cette paix.

Ces deux petits vers inégaux ne sont qu'une pure négligence, et ne font nullement beauté.

V. 19. Et ce m'est une double joie
De la tenir de toi, etc.....

Les ressemblances de son déplaisent à l'oreille.

V. 32. Car c'est double plaisir de tromper le trompeur.

V. 29. *Malcontent*, etc. On dirait aujourd'hui mécontent.

Le coq ne trompe pas le renard, il le joue, il se moque de lui.

FABLE XVI.

V. 8. . . . . . Pour la bouche des dieux.

Cette exposition montre la finesse d'esprit de La Fontaine. Les dieux étaient supposés respirer l'odeur des sacrifices, mais non pas manger les victimes. La Fontaine, par ce mot de *la bouche des dieux*, indique leurs représentans, qui avaient soin de choisir les victimes les plus belles et les plus grasses.

Les quatre derniers vers sont charmans; le second et le quatrième sont devenus proverbes. Ce rapport de sons répété deux fois entre la rime de *eure* et celle de *eurs*, les gâte un peu à la lecture.

FABLE XIX.

Cette fantaisie de chasser doit être trop fréquente chez le lion pour qu'il y ait de la justesse à employer cette expression, *se mit en tête*; ce mot semble indiquer une fantaisie nouvelle ou du moins assez rare.

Sanglier était autrefois de deux syllabes, ce qui était assez dur à l'oreille.

V. 12. Leur troupe n'était pas encore accoutumée, etc.

Il fallait donc que ce fut au commencement du monde. Cette circonstance paraît bizarre.... *dit l'âne en se donnant* tout l'honneur de la chasse. Il fallait ce me semble que l'âne se rendît tout-à-fait insupportable au lion par ses fanfaronnades; cela eût rendu la moralité de la fable plus sensible et plus évidente.

FABLE XX.

Ce n'est point là une fable; c'est une anecdote dont il est assez difficile de tirer une moralité.

V. 5 *Une histoire des plus gentilles.*

Quoique ce soit d'Ésope que La Fontaine parle ici et non pas de lui-même, peut-être eût-il été mieux de ne pas promettre que l'histoire serait gentille : on le verra bien.

V. 22. . . . . . *Chacune sœur.* C'est le style de la pratique; et ce mot de chacune, au lieu de chaque, fait très-bien en cet endroit.

LIVRE TROISIÈME.

FABLE I.

V. 4. *Les derniers venus, etc.*, n'y ont presque rien trouvé.

V. 16. *Et que rien ne doit fuir, etc.* Locution empruntée de la langue latine.

V. 22. La guerre a ses douceurs, l'hymen a ses alarmes.

Vers charmant.

V. 23. . . . . *où buter.* Ce mot de buter est sec et peu agréable à l'oreille.

V. 74. . . . . . *Car, quand il va voir Jeanne.* La Fontaine, après nous avoir parlé de *quolibets coup sur coup renvoyés*, pouvait nous faire grâce de celui-là.

V. 81. *Quant à vous, suivez Mars, etc.* Ce n'est point La Fontaine qui parle à son lecteur, c'est Malherbe qui continue et qui s'adresse à Racan. Celui-ci ne prit ni femme, ni abbaye, ni emploi ; il se livra à son talent pour la poésie, qui lui fit une grande réputation.

FABLE II.

La Fontaine a pris ici le ton le plus simple, et ne paraît pas chercher le moindre embellissement. Il a craint sans doute qu'on ne le soupçonnât d'avoir voulu lutter contre Horace, qui, dans une de ses Épîtres, a mis en vers cet Apologue d'une manière beaucoup plus piquante et plus agréable.

V. 7. Chacun d'eux résolut de vivre en gentilhomme,
Sans rien faire...

Voilà un trait de satyre qui porte sur le fond de nos mœurs, mais d'une manière bien adoucie. C'est le ton et la coutume de La Fontaine de placer la morale dans le tissu de la narration, par l'art dont il fait son récit.

V. 25. . . . . *Et la chose est égale*. Pas si égale. Mais La Fontaine n'y regarde pas de si près. On verra ailleurs qu'il ne traite pas aussi bien l'autorité royale, et que même il se permet un trait de satyre qui passe le but.

FABLE III.

V. 5. *Hoqueton*. Ce mot se dit et d'une sorte de casaque que portent les archers, et des archers qui la portent.

V. 10. C'est moi qui suis Guillot, berger de ce troupeau.

Comme ce vers peint merveilleusement les fripons et les attentions superflues qu'ils prennent pour le succès de leurs fourberies; attentions qui bien souvent les font échouer!

V. 16. . . . *Comme aussi sa musette*. Ce dernier hémistiche est d'une grâce charmante. Ce qu'il y a de hardi dans l'expression, *d'une musette qui dort*, devient simple et naturel, préparé par le sommeil du berger et du chien.

V. 22. Mais cela gâta son affaire.

C'est ce qui arrive. On reconnaît l'imposteur à la caricature : les fripons déliés l'évitent soigneusement : et voilà ce qui rend le monde si dangereux et si difficile à connaître.

V. 32. *Quiconque est loup*, etc. . . . Il fallait finir la fable au vers précédent, *toujours par quelque endroit fourbes se laissent prendre.* La Fontaine alors avait l'air de vouloir décourager les fripons, ce qui était travailler pour les honnêtes gens.

FABLE IV.

V. 14. *Or c'était un soliveau.* . . Il faut convenir que la conduite de Jupiter, dans cet Apologue, n'est point du tout raisonnable. Il est très-simple de désirer un autre roi qu'un soliveau, et très-naturel que les grenouilles ne veuillent pas d'une grue qui les croque.

FABLE V.

V. 22. Et vous lui fait un beau sermon.

La Fontaine se plaît toujours à développer le caractère du renard, et il le fait sans cesse d'une manière gaie et comique. Les autres fabulistes sont secs auprès de lui.

FABLE VI.

V. 5. *Fourbe*, moins commun que fourberie.

V. 8. *Possible*, guères. . Mot que Vaugelas, Ménage et Thomas Corneille ont condamné. L'usage a, depuis La Fontaine, confirmé leur arrêt.

V. 19. *Gésine.* . . Mot vieilli, qui ne s'emploie guère que dans les tribunaux.

V. 25. Obligez-moi de n'en rien dire.

C'est la première précaution du fourbe. La Fontaine ne manque pas ces nuances, qui marquent les caractères et les passions.

V. 29. *Sottes de ne pas voir*, etc. . . La Fontaine a bien fait de prévenir ses lecteurs sur cette invraisemblance avant qu'ils s'en aperçussent eux-mêmes. Mais elle n'en est pas moins une tache dans cette fable. Il n'est pas naturel que la faim ne force pas tous ces animaux à sortir.

FABLE VII.

V. 1... *Où toujours il revient.* Où, pour *auquel.* Selon d'Olivet, *auquel* ne peut se supporter en vers : *où* pour *auquel* ne peut se dire. Voilà les poètes bien embarrassés. Racine n'a point reconnu cette règle de d'Olivet.

FABLE VIII.

Cette goutte que l'auteur personnifie pour la mettre en scène avec l'araignée, est une idée assez bizarre et peu digne de La Fontaine.

V. 11... *Aragne*, vieux mot conservé pour le besoin de la rime ou du vers.

FABLE IX.

V. 16... *Vous êtes une ingrate.* Mot qui exprime à merveille un des grands caractères de l'ingratitude, qui compte pour un bienfait le mal qu'elle ne fait pas.

FABLE X.

V. 1. *On exposait en peinture.* Une femme d'esprit, lasse de voir dans nos livres des peintures satyriques de son sexe, appliqua aux hommes qui font les livres, la remarque du lion de cette fable. Elle avait raison ; mais les femmes ont mieux fait depuis : c'est de prendre leur revanche, de faire des livres, et de peindre les hommes à leur tour.

FABLE XI.

V. 1.... *Gascon, d'autres disent Normand.* Cette incertitude, ce doute où La Fontaine s'enveloppe avec l'apparence naïve de la bonne foi historique, est bien plaisante et d'un goût exquis.

On a critiqué, *et bons pour des goujats*, et l'on a eu raison ; les goujats n'ont que faire là.

FABLE XII.

V. 8. Tantôt on les eût vus côte à côte nager.

Ce vers et les deux suivans sont d'une vérité pittoresque qui met la chose sous les yeux.

FABLE XIII.

V. 13. . . . . *Louvats*. Mot de style burlesque, qui s'emploie, comme on le sait, pour louveteau.

V. 27. J'en conviens; mais de quoi sert-elle,
Avec des ennemis sans foi?

La Fontaine se met ici à côté d'une grande question, savoir jusqu'à quel point la morale peut s'associer avec la politique.

FABLE XIV.

V. 2. *Prouesse*, action de *preux*, vieux adjectif qui signifie, en style marotique, *brave*, vaillant.

FABLE XV.

V. 8. *Depuis le temps de Thrace*, etc., n'est pas une tournure bien poétique ni bien française: cependant elle ne déplait pas, parce qu'elle évite cette phrase: *depuis le temps où nous étions ensemble dans la Thrace*.

FABLE XVI.

V. 25. . . . . *Assez hors de saison*. C'est mon avis, et je ne conçois pas pourquoi La Fontaine s'est donné la peine de rimer cette historiette assez médiocre.

FABLE XVII.

V. 19. Ce que je vous dis-là, on le dit à bien d'autres :

La Fontaine, avec sa délicatesse ordinaire, indique les traitans d'alors, tourne court bien vite, comme s'il se tirait d'un mauvais pas.

FABLE XVIII.

Cette fable est charmante d'un bout à l'autre pour le naturel, la gaîté, surtout pour la vérité des tableaux.

LIVRE QUATRIÈME.

FABLE I.

V. 5. Et qui nâquites toute belle,
A votre indifférence près.

Ces deux vers sont d'une finesse peu connue jusqu'à La Fontaine, mais l'Apologue ne vaut rien. Quoi de plus ridicule que cette supposition d'un lion amoureux d'une jeune fille, de l'entrevue du lion et du beau-père de ce lion, qui se laisse limer les dents ? Tranchons le mot, tout cela est misérable. Il était si aisé à La Fontaine de composer un Apologue dont la morale eût été comme dans celui-ci :

Amour! Amour! quand tu nous tiens,
On peut bien dire adieu prudence.

FABLE II.

Cette petite aventure n'est point une fable : La Fontaine l'avoue lui-même par ce vers :

Ceci n'est pas un conte à plaisir inventé.

Il s'en sert pour amener de la morale.

V. 24. . . *Assuré.* Mauvaise rime.

V. 27. Les conseils de la mer et de l'ambition.

Expression très-noble et rapprochement très-heureux, qui réveille dans l'esprit du lecteur l'idée du naufrage pour le marin et pour l'ambitieux.

FABLE III.

Le commencement de cette fable est charmant. L'indignation de la fourmi contre l'illusion de l'amour-propre, et l'aveuglement de la fourmi qui se compare à elle, peint merveilleusement le délire de la vanité; mais La Fontaine a eu tort d'ajouter

> V. 17. Et la dernière main que met à sa beauté
> Une femme allant en conquête,
> C'est un ajustement des mouches emprunté.

D'abord ajustement n'est pas le mot propre. Ensuite le petit ornement s'appelle mouche en français, et autrement dans une autre langue. Cependant ce jeu de mots est plus supportable que tous ceux qui se trouvent dans la réponse de la fourmi.

> V. 39. Les mouches de cour chassées :
> Les mouchards sont pendus, etc.

Ce sont de mauvais quolibets qui déparent beaucoup cette fable, dont le commencement est parfait. On se passerait bien aussi du grenier et de l'armoire des deux derniers vers.

FABLE IV.

Voici une fable presque parfaite. La scène du déjeûné, les questions du seigneur, l'embarras de la jeune fille, l'étonnement respectueux du paysan affligé, tout cela est peint de main de maître. Molière n'aurait pas mieux fait.

FABLE V.

Jolie fable, parfaitement écrite d'un bout à l'autre ; la seule négligence qu'on puisse lui reprocher est la rime *toute usée*, qui rime avec *pensée*.

FABLE IV

V. 4. .... *Étroites*. La rime veut qu'on prononce *étrettes*, comme on le faisait autrefois, et comme on le fait encore en certaines provinces. C'est une indulgence que les poètes se permettent encore quelquefois.

V. 17. Plus d'un guéret s'engraissa.

Ce ton sérieux emprunté des récits de bataille d'Homère, est d'un effet piquant, appliqué aux rats et aux belettes.

V. 5o. N'est pas petit embarras.

Il fallait s'arrêter à ces deux vers faits pour devenir proverbe. Les six derniers ne font qu'affaiblir la pensée de l'auteur.

FABLE VII.

Le fait est faux, mais c'est une tradition ancienne. D'ailleurs, La Fontaine évite plaisamment l'embarras d'une discussion ; au surplus, on ne voit pas trop quelle est la moralité de cette prétendue fable, qui n'en est pas une.

FABLE VIII.

V. 18. Pline le dit : il faut le croire.

Même défaut dans cet Apologue. Qu'y a-t-il d'étonnant qu'une idole de bois ne réponde pas à nos vœux, et que, renfermant de l'or, l'or paraisse quand vous brisez la statue ? Que conclure de tout cela ? qu'il faut battre ceux qui sont d'un naturel stupide. Cela n'est pas vrai, et cette méthode ne produit rien de bon.

FABLE IX.

V. 1. Un paon muait, un geai prit son plumage, etc.

Esope met une corneille au lieu d'un geai : la corneille valait mieux, attendu qu'elle est toute noire ; sa fantaisie de se parer des plumes du paon n'en était que plus ridicule, et sa prétention plus absurde. C'est Phèdre qui a substitué le geai à la corneille, et La Fontaine a suivi ce changement, qui ne me paraît pas heureux.

Lessing, fabuliste allemand, a fait une fable où il suppose que les autres oiseaux, en ôtant au geai les plumes du paon, lui arrachent aussi les siennes : c'est ce qui arrive à tous les plagiaires. On finit par leur ôter même ce qui leur appartient.

FABLE X.

V. 1. *Le premier*, etc. La précision qui règne dans ces quatre premiers vers, exprime à merveille la facilité avec laquelle l'homme se familiarise avec les objets les plus nouveaux pour lui et les plus effrayans. Au reste, ce n'est pas là un Apologue.

FABLE XI.

V. 7. . . . . *L'avent ni le carême*, n'avaient que faire là.

V. 13. Elle allégua pourtant les délices du bain.

La Fontaine n'évite rien autant que d'être sec. Voilà pourquoi il ajoute ces vers qui sont charmans, quoiqu'il pût s'en dispenser après avoir dit : *Il n'était pas besoin de plus longue harangue.*

FABLE XII.

V. 2. Et la raison ne m'en est pas connue.

Ni à moi non plus, attendu que cette fable n'est pas bonne. Alexandre qui demande un tribut aux quadrupèdes, aux vermisseaux, ce lion porteur de cet argent, et qui veut le garder pour lui, tout cela pèche contre la sorte de vraisemblance qui convient à l'Apologue. Au reste, la moralité de cette mauvaise fable, si l'on peut l'appeler ainsi, retombe dans celle du loup et de l'agneau.

La raison du plus fort est toujours la meilleure.

FABLE XIII.

V. 10. Or un cheval eut alors différent.

Cette fable ancienne, l'une de celles qui renferment le plus grand sens, était une leçon bien instructive pour les républiques grecques.

Les trois derniers vers qui contiennent la moralité de la fable, n'en indiquent pas assez, ce me semble, toute la portée. C'est aussi le défaut que l'on peut reprocher au prologue.

FABLE XIV.

V. 1. *Les grands*, etc. La Fontaine ôte le piquant de ce mot, en commençant par en faire l'application aux grands. Il ne fallait que le dernier vers.

FABLES XV et XVI.

Ces deux fables me paraissent assez médiocres, et on se passerait fort bien du dicton picard.

FABLE XVII.

Pourquoi mettre ce mot de Socrate dans un recueil d'Apologues?

FABLE XVIII.

V. 4. *C'est peindre nos mœurs*, etc.

Voilà le grand mérite des fables de La Fontaine, et personne ne l'avait eu avant lui.

Il était inutile d'ajouter *et non pas par envie*; le desir de surpasser un auteur mort il y a deux mille quatre cents ans, ne peut s'appeler *envie*. C'est une noble émulation qui ne peut être suspecte. Celui même de surpasser un auteur vivant, ne prend le nom d'envie que lorsque ce sentiment nous rend injuste envers un rival.

V. *dernier*. Profiter de ces dards unis et pris à part.

La consonnance de ce mot *dards*, placé à l'hémistiche avec la rime *à part*, offense l'oreille.

FABLE XIX.

V. 1. Vouloir tromper le ciel, etc.

Ces cinq premiers vers sont nobles et imposans, ils ont pourtant un défaut. Il s'agit d'un prêtre d'Apollon, par conséquent d'un fourbe, d'un payen incrédule, par conséquent d'un homme de bon sens; et La Fontaine se fâche et parle comme s'il s'agissait du vrai dieu, d'un prêtre du dieu suprême.

Ce ridicule se trouve dans les histoires ancienne et romaine de Rollin. Ce digne professeur s'emporte contre ceux qui ne croyaient pas à Jupiter, à Neptune. Il suppose, sans y songer, que ces gens-là, nés parmi nous, n'auraient pas cru à notre religion.

FABLE XX.

Cette petite pièce n'est point une fable ; c'est une aventure très-bien contée, dont La Fontaine tire une moralité contre les avares. Le trait qui la termine, joint au piquant d'un saillie épigrammatique l'avantage de porter la conviction dans les esprits.

V. 13. *Son cœur avec*..... n'est ni harmonieux ni élégant ; mais est d'une vivacité et d'une précision qui plaisent.

FABLE XXI.

V. 1. *Un cerf s'étant sauvé*.... Cette fable est un petit chef-d'œuvre. L'intention morale en est excellente, et les plus petites circonstances s'y rapportent avec une adresse ou un bonheur infini. Observons quelques détails.

V. 3. Qu'il cherchât un meilleur asyle.

Voilà le dénouement préparé dès les trois premiers vers.

V. 5. Mes frères... je vous enseignerai...

Il parle là comme s'il était de leur espèce.

V. 5. ... Les pâtis les plus gras.

Voyez avec quel esprit La Fontaine saisit le seul rapport d'utilité dont le cerf puisse être aux bœufs.

V. 12. ..... Les valets font cent tours,
L'intendant même.

Maison très-bien tenue ! tout le monde paraît à sa besogne et ne fait rien qui vaille.

V. 14. N'apperçut ni cor, ni ramure.

Cela ne paraît guère vraisemblable, et voilà pourquoi cela est excellent.

V. 20. .. L'homme aux cent yeux...

Cette courte périphrase exprime tout, et le discours du maître est excellent.... *Je trouve bien peu d'herbe .... Cette litière est vieille......* Qu'ont fait les valets avec leurs cent tours ?

V. 34. *Ses larmes ne sauraient...*

La Fontaine ne néglige pas la moindre circonstance capable de jeter de l'intérêt dans son récit.

V. dernier. Quant à moi, j'y mettrais encor l'œil de l'amant.

Ce dernier vers produit une surprise charmante. Voilà de ces beautés que Phèdre ni Esope n'ont point connues.

FABLE XXII.

V. 2. Voici comme Esope le mit
En crédit.

Il fallait mettre ces deux vers en un, ce qui était facile, et ce qui sauvait en même temps les trois rimes consécutives en *it*.

V. 6. .... Environ le temps

Que tout aime....

Un mot suffit à La Fontaine pour réveiller son imagination, mobile et sensible. Le voilà qui s'intéresse au sort de cette allouette, qui a passé la moitié d'un printemps sans aimer.

V. 13. A toute force enfin elle se résolut
D'imiter la nature et d'être mère encore.

L'importance que La Fontaine donne à cet oiseau est charmante.

V. 24...... *Avecque*... Ce mot, dans La Fontaine, se trouve souvent de trois syllabes, ce qui rend le vers pesant. On ne supporte plus cette licence.

V. 34.... *Il a dit.....* Avec quelle vivacité est peint l'empressement des enfans à rendre compte à leur mère.

Aider, écouter, manger, mauvaises rimes, c'est dommage. On voudrait que cette fable fût parfaite.

V. 36. *S'il n'a dit que cela.....* Peut-on mettre la morale en action d'une manière plus sensible et plus frappante ?

V. 50. Il a dit ses parens, mère ! c'est à cette heure...
Non......

Comme la leçon se fortifie par la sécurité de l'alouette.

V. 67. *Voletans et se culbutans.*

Ce vers de sept syllabes entre deux vers de huit syllabes donne du mouvement au tableau, et exprime le sens-dessus-dessous avec lequel la petite famille déménage. La Fontaine ne pouvait guère finir par une plus jolie fable.

LIVRE CINQUIÈME.

FABLE I.

Vers 6. *Un auteur gâte tout...* On voit, par ce petit prologue, que La Fontaine méditait plus qu'on ne le croit communément sur son art et sur les moyens de plaire à ses lecteurs. Madame de la Sablière l'appelait un fablier, comme on dit un pommier; et d'après ce mot, on a cru que La Fontaine trouvait ses fables au bout de sa plume. La multitude de ses négligences a confirmé cette opinion; mais sa négligence n'était que la paresse d'un esprit aimable qui craint le travail de corriger, de changer une mauvaise rime, etc. Il y a quelques négligences même dans ce Prologue :

V. 11. Enfin si, dans mes vers, je ne plais et n'instruis,
Il ne tient pas à moi; c'est toujours quelque chose.

Cela est commun et ne valait pas trop la peine d'être dit; mais il y a plusieurs vers charmans, comme :

V. 6. Un auteur gâte tout quand il veut trop bien faire;
Non qu'il faille bannir certains traits délicats :
Vous les aimez ces traits, et je ne les hais pas.

V. 20. Deux pivots sur qui roule aujourd'hui notre vie.

Ce vers et cent autres prouvent que La Fontaine ne manque point de force, quoiqu'il ne s'en pique point; mais il la cache sous un air de bonhommie.

V. 27. Une ample comédie à cent actes divers.

C'est là le grand mérite de La Fontaine, et c'est son secret qu'il nous donne. Tous les fabulistes ont fait parler les animaux ; mais La Fontaine entre, plus qu'eux tous, dans le secret de nos passions, quand il les fait parler.

V. 31. . . . . *Aux belles la parole. Parole* et *rôle* riment très-mal. La difficulté de la rime a fait pardonner cette faute à des poètes moins négligés que La Fontaine.

V. 33. *Un bûcheron.* . . . Cette fable, et les quatre suivantes, sont du ton le plus simple. Elles n'ont ni de grandes beautés, ni de grands défauts. Elles n'offrent rien de bien remarquable.

FABLE II.

V. 25. Au moindre hoquet qu'ils treuvent.

Treuvent. . . *avecque.* . . Ces mots-là, qu'on pardonnait autrefois, sont devenus barbares. Je l'ai déjà observé, et je n'y reviendrai plus.

FABLE III.

V. 26. Quelques gros partisans. . .

Voilà un bon trait de satyre, et il est plaisant de faire parler ainsi le petit poisson.

FABLE IV.

V. 11. N'allât interpréter à cornes leur longueur.

Ce tour n'est guère dans le génie de notre langue, et la grammaire trouverait à chicanner ; mais le sens est si clair que ce vers ne déplaît pas.

V. 20. . . Et cornes de licornes.

Cette consonnance fait ici un très-bon effet, parce qu'elle arrête l'esprit sur l'idée de l'exagération qu'emploient les accusateurs.

FABLE V.

V. 15. Mais tournez-vous de grâce. . .

Molière n'aurait pas dit la chose d'une manière plus comique.

FABLE VI.

Voici une fable où La Fontaine retrouve ses pinceaux et sa poésie, ce mélange de tours et cette variété de style qui lui est propre. La peinture du travail des servantes, celle de l'instant de leur réveil, sont parfaites. Dans la plupart des éditions, il y a une faute qui défigure le sens, *toutes entraient en jeu :* il faut lire, vers 7, *tourets entraient au jeu.* Ce sont de petits tours à dévider le fil.

FABLE VII.

Cette fable est visiblement une des plus mauvaises de La Fontaine. On a déjà remarqué que le satyre, ou plutôt le passant, fait une chose très-sensée en se servant de son haleine pour réchauffer ses doigts, et en soufflant sur sa soupe afin de la refroidir ; que la duplicité d'un homme qui dit tantôt une chose et tantôt l'autre n'a rien de commun avec cette conduite, et qu'ainsi il fallait trouver une autre emblême, une autre allégorie pour exprimer ce que la duplicité a de vil et d'odieux.

FABLE VIII.

V. 2. Que les tièdes zéphirs ont l'herbe rajeunie.

Cette transposition, au lieu de *ont rajeuni l'herbe*, était autrefois admise dans le style le plus noble ; elle n'est plus reçue que dans le style familier, et encore faut-il en user sobrement. Elle vieillit tous les jours.

Prés . . . propriétés. . . . Mauvaises rimes.

V. 24. *Mon fils*. . . L'hypocrite redouble de tendresse au moment où il se croit sûr de réussir.

FABLE IX.

V. 10. . . . . Dès qu'on aura fait l'oût.

L'*oût.* Vieux mot qui veut dire la moisson, et dont on se sert encore en quelques provinces.

FABLE X.

V. 8. Dont le récit est menteur,
Et le sens est véritable.

Toutes les fables, quand elles sont bien faites, doivent être dans le même cas, et cacher un sens vrai sous le récit d'une action inventée. D'où vient donc La Fontaine n'applique-t-il cette réflexion qu'à l'Apologue actuel? Serait-ce qu'une montagne prête d'accoucher lui aurait paru plus contraire à la vraisemblance qu'une lime qui adresse la parole à un serpent? Cela serait une grande bonhommie.

V. 14. Du vent.

Ce vers de deux syllabes fait ici un effet très-agréable; et on ne peut exprimer mieux la nullité de la production annoncée avec faste.

FABLE XI.

Cette fable n'est guère remarquable que par la simplicité du ton et la pureté du style.

FABLE XII.

Cette fable est moins un apologue qu'une épigramme. Comme telle, elle est même parfaite, et elle figurerait très-bien parmi les épigrammes de Rousseau.

FABLE XIII.

Il crut que dans son corps elle avait un trésor.

Cette consonnance de l'hémistiche et de la rime est désagréable à l'oreille.

FABLE XIV.

Les deux derniers vers de cette petite fable sont devenus proverbe.

D'un magistrat ignorant,
C'est la robe qu'on salue.

FABLE XV.

V. 2. . . *En de certains climats.* En Italie, par exemple, où l'on marie la vigne à l'ormeau, au tilleul, etc.

V. 6. *Broute sa bienfaitrice*. . . Est une expression hardie, mais amenée si naturellement, qu'on ne songe point à cette hardiesse.

FABLE XVI.

V. 13. Je ne crains que celle du temps.

Cette idée très-philosophique, jetée dans le discours que La Fontaine prête à la lime, fait beaucoup d'effet, parce qu'elle est entièrement inattendue.

FABLE XVII.

V. 2. Car qui peut s'assurer d'être toujours heureux?

Cette raison de ne pas se moquer des misérables, a l'air d'être peu noble et peu généreuse. En effet, une âme honnête ne se moquerait pas des misérables, quand même elle serait assurée d'être toujours dans le bonheur. Mais La Fontaine se contente de nous renvoyer au simple bon sens, et fonde sa morale sur la nature commune et sur la raison vulgaire. On a remarqué qu'il n'était pas le poète de l'héroïsme, c'est assez pour lui d'être celui de la nature et de la raison.

V. 15 Sur leur odeur ayant philosophé,
Conclut. . . . .
Et Rustaut qui n'a jamais menti.

La Fontaine se sert exprès de ces expressions qui appartiennent à l'art de raisonner, que l'homme dit être son seul partage, et que Descartes refuse aux animaux.

FABLE XVIII.

V. 9. Comme vous êtes roi, vous ne considérez
Qui ni quoi : . . . .

N'est-il pas plaisant de supposer que ce soit un effet nécessaire et une suite naturelle de la royauté, de n'avoir d'égard ni pour les choses ni pour les personnages? Ce tour est très-satyrique, et sa simplicité même ajoute à ce qu'il a de piquant.

V. 21. . . Dieu donna géniture.

Les cinq rimes en *ure* font un effet très-mauvais, et c'est pousser la négligence, c'est-à-dire la paresse un peu trop loin. Il était bien aisé de corriger cela.

V. 37. Ou plutôt la commune loi.

Cela est vrai; mais s'il est ainsi, à quoi sert la morale en général, et où est la morale de cette fable en particulier? Pour donner une moralité à cet Apologue, il fallait faire entendre que l'esprit consiste à s'élever au-dessus des illusions de l'amour propre, et que notre véritable intérêt doit nous conseiller de nous défier sans cesse de notre vanité.

FABLE XIX.

La manière dont le roi distribue les emplois de son armée est très-ingénieuse; ces quatre vers qui expriment la moralité de cette fable sont excellens, et le dernier surtout est parfait.

>Le monarque prudent et sage,
>De ses moindres sujets sait tirer quelque usage,
>Et connaît les divers talens.
>Il n'est rien d'inutile aux personnes de sens.

FABLE XX.

V. 4. . . Du moins à ce qu'ils dirent.

Cette suspension fait un effet charmant. Jusqu'à ce mot, on croirait que l'ours est mort, ou du moins pris et enchaîné.

V. 15. . . Il fallut le résoudre. . . se défaire.

Ce mot de résoudre se prenait autrefois dans le sens que lui donne La Fontaine.

V. 28. . . Otons-nous, car il sent.

Peut-on peindre mieux l'effet de la prévention? Cela me rappelle une farce, dans laquelle Arlequin est représenté, couchant dans la rue. Il se plaint du froid. Scapin fait avec sa bouche le bruit d'un rideau qu'on tire le long de sa tringle. Il demande à Arlequin comment il se trouve à présent. Oh! dit celui-ci, il n'y a pas de comparaison.

V. 37.   Il m'a dit qu'il ne faut jamais
Vendre la peau de l'ours qu'on ne l'ait mis par terre.

La morale dans la bouche de celui qui vient d'être châtié, fait ici un effet d'autant meilleur que le trait est saillant et l'épigramme excellente.

FABLE XXI.

Cette petite fable, ainsi que plusieurs de ce cinquième livre, est du ton le plus simple: les deux meilleures sans contredit sont celles de l'ours et celle de la vieille et les deux servantes. Nous serons plus heureux dans le livre suivant.

LIVRE SIXIÈME.

FABLE I.

V. 1. Les fables ne sont pas, etc.

Voici encore un Prologue, mais moins piquant et moins agréable que celui du livre précédent; cependant on y reconnaît toujours La Fontaine, ne fût-ce qu'à ce joli vers:

V. 6. Et conter pour conter me semble peu d'affaires.

Ce vers devrait être la devise de tous ceux qui font des fables et même des contes.

V. 18. . . L'un amène un chasseur. . .

Cette fable et la suivante semblent être la même et n'offrir qu'une seule moralité. Il y a cependant des différences à observer. Dans la première, c'est un paysan qu'on ne peut accuser que d'imprudence, quand il suppose que sa brebis n'a pu être mangée que par un loup. Il se croit assez fort pour combattre cet animal, et trouve à décompter quand il voit qu'il a affaire à un lion. Il n'en est pas de même de la fable suivante. Celui qui en est le héros, sait très-bien qu'il va combattre un lion, et cependant il est saisi de frayeur quand il voit le lion paraître. C'est un fanfaron qui l'est, pour ainsi dire, de bonne foi, et en se trompant lui-même.

Il convenait, ce me semble, que La Fontaine exprimât cette différence et donnât deux moralités diverses. Le paysan n'est nullement ridicule et le chasseur l'est beaucoup. Je crois que la morale du premier Apologue aurait pu être: *connaissez bien la nature du péril dans lequel vous allez vous engager.* Et la morale du second: *connaissez-vous vous-même, ne soyez pas votre dupe, et ne vous en rapportez pas au faux instinct d'un courage qui n'est qu'un premier mouvement.* Au surplus, l'exécution de ces deux fables est agréable, sans avoir rien de bien saillant.

FABLE III.

V. 1. *Borée et le soleil.* . . Voici une des meilleures fables. L'auteur y est poète et grand poète, c'est-à-dire grand peintre, comme sans dessein et en suivant le mouvement de son sujet. Les descriptions agréables et brillantes y sont nécessaires au récit du fait. Observons tous ce vers imitatif. . . *siffle, souffle, tempête, etc.* N'oublions par sur-tout ce trait qui donne tant à penser:

. . . Fait périr maint bateau ;
Le tout au sujet d'un manteau.

Enfin la moralité de la fable exprimée en un seul vers :

Plus fait douceur que violence.

Je n'y vois à critiquer que les deux mauvaises rimes de *paroles* et d'*épaules.*

FABLE IV.

V. 9. . . Pourvu que Jupiter, etc..

L'idée de rendre sensible par une fable, que la Providence sait ce qu'il nous faut mieux que nous, est très-morale et très-philosophique; mais je ne sais si le fait par lequel La Fontaine veut la prouver est vraisemblable. Il paraît certain que le laboureur qui disposerait des saisons, aurait un grand avantage sur ceux qui sont obligés de les prendre comme elles viennent, et qu'il consentirait volontiers à laisser doubler ses baux à cette condition. A cela près, la fable est très-bonne, quoiqu'un goût sévère critiquât peut-être comme trop familiers et voisins du bas ces deux vers :

> V. 13. Enfin du sec et du mouillé,
> Aussi-tôt qu'il aurait baillé.

> V. 16. Tranche du roi des airs, pleut, vente, etc.

Ces mots *pleut, vente,* pour dire, *fait pleuvoir, fait venter,* ne sont pas français en ce sens.

Ce sont de ces verbes que les grammairiens appellent impersonnels, parce que personne n'agit par eux ; mais La Fontaine a si bien préparé ces deux expressions, par ce mot *tranche de roi des airs* ; ces mots, *pleut, vente,* semblent en cette occasion si naturels et si nécessaires, qu'il y aurait de la pédanterie à les critiquer. L'auteur brave la langue française et a l'air de l'enrichir. Ce sont de ces fautes qui ne réussissent qu'aux maîtres.

FABLE V.

> V. 1. Un souriceau tout jeune, etc. . . .

Voici encore une de ces fables qui peuvent passer pour un chef-d'œuvre. La narration et la morale se trouvent dans le dialogue des personnages, et l'auteur s'y montre à peine, si ce n'est dans cinq ou six vers qui sont de la plus grande simplicité. Le discours du souriceau, la peinture qu'il fait du jeune coq, cette petite vanité,

> V. 20. Que moi, qui, grâce aux dieux, de courage me pique.

Ce beau raisonnement, cette logique de l'enfance, *il sympathise avec les rats.*

> V. 29. . . . . Car il a des oreilles
> En figure aux nôtres pareilles.

Tout cela est excellent, et le discours de la mère est parfait : pas un mot de trop dans toute la fable, et pas une seule négligence.

FABLE VI.

V. 1. Les animaux au décès d'un lion.

Cette fable écrite purement et où le fait est bien raconté, a, ce me semble, le défaut de n'avoir qu'un but vague, incertain, et qu'on a de la peine à saisir.

V. *dernier.* A peu de gens convient le diadême,

dit La Fontaine; mais il y avait bien d'autres choses renfermées dans cet Apologue. La sottise des animaux qui décernent la couronne aux talens d'un bateleur, devrait être punie par quelque catastrophe, et il ne leur en arrive aucun mal. Les animaux restent sans roi. L'assemblée se sépare donc sans rien faire. Le lecteur ne sait où il en est, ainsi que les animaux que l'auteur introduit dans cette fable.

FABLE VII.

Fable très-bonne dans le genre le plus simple et presque sans ornemens.

FABLE VIII.

V. 1. Le mulet d'un prélat...

V. 15. Notre ennemi c'est notre maître.

On ne cesse de s'étonner de trouver un pareil vers dans La Fontaine, lui qui dit ailleurs:

> On ne peut trop louer trois sortes de personnes,
> Les dieux, sa maîtresse et son roi.

Lui qui a dit dans une autre fable:

> Je devais par la royauté
> Avoir commencé mon ouvrage.

On ne lui passerait pas maintenant un vers tel que celui-là, et on ne voit pas pourtant qu'on le lui ait reproché sous Louis XIV. Les écrivains de nos jours, qu'on a le plus accusés d'audace, n'ont pas poussé la hardiesse aussi loin. On pourrait observer à La Fontaine que notre maître n'est pas toujours notre ennemi, qu'il ne l'est pas lorsqu'il veut nous faire du bien et qu'il nous en fait ; que Titus, Trajan furent les amis des Romains et non pas leurs ennemis ; que l'ennemi de la France était Louis XI, et non pas Henri IV.

FABLE IX.

V. 21. *Nous faisons cas du beau, nous méprisons l'utile.*

C'est-là un des Apologues de La Fontaine dont la moralité a le plus d'applications, et qu'il faut le plus souvent répéter à notre vanité, qui est, comme il dit ailleurs,

Le pivot sur qui tourne aujourd'hui notre vie.

FABLE X.

V. 7. *Avec quatre grains d'ellébore.*

C'était l'herbe avec laquelle on traitait la folie. Cette plante a perdu chez nous cette propriété.

V. 25. *Croit qu'il y va de son honneur*
De partir tard. . . .

Toujours la vanité.

V. 31. *Furent vains.* . . . La coupe de ce vers et ce monosyllabe au troisième pied, expriment à merveille l'inutilité de l'effort que fait le lièvre.

V. 34. . . . *Et que serait-ce*
Si vous portiez une maison ?

Trait admirable ; la tortue non contente d'être victorieuse, brave encore le vaincu. C'est dans la joie qui suit un avantage remporté, que l'amour-propre s'épanche plus librement. La nature est ainsi faite chez les tortues et chez les hommes. Louez une jolie pièce de vers, il est bien rare que l'auteur n'ajoute, je n'ai mis qu'une heure, un jour, plus ou moins ; et s'il s'abstient de dire cette sottise, c'est qu'il y réfléchit, c'est qu'il remporte une victoire sur lui-même, c'est qu'il craint le ridicule.

FABLE XI.

V. 20. . . . Quoi donc ! dit le Sort en colère...

Il faut convenir que l'âne n'a pas tout-à-fait tort de se plaindre. Le Destin, dans cette fable-ci, a presque autant d'humeur que Jupiter dans la fable des grenouilles, du soliveau et de l'hydre. Mais j'ai déjà observé que la morale de la résignation est toujours excellente à prêcher aux hommes, bien entendu que le mal est sans remède.

FABLE XII.

V. *dernier*. . . . . Pour un pauvre animal,
Grenouilles, à mon sens, ne raisonnaient pas mal.

Voici une de ces vérités épineuses qui ne veulent être dites qu'avec finesse et avec mesure. La Fontaine y en met beaucoup ; et ce dernier vers, malgré son apparente simplicité, laisse entrevoir tout ce qu'il ne dit pas. Cela vaut mieux que, *notre ennemi, c'est notre maître*.

FABLE XIII.

V. 2. Charitable autant que peu sage ;

Et à la fin,

Il est bon d'être charitable ;
Mais envers qui ? c'est là le point.

Voilà ce qu'il fallait peut-être développer. Il fallait faire voir que la bienfaisance qui peut tourner contre nous-mêmes, ou contre la société, est souvent un mal plutôt qu'un bien ; que, pour être louable, elle a besoin d'être éclairée. C'est-là la matière d'un bon Prologue. La Fontaine en a fait de charmans sur des sujets moins heureux. Au reste, il n'y a rien à dire à l'exécution de cet Apologue. Le tableau du serpent qui se redresse, le vers

V. 25. Il fait trois serpens de deux coups,

mettent la chose sous les yeux. On pourrait peut-être critiquer, *cherche à se réunir*, pour dire à réunir les trois portions de son corps ; mais La Fontaine a cherché la précision.

FABLE XVI.

V. 1. De par le roi des animaux,
. . . .
Fut fait savoir, etc.

J'ai déjà observé que ces formules, prises dans la société des hommes et transportées dans celle des bêtes, ont le double mérite d'être plaisantes et de nous rappeler sans cesse que c'est de nous qu'il s'agit dans les fables.

V. 18. Pas un ne marque de retour.

Peut-être était-il d'un goût plus sévère de s'arrêter là et de ne pas ajouter les vers suivans, qui n'enchérissent en rien sur la pensée. Cependant on a retenu les trois derniers vers de cet Apologue, et c'est ce qui justifie La Fontaine.

. . . . . Mais dans cet antre,
Je vois fort bien comme l'on entre,
Et ne vois pas comme on en sort.

FABLE XV.

V. 9. Sur celle qui chantait quoique près du tombeau.

Voyez combien ce vers de sentiment jette d'intérêt sur le sort de cette pauvre allouette.

V. 12 Elle sent son ongle maligne.

Maligne rime très-mal avec *machine*. C'est ce qu'on appelle une rime provinciale.

V. 17. . . . . . Ce petit animal
T'en avait-il fait davantage ?

Le défaut de cet Apologue est de manquer d'une exacte justesse dans la morale qu'il veut insinuer. Ce défaut vient de ce qu'il est dans la nature qu'un autour mange une allouette, et qu'il n'est pas dans la nature bien ordonnée qu'un homme nuise à son semblable. De plus, l'auteur aurait bien pu manger l'alouette, quand celle-ci n'aurait pas été prise dans le filet.

FABLE XVI.

Cette fable très-simple n'est susceptible d'aucune remarque intéressante.

FABLE XVII.

Un chien qui est dans l'eau trouble l'eau, et ne saurait y voir l'ombre de sa proie. Si ce chien était sur une planche ou dans un bateau, il fallait le dire.

FABLE XVIII.

V. 1. *Le phaéton d'une voiture à foin.*

Aucun poète français ne connaissait, avant Lafontaine, cet art plaisant d'employer des expressions nobles et prises de la haute poésie, pour exprimer des choses vulgaires ou même basses. C'est un des artifices qui jette le plus d'agrément dans le style.

V. 21. *Hercule veut qu'on se remue.*

Vers charmant qui méritait de devenir proverbe, comme l'est devenu le dernier vers :

Aide-toi, le ciel t'aidera.

Remarquons la vivacité du dialogue entre le charretier et la voix d'Hercule.

FABLE XIX.

V. 7. *Un des derniers se vantait d'être......*

Le fond de cette fable est un fait arrivé dans une petite ville d'Italie ; mais le charlatan n'avait fait cette promesse qu'à l'égard d'un sot, d'un stupide, et non pas d'un âne : cela était moins invraisemblable, mais n'était pas si plaisant. Que fait La Fontaine ?

Il charge, pour rendre la chose plus comique ; à la place du stupide, il met un âne, un âne véritable. Pour cela, il fait parler le charlatan même. Scène entre le charlatan, le prince et un plaisant de la cour. De ce fonds, qui était assez médiocre, La Fontaine sait tirer des détails plaisans ; et le tout finit par une leçon excellente.

FABLE XX.

V. 4. Chez l'animal qu'on appelle homme,
On la reçut à bras ouverts.

Bonne satire de l'humanité en général ; puis vient la satire de la société, de l'homme civilisé qui n'a fait, par les conventions sociales, que multiplier les sujets de discorde. La Fontaine ne sort pas du ton de la plus simple bonhommie, et c'est ce qui rend cette fable si piquante. La difficulté de loger la discorde, parce qu'il n'y avait point de couvent de filles, est un trait imité de l'Arioste, qui la loge chez les moines ; mais La Fontaine qui voulait la loger chez les époux, a su tirer parti de cette imagination de l'Arioste.

FABLE XXI.

V. 1. La perte d'un époux ne va pas sans soupirs.

Le seul défaut de cette fable est de n'en être pas une. C'est une pièce de vers charmante. Le Prologue est plein de finesse, de naturel et de grâce. Tous ceux qui aiment les vers de La Fontaine, le savent presque par cœur.

Le discours du père à sa fille est à la fois plein de sentiment, de douceur et de raison. La réponse de la jeune veuve est un mot qui appartient encore à la passion ou du moins le paraît. La description de divers changemens que le temps amène dans la toilette de la veuve ; ce vers :

Le deuil enfin sert de parure ;

Et enfin le dernier trait :

Où donc est le jeune mari ?

On ne sait ce qu'on doit admirer davantage. C'est la perfection d'un poète sévère avec la grace d'un poète négligé.

ÉPILOGUE.

V. 1. Loin d'épuiser une matière,
On n'en doit prendre que la fleur.

On verra, par un grand nombre de fables du volume suivant, que La Fontaine aurait bien fait de prendre pour lui-même le conseil qu'il donne ici. On verra que plusieurs des fables qu'il fit dans sa vieillesse, déparent un peu son charmant recueil.

V. 5. *Il s'en va temps.* . . . Tournure un peu gauloise, mais qui n'est pas sans grâce, pour dire, *il est bien temps.*

V. 15. *Heureux !* On sait que l'époux de Psyché, c'est l'Amour.

LIVRE SEPTIÈME.

DÉDICACE A MADAME DE MONTESPAN.

V. 1. L'Apologue est un don qui vient des immortels.

Ce que dit La Fontaine est presque d'une vérité exacte, et est au moins d'une vérité poétique. On trouve des Apologues jusques dans les plus anciens livres de la bible. En voici un bien extraordinaire :
Les arbres voulurent un jour se choisir un Roi. Ils s'adressèrent d'abord à l'olivier et lui dirent : règne. L'olivier répondit : je ne quitterai pas le soin de mon huile pour régner sur vous. Le figuier dit qu'il aimait mieux ses figues que l'embarras du pouvoir suprême. La vigne donna la préférence à ses raisins. Enfin les arbres s'adressèrent au buisson ; le buisson répondit : Je vous offre mon ombre.
On sent tout ce qu'il y a de hardi dans cette idée ; et si on trouvait une telle fable dans les écrits de ceux qu'on nomme philosophes,

on se récrierait contre cette audace. Heureusement le Saint-Esprit n'est pas exposé aux persécutions, et ne les craint pas plus qu'il ne les inspire ou ne les approuve.

V. 23. Paroles et regards, tout est charme dans vous.

Cet éloge est trop direct, et le goût délicat de madame de Montespan eût sans doute été plus flatté d'une louange plus fine. Tout ce que lui dit La Fontaine est assez commun; mais il y a deux vers bien singuliers :

V. 27. Et d'un plus grand maître que moi
Votre louange est le partage

Ce grand maître était, comme on le sait, Louis XIV. Peut-être un autre que La Fontaine n'eût pas osé s'exprimer aussi simplement; mais la bonhommie a bien des droits.

FABLE I.

Ce second volume ouvre par le plus beau des Apologues de La Fontaine, et de tous ses Apologues. Outre le mérite de l'exécution, qui dans son genre est aussi parfaite que celle du chêne et du roseau, cette fable a l'avantage d'un fond beaucoup plus riche et plus étendu; et les applications morales en sont bien autrement importantes. C'est presque l'histoire de toute société humaine.

Le lieu de la scène est imposant ; c'est l'assemblée générale des animaux. L'époque en est terrible, celle d'une peste universelle; l'intérêt aussi grand qu'il peut être dans un Apologue, celui de sauver presque tous les êtres ; *hôtes de l'univers sous le nom d'animaux*, comme a dit La Fontaine dans un autre endroit. Les discours des trois principaux personnages, le lion, le renard et l'âne, sont d'une vérité telle que Molière lui-même n'eût pu aller plus loin. Le dénouement de la pièce a, comme celui d'une bonne comédie, le mérite d'être préparé sans être prévu, et donne lieu à une surprise agréable, après laquelle l'esprit est comme forcé de rêver à la leçon qu'il vient de recevoir, et aux conséquences qu'elle lui présente.

Passons au détail.

L'auteur commence par le plus grand ton. . . . *Un mal qui répand la terreur, etc...* C'est qu'il veut remplir l'esprit du lecteur de l'importance de son sujet, et de plus il se prépare un contraste avec le ton qu'il va prendre dix vers plus bas.

V. 13. Les tourterelles se fuyaient ;
Plus d'amour, partant plus de joie.

Quel vers que ce dernier ! et peut-on mieux exprimer la désolation que par le vers précédent ?.. *Les tourterelles se fuyaient.* Ce sont de ces traits qui valent un tableau tout entier.

Il paraît, par le discours du lion, qu'il en agit de très-bonne foi, et qu'il se confesse très-complettement. Remarquons pourtant après ce grand vers :

V. 28. Même il m'est arrivé quelquefois de manger

Remarquons ce petit vers...

Le berger.

Il semble qu'il voudrait bien escamoter un péché aussi énorme. On se rappelle cet acteur qui, dans Dupuis et Desronais, escamote par sa prononciation le mot de cette petite, *ste-p-tite fille.*

Voyez ensuite ce scélérat de renard, ce maudit flatteur, qui ôte à son roi le remords des plus grands crimes.

V. 37. . . . . . Vous leur fites, seigneur,
En les croquant beaucoup d'honneur.

Puis vient ce trait de satire contre l'homme et contre ses prétentions à l'empire sur les animaux, reproche qui est assez grave à leurs yeux pour justifier leur roi d'avoir mangé *le berger* même. Aussi le discours du renard a un grand succès.

Je ne dirai rien des grandes puissances qui se trouvent innocentes, mais pesons chaque circonstance de la confession de l'âne.

V. 49. . . . . J'ai souvenance. . . .
Qu'en un pré de moines passant. . . .

Il ne faisait que passer. L'intention de pécher n'y était pas. Et puis un pré de *moines* ! la plaisante idée de La Fontaine d'avoir choisi des *moines*; au lieu d'une commune de paysans, afin que la faute de l'âne fût la plus petite possible, et la confession plus comique.

V. 56. Un loup quelque peu clerc......

Voilà la science et la justice aux ordres du plus fort, comme il arrive, et n'épargnant pas les injures, *ce pelé, ce galeux,* etc.

Enfin vient la morale énoncée très-brièvement :

V. 63. Selon que vous serez heureux ou misérable,
Les jugemens de cour vous rendront blanc ou noir.

Non-seulement les jugemens de cour, mais les jugemens de ville et je crois ceux de village. Presque partout, l'opinion publique est aussi partiale que les lois. Partout on peut dire comme Sosie dans l'Amphytrion de Molière :

Selon ce que l'on peut être,
Les choses changent de nom.

FABLE II.

V. 6. Ne trouvez pas mauvais.....

Je ne sais pourquoi La Fontaine parle ainsi. On sait qu'il fut marié. Oublierait-il sa femme? Rien n'est plus vraisemblable ; il vécut loin d'elle presque toute sa vie. Au surplus, après un Apologue excellent, voilà une fable fort médiocre, et même on peut dire que ce n'est pas une fable. C'est une aventure fort commune qui ne méritait guère la peine d'être rimée.

FABLE III.

V. 1. Les Lévantins, etc......

On verra à la fin pourquoi La Fontaine met le lieu de la scène dans le Levant.

V. 2. . . . . . Las des soins d'ici bas,
. . . .
Se retira, etc. . . . . .

Remarquez ces expressions qui appartiennent à la langue dévote. C'est ainsi que Molière met tous les termes de la mysticité dans la bouche de Tartuffe.

V. 5. La solitude était profonde.

Ces mots si simples, si usités, deviennent plaisans ici, parce que cette solitude était un vaste *fromage*.

V. 10. . . . . . Que faut-il davantage ?

Quelle modération !

V. 11. . . . Dieu prodigue ses biens. . . .

Allusion bien mesurée à la richesse de ceux qui ont renoncé aux biens du siècle.

V. 14. Des députés. . .

Otez des huit vers suivans ces mots de *Rats*, *Chats*, *Ratopolis*, vous croiriez qu'il s'agit d'une grande république, et que c'est ici une narration de Vertot ou de Rollin.

V. 25. Les choses d'ici bas ne me regardent plus.

Nous avons vu un peu plus haut le prétexte de la dévotion cacher le goût de toutes les jouissances. Nous voyons l'égoïsme et la dureté monacale, cachés sous l'air de la sainteté. C'est après avoir parlé du ciel, qu'il ferme sa porte à ces pauvres gens. L'auteur de Tartuffe dut être bien content de cette petite fable. C'est vraiment un chef-d'œuvre. Un goût sévère n'en effacerait qu'un seul mot, c'est celui d'*argent* dans le récit du voyage des députés. Il fallait un terme plus général, celui de provisions, par exemple.

V. 35. Je suppose qu'un moine....

C'est pour cela qu'il a mis la scène dans le Levant. Que de malice dans la prétendue bonhommie de ce vers! et c'est le même auteur qui vous a dit si crûment : *votre ennemi, c'est votre maître.* Craignait-il plus les moines que les rois? Peut-être n'avait-il pas tout-à-fait tort.

FABLE IV.

V. 1. Un jour sur ses longs pieds.....

M. de Voltaire critique ces deux vers comme d'un style ignoble et bas. Il me semble qu'ils ne sont que familiers, qu'ils mettent la chose sous les yeux, et que ce mot *long* répété trois fois exprime merveilleusement la conformation extraordinaire du héron.

A l'occasion de ce mot l'*oiseau*, qui finit le vers 12, et qui recommence une autre phrase, je ferai quelques remarques que j'ai omises jusqu'à présent sur la verification de La Fontaine. Nul poète n'a autant varié la sienne par la césure et le repos de ses vers, par la manière dont il entremêle les grands et les petits, par celle dont il croise ses rimes. Rien ne contribue autant à sauver la poésie française de l'espèce de monotonie qu'on lui reproche. Le genre dans lequel La Fontaine a écrit, est celui qui se prêtait le plus à cette variété de mesure, de rimes et de vers; mais il faut convenir qu'il a été merveilleusement aidé par son génie, par la finesse de son goût, et par la délicatesse de son oreille.

FABLE V.

V. 4. ... Notez ces deux points-ci.

La Fontaine a raison d'arrêter l'attention de son lecteur sur le bon esprit de cette jeune personne, qui a songé à tout; mais que de grâces dans cette précision : *notez ces deux points-ci!*

V. 25. Sans chagrin quoiqu'en solitude.

Pourquoi donc le dit-elle? Pourquoi y pense-t-elle? La Fontaine nous le dit plus bas.

V. 40. Le désir peut loger chez une précieuse.

Quelle finesse dans cette peinture du cœur !

V. 50. Déloger quelques jeux, quelques ris, puis l'amour.

Peut-on exprimer avec plus de grâces cette idée si peu agréable en elle-même ?

Sa préciosité. Ce mot est employé si naturellement qu'on ne songe pas qu'il est nouveau, et peut-être de l'invention de La Fontaine. On sait que le mot *précieuse* se prenait d'abord en bonne part ; il voulait dire simplement des femmes distinguées par l'agrément de leur conversation et par leurs connaissances. Et en effet, de telles femmes sont d'un grand prix. Mais ce mérite devint bientôt une prétention, et plusieurs se rendirent ridicules ; on distingua alors différentes espèces de *précieuses*; mais le nom fut encore respecté. Molière même, pour ne pas se brouiller avec un corps si dangereux, appela *précieuses ridicules* celles qu'il mit sur la scène ; depuis ce temps le mot *précieuse* se prit en mauvaise part, et c'est en ce sens que La Fontaine s'en sert dans cette petite historiette, qu'il lui plaît d'appeler une fable.

FABLE VI.

V. 11. Peuple ami du démon....

C'est-à-dire, ami de cet esprit, de ce folet.

V. 45. Les grands seigneurs leur empruntèrent.

Comme La Fontaine glisse cette circonstance avec une apparente naïveté !

V. 49. . . . Trésor, fuyez : et toi, déesse,
Mère du bon esprit. . . . .

On voit que La Fontaine parle ici d'abondance de cœur. C'est ce sentiment qui anime ici son style, et lui inspire cette invocation.

V. 53. Avec elle ils rentrent en grâce.

Ne dirait-on pas que c'est une souveraine à la clémence de laquelle il faut recourir, quand on a fait l'imprudence de la quitter pour la fortune ?

V. 58. Le follet en rit avec eux.

La Fontaine, au commencement de cette fable, a établi que le folet était l'ami de ces bonnes gens, et s'intéressait véritablement à eux. Cependant le folet n'a aucun regret qu'ils aient perdu cette abondance tant desirée. Il en est au contraire fort aise, parce qu'il voit qu'ils seront plus heureux dans la médiocrité. Peut-on rendre la morale plus aimable et plus naturelle ?

FABLE VII.

V. 28. Fut parent de Caligula.

La note de Coste, qui est au bas de la page, n'explique rien. Caligula était non-seulement cruel, mais bizarre et capricieux ; et on ne savait souvent comment échapper à sa férocité. En voici un exemple. *Sa sœur Drusile étant morte, il la mit au rang des déesses. Il fit mourir ceux qui la pleuraient, et ceux qui ne la pleuraient pas : les premiers, parce qu'ils pleuraient une déesse ; les autres, parce qu'ils étaient contens de sa mort.* C'est à ce trait et à quelques autres de la même espèce que La Fontaine fait allusion en parlant du lion de cette fable. C'est ce qui n'est point indiqué par la note de Coste.

FABLE VIII.

V. 3. . . . . Non ceux que le printemps
Mène à sa cour. . . . .

Tournure poétique qui a l'avantage de mettre en contraste, dans l'espace de dix vers, les idées charmantes qui réveillent le printemps, les oiseaux de Vénus, etc... et les couleurs opposées dans la description du peuple vautour.

V. 27. Au col changeant. . . . .

Description charmante, qui a aussi l'avantage de contraster avec le ton grave que La Fontaine a pris dans les douze ou quinze vers précédens.

V. 41. Tenez toujours divisés les méchans.

Ceci n'est pas à la vérité une règle de morale : ce n'est qu'un conseil de prudence ; mais il ne répugne pas à la morale.

FABLE IX.

V. 1. Dans un chemin montant. . . . .

Ces cinq premiers vers n'ont rien de saillant ; mais ils mettent la chose sous les yeux avec une précision bien remarquable. La Fontaine emploie près de vingt vers à peindre les travaux de la mouche, et son sérieux est très-plaisant ; mais peut-être fallait-il être La Fontaine pour songer au moine qui dit son bréviaire.

Ce petit Apologue est un des plus parfaits : aussi a-t-il donné lieu au proverbe, *la mouche du coche*.

FABLE X.

Cette fable est charmante jusqu'à l'endroit *adieu veau, vache,* etc.
Ne passons pas à La Fontaine sa mauvaise rime de *transportée* et *couvée*.
Quelques gens de goût ont blâmé, avec raison, ce me semble, la femme *en danger d'être battue ; le récit qui en fut fait en une farce;* tout cela est froid ; mais La Fontaine, après cette petite chute, se relève bien vite. Que de grâces et de naturel dans la peinture qu'il fait de cette faiblesse, si naturelle aux hommes, d'ouvrir leur âme à la moindre lueur d'espérance ! Il se met lui-même en scène, car il ne se pique pas d'être plus sage que ses lecteurs ; et voilà un des charmes de sa philosophie.

FABLE XI.

Nous ne ferons aucune remarque sur cette méchante petite historiette à qui La Fontaine a fait, on ne sait pourquoi, l'honneur de la mettre en vers. Elle a d'ailleurs l'inconvénient de retomber dans la moralité de la précédente, qui vaut cent fois mieux ; aussi personne ne parle de *Messire Jean Chouart*, mais tout le monde sait le nom de la pauvre *Perrette*.

FABLE XII.

V. 9. Pauvres gens ! je les plains ; car on a pour les fous, etc.

C'était le caractère de La Fontaine ; et c'est ce qui a rendu sa satire moins amère que celle de tant d'autres satiriques, qui ont pour les fous plus de colère que de pitié.

> V. 17. Le repos ? le repos, trésor si précieux,
> Qu'on en faisait jadis le partage des dieux ?

Tout le monde a retenu ces deux vers qui expriment si bien le vœu d'une âme douce et insouciante ; mais ce sentiment est encore mieux exprimé dans le charmant morceau de la fin de cet Apologue : *Heureux qui vit chez soi*, etc.

V. 28. Cherchez, dit l'autre ami, etc.

Cette amitié là n'est pas bien vive, ce n'est pas comme celle des deux amis du *Monomotapa*, *livre* 8, *fable* 11. Mais dans cette fable-ci, il y a un des deux amis qui est un avare ou un ambitieux ; et ces gens-là sont aimés froidement et aiment encore moins.

V. 31. Vous reviendrez bientôt....

Celui-ci connaît le monde et a bien pris son parti.

V. 33. L'ambitieux, ou, si l'on veut, l'avare.....

Vers admirable. En effet, l'ambition dans nos états modernes n'est guère que de l'avarice. Cela est si vrai qu'on demande sur les places les plus honorables : combien cela vaut-il ? quel en est le revenu ?

V. 41. Bref, se trouvant à tout, et n'arrivant à rien...

Ce vers-là devrait être la devise de certains vieux courtisans que l'on connaît.

V. 5. ... Des temples à Surate.

Voilà qu'il se fait marchand.

V. 78. Il ne sait que par oui-dire.

La Fontaine est toujours animé, toujours plein de mouvement et d'abondance, lorsqu'il s'agit d'inspirer l'amour de la retraite, de la douce incurie, de la médiocrité dans les désirs. Voyez cette apostrophe : *Et ton empire, Fortune !* Et puis cette longue période qui semble se prolonger comme les fausses espérances que la fortune nous donne, et l'adresse avec laquelle il garde pour la fin : *Sans que l'effet aux promesses réponde.* Ce sont là de ces traits qui n'appartiennent qu'à un grand poète.

FABLE XIII.

V. 2. Et voilà la guerre allumée.
Amour, tu perdis Troie ; ...

Quelle rapidité ! quel mouvement ! quel rapprochement heureux des petites choses et des grands objets ! c'est un des charmes du style de La Fontaine.

V. 5. Où du sang des dieux même on vit le Xante teint.

Ce beau vers est un peu gâté par la dureté des deux dernières syllabes *Xanthe teint.*

V. 9. Plus d'une Hélène, etc. ...

Rien de plus naturel que cette expression, après avoir parlé de la guerre de Troie.

V. 13. Ses amours, qu'un rival, etc. . . .

Quel doux regret, quel sentiment dans cette répétition ! Le reste du tableau est de la plus grande force et figurerait dans une ode.

V. 23. Tout cet orgueil périt, etc. . . .

Ce vers est très-beau, mais il fallait s'arrêter là. La plaisanterie sur le caquet des femmes est usée et peu digne de La Fontaine ; d'ailleurs ce caquet des poules n'avait rien de nouveau pour le coq.

FABLE XIV.

V. 3. . . . . N'exigea de péage.

Belle expression qui rajeunit une idée commune.

V. 12. Bref, il plut dans son escarcelle.

La Fontaine, en disant qu'il plut dans la bourse de ce marchand, a voulu exprimer avec force qu'il avait fait fortune, sans qu'il l'eût mérité par ses soins et par sa prévoyance; comme il a soin de dire ensuite que, s'il fut ruiné, ce fut par son imprudence, par sa faute, et même pour avoir trop dépensé. Mais, à la fin de son Apologue, il en exprime trop longuement la moralité. Il fallait passer bien vite à ces deux vers admirables :

Le bien nous le faisons: le mal c'est la Fortune.
On a toujours raison, le Destin toujours tort.

FABLE XV.

V. 6. C'est un torrent, qu'y faire ? il faut qu'il ait son cours.
Cela fut et sera toujours.

Il est aisé de voir qu'il y a ici, dans les mots, une contradiction

tion qui nuit à la liaison des idées. Un torrent réveille l'idée d'une chose qui passe, et *cela fut et sera toujours*, exprime précisément l'idée contraire.

V. 10. Perdait-on un chiffon, avait-on, etc. . . . .

Ces cinq vers sont charmans. C'est une peinture de mœurs qui est encore fidèle de nos jours; et ce dernier trait: *Pour se faire annoncer ce que l'on desirait*, développe les derniers replis du cœur humain.

Il y a un mot d'omis dans l'imprimé, il faut lire:

Chez la devineresse aussitôt on courait.

Sans quoi il n'y a point de vers. Voyez le vers 13.

Fallut deviner.

Dans ce style familier, on peut supprimer *il* et dire *fallut* au lieu de *il fallut*.

Et gagner malgré soi...

C'est en partie ce qui arriva au Médecin malgré lui de Molière.

Force écoutans. . . .

Le lecteur croit que La Fontaine va ajouter, parce que cet orateur est l'oracle du barreau. Point du tout; il ajoute, *demandez-moi pourquoi*, et se moque à la fois et du public et de l'avocat. C'est une épée à deux tranchans C'est l'art des grands maîtres de savoir se jouer à propos de leur sujet.

FABLE XVI.

V. 6. . . . Faire à l'Aurore sa cour,
Parmi le thym et la rosée.

La Fontaine possède cet art, *qui dit sans s'avilir les plus petites choses*, selon l'expression de Boileau; mais nous verrons cette idée exprimée encore bien plus poétiquement dans la fable quinzième du livre 10.

V. 19. . . . . Où lui-même il n'entrait qu'en rampant!

Elle voudrait en dégoûter Jeannot Lapin, car elle n'est pas elle-même bien sûre de ses droits.

V. 20. Et quand ce serait un royaume.

Il est plaisant de voir l'importante question de la propriété très-bien discutée à l'occasion d'un trou de lapin. Le dénouement de cette fable ressemble un peu à celui de l'huitre et des plaideurs, sauf qu'il est plus tragique pour les parties disputantes.

FABLE XVII.

V. 1. Le serpent a deux parties.

Cette fable écrite du style le plus simple, et bien moins ornée que les précédentes, n'est pas d'une grande application dans nos mœurs; mais elle en avait beaucoup dans nos anciennes démocraties.

Je n'aime pas ces petits vers,

V. 8.   Pour le pas....
V. 11.   Et lui dit:

Tout cela me paraît de pures négligences; mais il y en a deux très-bons.

V. 28. Le ciel eut pour ses vœux une bonté cruelle.
Souvent sa complaisance a de méchans effets.

FABLE XVIII.

La petite aventure que raconte ici La Fontaine, arriva à Londres vers ce temps-là, et donna lieu à cette pièce de vers, qu'il plait à La Fontaine d'appeler une fable.

V. 14. *J'en dirai quelque jour les raisons amplement.*

Cela n'a l'air que d'une plaisanterie: cependant La Fontaine s'avisait quelquefois de traiter des sujets de philosophie et de physique, auxquels il n'entendait pas grand-chose. Il s'est donné la peine de faire un poème en quatre chants sur le quinquina. Au reste le Prologue de cette fable-ci serait excellent, si on faisait une coupure après le treizième vers; que l'on passât tout de suite au trentième, *quand l'eau courbe un bâton.* Tout ce que dit le poète, est exprimé avec autant d'exactitude que pourrait en avoir un philosophe qui écrirait en prose.

V. 47. *Qui présageait sans doute un grand événement.*

On croyait encore que les astres avaient de l'influence sur nos destinées.

V. 54. . . *Peuple heureux! quand pourront les Français,*
Se donner comme vous entiers à ces emplois?

Ne serait-il pas mieux de dire?

Unir, ainsi que vous, les arts avec la paix!

Car *emplois* ne rime même plus aux yeux, depuis qu'on a adopté l'orthographe de Voltaire pour le mot *Français.*

LIVRE HUITIÈME.

FABLE I.

Ce premier Apologue est parfait; non qu'il soit aussi brillant, aussi riche de poésie, aussi varié, que le sont quantité d'autres. Ce n'est que le ton d'une raison sage, simple et tranquille. On a dit que Boileau était le premier parmi nous qui eût mis la raison en vers. Il me semble qu'il est le premier qui ait mis en vers les préceptes de la raison, en matière de goût et de littérature; mais La Fontaine a mis en vers les préceptes de la raison universelle, comme Molière y a mis ceux qui sont relatifs à la société; et ces deux empires sont plus étendus que ceux du goût et de la littérature.

Le ton du Prologue est touchant comme il devait l'être sur un sujet qui intéresse tous les hommes. Quel vers que celui-ci !

V. 5. Ce temps, hélas! embrasse tous les temps.

Et à la fin de la pièce, quoi de plus admirable que cet autre :

V. *dernier*. Le plus semblable aux morts meurt le plus à regret.

FABLE II.

V. 1. Un savetier chantait, etc. . . . .

Voici un Apologue d'un ton propre à bannir le sérieux du précédent. C'est La Fontaine dans tout son talent, avec sa grâce, sa variété ordinaire. La conversation du savetier et du financier ne serait pas indigne de Molière lui-même; il dut être sur-tout frappé du trait :

V. 45. Si quelque chat faisait du bruit ;
Le chat prenait l'argent, etc...

Et de cet autre :

V. 37. . . . Dans sa cave il enserre
L'argent et sa joie à la fois.

Il y a un autre trait qui dut donner à rêver à Molière, c'est celui, *plus content qu'aucun des sept Sages*. Molière, si philosophe, et malgré sa philosophie, si malheureux, dut faire quelque attention à ce vers. Ne relevons pas quelques mauvaises rimes, comme celle de *monsieur*, qu'on pardonnait alors parce qu'elle rimait aux yeux; et cette autre, *naïveté et curé*.

FABLE III.

> V. 5. . . . . . Il en est de tous arts.

Je ne sais ce que cela veut dire. Veut-il dire que, dans toutes les professions, il y a des gens qui se mêlent de médecine ? en ce cas, cela est mal exprimé. Ce n'est pas sa coutume.

> V. 10. . . . . . Daube, au coucher du roi,
> Son camarade absent. . . .

On dit, sur ce trait, dans l'éloge de La Fontaine : *Suis-je dans l'antre du lion ? suis-je à la cour ?* On pourrait presque ajouter que l'illusion se prolonge jusqu'à la fin de cette charmante fable.

FABLE IV.

> V. 1. La qualité d'ambassadeur.

Ce M. de Barillon était l'un des plus aimables hommes du siècle de Louis XIV. Il était intime ami de madame de Sévigné, à qui il disait : *En vérité, celui qui vous aime plus que moi vous aime trop.* Il avait le plus grand talent pour les négociations, comme on le voit dans les mémoires de *Dalrimple* imprimés de nos jours ; mais de son temps, il ne passait que pour un homme de beaucoup d'esprit et un homme de plaisir. C'est qu'il méprisait la charlatannerie de sa place, et qu'alors cette morgue faisait plus d'effet qu'à présent.
Au reste, le Prologue que lui adresse ici La Fontaine me paraît assez médiocre ; mais la petite historiette qui fait le sujet de cette prétendue fable, est très-agréablement contée.

> V. 65. Nous sommes tous d'Athènes en ce point. . .

Est une transition très-heureuse. Et quand La Fontaine ajoute qu'il s'amuserait du conte de *Peau-d'âne*, il peint les effets de son caractère. Il eut la constance d'aller voir, trois semaines de suite, un charlatan qui devait couper la tête à son coq, et la lui remettre sur le champ. Il est vrai qu'il trouvait toujours des prétextes de différer jusqu'au lendemain. On avertit La Fontaine que le lendemain n'arriverait pas. Il en fut d'une surprise extrême.

FABLE V.

V. 1. Par des vœux importuns, etc. . . . .

Cette distribution égale de huit vers pour le Prologue, et de huit autres pour la fable, rappelle ce que nous avons dit dans la note sur celle du coq et de la perle, *liv.* 1, *fable* 20.

FABLE VI.

V. 1. Rien ne pèse autant qu'un secret :

Cette petite historiette, dont la moralité n'est pas neuve, est bien joliment contée. *Renommée, journée,* mauvaise rime. Le dialogue des deux femmes est très-naturel. C'est un des talens de La Fontaine, et voilà ce que n'ont pas les autres fabulistes.

FABLE VII.

V. 1. Nous n'avons pas les yeux à l'épreuve des belles.

Lamotte, fabuliste très-inférieur à La Fontaine, a rapproché ces deux idées dans un vers fort heureux. Il dit que les juges ont très-souvent,

Pour les présens des mains, pour les belles des yeux.

V. 6. S'était fait un collier, etc. . . . .

Précision très-heureuse et qui fait peinture.

V. 7. Il était tempérant plus qu'il n'eût voulu l'être.

Vers très-plaisant, qui exprime à merveille le combat entre l'appétit du chien, et la victoire que son éducation le force à remporter sur lui-même.

V. 23. . . . . . Et, lui sage, il leur dit :

Il est difficile de blâmer la conduite de ce chien; cependant comme il est, dans cette fable, le représentant d'un échevin ou d'un prevôt des marchands, La Fontaine n'aurait pas dû lui donner l'épithète de *sage*. Il a l'air d'approuver par ce mot ce voleur qui suit l'exemple des autres : proposition insoutenable en morale. Mais l'échevin doit dire : *Messieurs, volez tant qu'il vous plaira, je ne puis l'empêcher, je me retire.* Mais d'où vient le même fait offre-t-il un résultat moral si différent, quant au chien et quant à l'échevin? La cause de cette différence vient de ce que le chien n'étant pas obligé d'être moral, on admire son instinct dont il fait ici un très-bon usage. Mais l'homme étant obligé de mettre la moralité dans toutes ses actions, il cesse, lorsqu'elles n'en ont pas, de faire un bon usage de sa raison.

FABLE VIII.

V. 2. Cet art veut, sur tout autre, un suprême mérite.

Cela est vrai; et quand on le possède, on n'est pourtant qu'un *rieur*, un *plaisant*, et c'est un triste rôle. On dit avec raison : *l'honnête homme ne met aucune affiche*.

V. 26. J'en doute, etc. . . . .

Je ne sais pas pourquoi. La plaisanterie n'est point du tout mauvaise, sur-tout dans la bouche d'un de ces hommes que les anciens appelaient *parasites*.

FABLE IX.

V. 1. Un rat, hôte d'un champ, etc. . . .

On reconnaît tout le talent de La Fontaine dans le discours du rat, dans la peinture de l'huître bâillant au soleil, dans celle du rat surpris au moment où l'huître *se referme*; et voyez comme ce dernier mot est rejeté au commencement du vers, par une suspension qui met la chose sous les yeux, et le naturel de la leçon qui termine la phrase.

On peut blâmer, dans le discours du rat, ce vers :

V. 16. J'ai passé les déserts ; mais nous n'y bûmes point.

C'est quelque propos populaire et trivial dont on se passerait bien ; mais il n'appartient qu'à La Fontaine de rendre cette sorte de naturel supportable aux honnêtes gens ; nous en verrons plus bas un autre exemple dans la fable du singe et du léopard.

V. 34. Cette fable contient plus d'un enseignement.

Il n'en faut qu'un dans une fable bien faite. J'aurais voulu que La Fontaine exprimât l'idée suivante : *Quand on est ignorant, il faut suppléer au défaut d'expérience par une sage réserve et par une défiance attentive.*

FABLE X.

V. 4. Il fût devenu fou : la raison d'ordinaire....

Nul poète, nul auteur ne prêche plus souvent l'amour de la retraite, et ne la fait aimer davantage. Mais la retraite et la solitude absolue sont deux choses bien différentes. La première est le besoin du sage, et la seconde est la manie d'un fou insociable ; c'est ce que La Fontaine exprime si bien dans ces vers charmans :

V. 14. Il aimait les jardins, était prêtre de Flore,
Il l'était de Pomone encore.
Ces deux emplois sont beaux : mais je voudrais parmi,
Quelque doux et discret ami.

Nous verrons ce sentiment, développé avec plus de grace et d'intérêt encore, dans la fable suivante et dans celle des deux pigeons.

FABLE XI.

V. 2. L'un ne possédait rien qui n'appartînt à l'autre.

Après ce vers qui dit tout, La Fontaine n'ajoute plus rien. Quelle grâce encore et quelle mesure dans ce mot, *dit-on?* Avec moins de goût, un autre poète aurait fait une sortie contre les amis de notre pays. C'est l'art de La Fontaine de faire entendre beaucoup plus qu'il ne dit.

V. 9. Morphée avait touché le seuil de ce palais.

Toujours quelque grand trait de poésie, sans jamais blesser le naturel.

V. 16. J'ai mon épée, allons. . . .

Voici qui paraît bien français, et l'on croirait que nous ne sommes point au Monomotapa.

V. 18. . . . . Voulez-vous qu'on l'appelle ?

Nous ne sommes plus en France; nous voilà dans le fond de l'Afrique.

V. 21. Vous m'êtes en dormant un peu triste apparu.

Quel sentiment dans ce mot, *un peu.* La fin de cet Apologue est au-dessus de tout éloge, tout le monde le sait par cœur.

FABLE XII.

V. 1. Une chèvre, un cochon, etc. . . . .

Cette fable est très-bien écrite et parfaitement contée; mais quelle morale, quelle règle de conduite peut-on en tirer ? Aucune. La Fontaine l'a bien senti.

V. 29. Dom pourceau raisonnait en subtil personnage :
Mais que lui servait-il ? . . . .

Il en conclut, avec raison, que, dans les malheurs certains, le moins prévoyant est encore le plus sage. Mais peut-on se donner ou s'ôter la prévoyance? Dépend-il de nous de voir plus ou moins loin? Il ne faut pas conduire ses lecteurs dans une route sans issue.

FABLE XVIII.

V. 1. Un marchand grec, etc....

J'ai déjà observé que c'est la manière de Pilpai d'amener une fable à la suite d'une historiette; et on sent combien cette manière est défectueuse. La vérité que veut établir ici La Fontaine, n'avait nul besoin de cette espèce de Prologue : c'est ce qu'on verra aisément, en sautant le Prologue et en commençant à ces mots: *Il était un berger*, etc.....

FABLE XIX.

V. 4. L'autre riche, mais ignorant.

Il serait très-malheureux que l'utilité de la science ne pût se prouver que dans une circonstance aussi fâcheuse que la ruine d'une ville. La société ordinaire offre une multitude d'occasions, où ses avantages deviennent frappans; et l'Apologue de La Fontaine ne prouve pas assez en faveur de la science. Il laisse à l'ignorant trop de choses à répondre. Au surplus, il faut toujours supposer qu'il s'agit de la science unie au bon sens; car, comme a dit Molière :

Un sot savant est sot, plus qu'un sot ignorant.

FABLE XX.

V. 1. Jupiter voyant nos fautes.....

Cette fable pouvait avoir plus d'intérêt et plus de vraisemblance chez les anciens, qui attribuaient à différens dieux différens départemens. Mais elle ne signifie pas grand chose pour nous qui admettons une providence, dispensatrice immédiate des biens et des maux.

Noublions pas de remarquer un vers charmant :

V. 41. Tout père frappe à côté.

Mais La Fontaine a tort de revenir sur cette idée, et de dire huit vers après :

V. 49. On lui dit qu'il était père.

Ce dernier vers ne peut faire aucun effet après l'autre.

FABLE XXI.

V. 5. Un citoyen du Mans, etc. . . .

Cette fable rentre un peu dans celle du mouton, du pourceau et de la chèvre, avec cette différence que le chapon est plus maître d'échapper à son sort. Il faut supposer que le chapon s'envole de la basse-cour pour n'y plus revenir, ce que pourtant La Fontaine ne dit pas. Au reste, elle est contée plus gaiment que l'autre.

V. 16. Les chapons ont en nous fort peu de confiance,
Soit instinct, soit expérience.

Cela est plaisant ; et le chapon qui

V. 19. Devait le lendemain être d'un grand souper !

Je voudrais seulement que l'Apologue finît par un trait plus saillant.

FABLE XXII.

V. 9. Les derniers traits de l'ombre empêchent qu'il ne voie
Le filet.....

Cette suspension est pleine de goût..... Le chat est pris.

V. 16. Sont communes en mon endroit.

Il veut dire, ont été fréquentes à mon égard. Cela n'est pas bien exprimé ; mais remarquons qu'il feint d'avoir déjà reçu du rat plusieurs services. Il sait qu'on est porté à faire du bien à ceux auxquels on en a déjà fait.

Le résultat de cette fable n'est pas une leçon de morale, mais elle est un conseil de prudence ; et cette prudence n'a rien dont la morale soit blessée. Ainsi l'Apologue est très-beau.

FABLE XXIII.

V. 1. Avec grand bruit et grand fracas.

Voyez comme La Fontaine varie ses tons ; voyez comme il monte, comme il descend avec son sujet. Opposez à cette peinture du torrent, celle de la rivière, huit ou dix vers plus bas. Remarquons aussi ce trait de poésie du voyageur qui va traverser

V. 23. Bien d'autres fleuves que les nôtres.

On peut objecter que, dans cette fable, le marchand est forcé de passer la rivière, comme il a été forcé de passer le torrent, et que la fable serait meilleure, c'est-à-dire, la vérité que l'auteur veut établir mieux démontrée, si le marchand, ayant le choix de passer par la rivière, ou par le torrent, eût préféré la rivière. Cela peut être, mais il en résulterait que la fable est bonne et pourrait être meilleure.

FABLE XXIV.

V. 1. Laridon et César, ...

Voici une fable qui, pour être courte, n'en est pas moins une des meilleures de La Fontaine. La morale surtout en est excellente. Sans croire, comme certains philosophes, que la nature partage également bien tous ses enfans, il est pourtant certain que c'est l'éducation qui met, entre un homme et un autre, l'énorme différence qui s'y trouve quelquefois : c'est d'ailleurs une opinion qu'on ne saurait trop répandre, parce qu'elle est le meilleur moyen d'encourager les réformes que l'on peut faire dans l'éducation, réformes sans lesquelles il est impossible de changer les fausses opinions et les mauvaises mœurs.

V. 4. Hantaient l'un les forêts, et l'autre la cuisine.

La naissance est la même, mais l'éducation est, comme on voit, bien différente.

V. 6. Mais la diverse nourriture...

Ce mot se prenait alors, même dans le style noble, pour synonime d'éducation. Corneille l'emploie plusieurs fois en ce sens.

V. 18. Tourne-broches par lui, etc....

Il est plaisant d'avoir supposé que nos chiens appelés tourne-broches viennent de cette belle origine, comme d'avoir fait honneur au marmiton du surnom de son élève.

V. 19.... A part.... hasards.

Cette consonnance déplaît à l'oreille.

Les quatre derniers vers sont parfaits.

FABLE XXV.

V. 1. Les vertus devraient être sœurs.

Ce petit Prologue est excellent ; mais il amène une fable à mon gré bien médiocre. La Fontaine a beau dire que chacun est sot et gourmand, il ne l'est pas au point de donner la moindre vraisemblance à cet Apologue. Il était aisé d'établir la même morale sur une supposition moins absurde.

V. 38. Tout cela c'est la mer à boire.

M. de Voltaire critique ce vers comme plat et trivial. Il me semble que ce qui rend excusable ici cette expression populaire, c'est qu'elle fait allusion à une fable où il s'agit de boire une rivière.

FABLE XXVI.

V. 1. Que j'ai toujours haï les pensers du vulgaire !

Pensers; le penser est un mot poétique, pour la *pensée*.

V. 3. Mettant de faux milieux entre la chose et lui.

Vers très-heureux. En effet, une idée fausse qui nous empêche de porter sur une chose un jugement sain, est comme un voile interposé entre nous et l'objet que nous voulons juger.

V. 13. . . . . . Disaient-ils en pleurant.

Il faut supposer que ce sont les ambassadeurs qui pleurent; car on ne pleure pas en écrivant, en envoyant des ambassadeurs pour une affaire de cette espèce. Cependant ce qui ferait croire que c'est le peuple qui parle, ce sont les vers suivans :

V. 14. . . . La lecture a gâté Démocrite.
Nous l'estimerions plus s'il était ignorant.

V. 17. Peut-être même ils sont remplis
De Démocrites infinis.

Je ne sais pourquoi La Fontaine ajoute ces deux vers. Il n'est pas absurde de dire qu'il y a un nombre infini de mondes, mais qu'ils soient pleins de Démocrites, je ne sais ce que cela veut dire.

V. 22. Il connaît l'univers et ne se connaît pas.

On a appliqué ce vers à l'homme en général.

V. 39. Le sage est ménager du temps et des paroles.

Vers devenu proverbe.

V. 47. En quel sens est donc véritable....

La Fontaine prend l'air du doute, par respect pour l'écriture, dont ces paroles sont tirées.

FABLE XXVII.

V. 1 Fureur d'accumuler, monstre, etc. . . .

Cette fable commence avec la même violence qu'une satire de Juvénal ; c'est contre les avares que La Fontaine exerce le plus sa satire.

V. 5. . . . . A ma voix comme à celle du sage...

Remarquons comme La Fontaine évite toujours de se donner pour un sage.

V. 9. Jouis. — Je le ferai, .etc. . . . .

Tout ce dialogue est d'une vivacité et d'une précision admirables.

Au reste, des deux Apologues suivans, le premier, sans être excellent, me paraît beaucoup meilleur que l'autre. Il n'est pas impossible qu'un chasseur ayant tué un daim et un faon, y veuille joindre une perdrix ; mais qu'un loup devant quatre corps se jette sur une corde d'arc, cela ne me paraît pas d'une invention bien heureuse. Les meilleurs Apologues sont ceux où les animaux se trouvent dans leur naturel véritable.

LIVRE NEUVIÈME.

FABLE I.

V. 2. J'ai chanté des animaux.

Nous avançons dans notre carrière, et La Fontaine avance vers la vieillesse ; car tous les livres de cette seconde partie n'ont pas été donnés à la fois : même la plupart des fables du douzième livre ne parurent que plusieurs années après les autres, et quelques-unes de ces derniers livres se ressentent de l'âge de l'auteur ; il y en a qui rentrent tout-à-fait dans la moralité des fables précédentes ; d'autres qui ont une moralité vague et indéterminée ; d'autres enfin qui n'en ont pas du tout. Cependant La Fontaine se relève quelquefois et se montre avec tout son talent, soit dans des fables entières, soit dans des morceaux plus ou moins considérables.

V. 22. Que les gens du bas étage,

Pourquoi La Fontaine leur pardonnerait-il plus le mensonge qu'aux autres ? Le mensonge est vil par-tout, et par-tout il est destructeur de toute société.

>V. 29. Et même qui mentirait
>Comme Esope et comme Homère.

Cela est trivial à force d'être vrai. C'est jouer sur les mots que de confondre ces deux idées. Quel rapport y a-t-il, dit Bacon, entre les mensonges des poètes et ceux des marchands ? Le mal moral du mensonge réside dans le dessein de flatter, d'affliger, de tromper ou de nuire.

>V. 38. Sans fin, et plus, s'il se peut:

Ce mot, *et plus, s'il se peut*, est ridicule. Tout ce Prologue pèche par un défaut de liaison dans les idées, et aucune beauté de détail ne rachète ce défaut.

Les deux historiettes suivantes ne sont point des fables, et n'étaient la matière que de deux petits contes épigrammatiques. Le conseil de prudence qui les termine, n'est pas assez imposant pour mériter tant d'apprêts.

FABLE II.

>V. 1. Deux pigeons s'aimaient d'amour tendre :

Cette fable est célèbre et au-dessus de tout éloge. Le ton du cœur qui y règne d'un bout à l'autre, a obtenu grâce pour les défauts qu'une critique sévère lui a reprochés. Le discours du premier des deux pigeons :

>V. 5. . . . . . Qu'allez-vous faire ?
>Voulez-vous quitter votre frère ?

Est plein de traits de sentiment.

>V. 8. Non pas pour vous, cruel, etc....
>V. 11. Encor si la saison, etc....

V. 16. Mon frère a-t-il tout ce qu'il veut,
Bon souper, bon gîte, et le reste ?

Quelle grâce, quelle finesse sous-entendues dans ce petit mot *et le reste*, caché comme négligemment au bout du vers ?

Tout le morceau de la fin, depuis *amans, heureux amans*, est, s'il est possible, d'une perfection plus grande. C'est l'épanchement d'une âme tendre, trop pleine de sentimens affectueux, et qui les répand avec une abondance qui la soulage. Quels souvenirs et quelle expression dans le regret qui les accompagne ! On a souvent imité ce morceau, et même avec succès, parce que les sentimens qu'il exprime sont cachés au fond de tous les cœurs, mais on n'a pu surpasser ni peut-être égaler La Fontaine.

Lamotte, qui a fait un examen détaillé de cette fable, dit qu'on ne sait quelle est l'idée qui domine dans cet Apologue, ou des dangers du voyage, ou de l'inquiétude de l'amitié, ou du plaisir du retour après l'absence. Si au contraire, dit-il, le pigeon voyageur n'eût pas essuyé de dangers, mais qu'il eût trouvé les plaisirs insipides loin de son ami, et qu'il eût été rappelé près de lui par le seul besoin de le revoir, tout m'aurait ramené à cette seule idée, que la présence d'un ami est le plus doux des plaisirs. Cette critique de Lamotte n'est peut-être pas sans fondement ; mais que dire contre un poëte qui, par le charme de sa sensibilité, touche, pénètre, attendrit votre cœur, au point de vous faire illusion sur ses fautes, et qui sait plaire même par elles ? On est presque tenté de s'étonner que Lamotte ait perdu, à critiquer cette fable, un temps qu'il pouvait employer à la relire.

FABLE III.

V. 1. Le singe avec le léopard.

Voilà encore une de ces fables qui ne pouvaient guère réussir que dans les mains de La Fontaine. Le sujet, si mince, prend tout de suite de l'agrément, et en quelque sorte un intérêt de curiosité, par l'idée de donner aux discours des personnages la forme et le ton des charlatans de la foire. C'est par-là qu'il fait passer ce propos populaire, *arrive en trois bateaux ;* on pardonne ce trait en faveur de *l'argent qu'on rendra à la porte.* D'après un trait de la vie de La Fontaine, que j'ai raconté, on a vu qu'il allait quelquefois entendre les charlatans de place, et on voit par cette fable qu'il ne perdait pas son temps.

FABLE IV.

V. 1. Dieu fait bien ce qu'il fait, etc....

Le simple bon sens qui a dicté cet Apologue, est supérieur à toutes les subtilités philosophiques ou théologiques, qui remplissent des milliers de volumes sur des matières impénétrables à l'esprit humain. Le paysan Mathieu Garo est plus célèbre que tous les docteurs qui ont argumenté contre la providence.

FABLE V.

V. 4. Qu'ont les pédans de gâter la raison....

Après les avares, ce sont les pédans contre lesquels La Fontaine s'emporte avec le plus de vivacité. Au reste, cette fable rentre absolument dans la même moralité que celle du jardinier et son seigneur. (*livre* 5, *fable* 4.) Mais celle-ci est fort inférieure à l'autre. Remarquons pourtant ce vers charmant:

Gâtait jusqu'aux boutons, douce et frêle espérance....

La Fontaine s'intéresse à toute la nature animée.

FABLE VI.

Un statuaire qui fait une statue, et voilà tout; ce n'est pas-là le sujet d'un Apologue : aussi cette prétendue fable n'est-elle qu'une suite de stances agréables et élégantes. Tout le monde a retenu la dernière.

Chacun tourne en réalités,
Autant qu'il peut ses propres songes.
L'homme est de glace aux vérités,
Il est de feu pour les mensonges.

Le mouvement : *il sera Dieu*, appartient à un véritable enthousiasme d'artiste. Aussi La Fontaine remarque-t-il que la statue était parfaite.

Je ne sais pourquoi La Fontaine fait souvent le mot *poète* de deux syllabes. Boileau et ses contemporains ne lui en donnent jamais que deux.

FABLE VII.

V. 1. Une souris tomba d'un bec du chat-huant. . . . .

Je n'ai pas le courage de faire des notes sur une si méchante fable, qui rentre d'ailleurs dans le même fond que celui de la fable XVIII du livre deuxième. C'est un fort mauvais présent que Pilpai a fait à La Fontaine. Remarquons seulement ce vers : *on tient toujours du lieu dont on vient...* Si La Fontaine a voulu dire : *on se ressent toujours de ses premières habitudes, c'est-à-dire, de son éducation* ; cette maxime peut se soutenir et n'a rien de blâmable ; mais s'il a voulu dire : *on se ressent toujours de son origine* ; il a débité une maxime fausse en elle-même et dangereuse ; il est en contradiction avec lui-même, et et il faut le renvoyer à sa fable de *César* et de *Laridon*.

V. 79. Parlez au diable, employez la magie

est encore un vers répréhensible, en ce que La Fontaine a l'air de supposer qu'il y ait une magie et qu'on puisse parler au diable.

FABLE VIII.

V. 5. On en voit souvent dans les cours.

La Fontaine, qui vante si souvent Louis XIV sur ses guerres et sur ses conquêtes, avait ici une belle occasion de lui donner des éloges plus justes et mieux mérités. Il pouvait le louer d'avoir banni ces fous de cour si multipliés en Europe, d'avoir substitué à cet amusement misérable, les plaisirs nobles de l'esprit et de la société. C'était un sujet sur lequel il était aisé de faire de beaux ou de jolis vers. La Fontaine avait le choix. On ne l'eût point accusé de flatterie ; et il aurait eu la gloire de contribuer peut-être à faire cette réforme dans les cours de quelques souverains, qui conservaient ce ridicule usage.

FABLE IX.

V. 1. *Un jour deux pélerins*, etc....

Cette fable est parfaite d'un bout à l'autre. La morale, ou plutôt la leçon de prudence qui en résulte, est excellente. C'est un de ces Apologues qui ont acquis la célébrité des proverbes, sans en avoir la popularité basse et ignoble.

Rien ne forme autant le goût que la comparaison entre deux grands écrivains dont la manière est différente. Transcrivons ici cet Apologue mis en vers par Boileau, et qui termine sa seconde épître.

> Un jour, dit un auteur, n'importe en quel chapitre,
> Deux voyageurs à jeun rencontrèrent une huitre.
> Tous deux la contestaient, lorsque dans leur chemin,
> La justice passa la balance à la main.
> Devant elle, à grand bruit ils expliquent la chose.
> Tous deux avec dépens veulent gagner leur cause.
> La justice, pesant ce droit litigieux,
> Demande l'huitre, l'ouvre, et l'avale à leurs yeux ;
> Et par ce bel arrêt terminant la bataille :
> Tenez, voilà, dit-elle à chacun, une écaille.
> Des sottises d'autrui nous vivons au palais ;
> Messieurs, l'huitre était bonne ; adieu, vivez en paix. »

On voit quel avantage La Fontaine a sur Boileau. Celui-ci, à la vérité, a plus de précision ; mais en la cherchant, il n'a pu éviter la sécheresse. *N'importe en quel chapitre*, est froid et visiblement là pour la rime. *Tous deux avec dépens veulent gagner leur cause.* Cela n'a pas besoin d'être dit ; et les deux parties ne sont point par-là distinguées des autres plaideurs. A la vérité, les deux derniers vers sont plus plaisans que dans La Fontaine ; mais le mot *sans dépens* de La Fontaine, équivaut, à-peu-près, à *Messieurs, l'huitre était bonne*.

La Fontaine ne s'est point piqué de la précision de Boileau. Il n'oublie aucune circonstance intéressante. *Sur le sable*, l'huitre est fraîche, ce qui était bon à remarquer ; aussi le dit-il formellement, *que le flot y venait d'apporter*, et ce mot fait image.

L'appétit des plaideurs lui fournit deux jolis vers qui peignent la chose.

> V. 3. Ils l'avalent des yeux, du doigt ils se la montrent;
> A l'égard de la dent il fallut contester.
> L'un se baissait déjà. . . . .
> L'autre le pousse, etc. . . . . .

Voilà comme cela a dû se passer. Le discours des plaideurs anime la scène. L'arrivée de *Perrin Dandin* lui donne un air plus vrai que celui de la justice, qui est un personnage allégorique. Je voudrais seulement que les deux pélerins fussent à jeun comme ceux de Boileau.

Cette fable de l'huître et des plaideurs est devenue, en quelque sorte, l'emblême de la justice, et n'est pas moins connue que l'image qui représente cette divinité, un bandeau sur les yeux et une balance à la main.

FABLE X.

V. 1. Autrefois carpillon fretin.

Après l'Apologue précédent, dont la moralité est si étendue, en voici un où elle est très-étroite et très-bornée. Elle rentre même dans celle d'une autre fable, comme La Fontaine nous le dit dans son petit Prologue assez médiocre.

V. 10. Ce que j'avançai lors, de quelque trait encor.

Cela n'avait pas besoin d'être appuyé de cette consonnance de *lors* et d'*encor* insupportable à l'oreille. Il n'y avait qu'à mettre *ce qu'alors j'avançai*, etc... Il est impardonnable d'être si négligent.

FABLE XI.

V. 1 Je ne vois point de créature.

Je ne sais comment La Fontaine a pu faire une aussi mauvaise petite pièce sur un sujet de morale si heureux : tout y porte à faux. La providence a établi les lois qui dirigent la végétation des arbres et des blés, qui gouvernent l'instinct des animaux, qui forcent les moutons à manger les herbes, et les loups à manger les moutons. C'est elle qui a donné à l'homme la raison qui lui conseille de tuer les loups. Ne dirait-on pas, suivant La Fontaine, que nous sommes obligés, en conscience, à en conserver l'espèce ? Si cela est, les Anglais, qui sont parvenus à les détruire dans leur île, sont de grands scélérats. Que veut dire La Fontaine avec cette permission donnée, aux moutons de retrancher l'excès des blés, aux loups de manger quelques moutons ? Est-ce sur de pareilles suppositions qu'on doit établir le précepte de la modération, précepte qui naît d'une des loix de notre nature, et que nous ne pouvons presque jamais violer sans en être punis ? Toute morale doit reposer sur la base inébranlable de la raison. C'est la raison qui en est le principe et la source.

FABLE XII.

V. 10. *Maint cierge aussi fut façonné.*

Autre mauvaise fable. Quelle bizarre idée de prêter à un cierge la fantaisie de devenir immortel, et pour cela de se jeter au feu.

V. 13. *Et nouvel Empédocle....*

Que La Fontaine adopte ce conte ridicule sur Empédocle, on peut le lui passer ; mais comment lui pardonner l'*Empédocle de cire ?* On s'est moqué de Lamotte pour avoir appelé une grosse rave, un *phénomène potager*.

FABLE XIII.

V. 8. *Eh ! qu'est-ce donc que le tonnerre ?*

Le tonnerre n'est point un huissier. C'est le bruit formé par le choc des nuages inégalement chargés d'un fluide électrique. C'est un résultat d'une des lois de la puissance divine, comme tous les météores, tous les phénomènes, ou plutôt toute la nature. Il prouve cette puissance ; mais il ne l'annonce pas plus que la neige ou la pluie. Les découvertes sur l'électricité ne laissent rien à désirer à cet égard, et nous ont donné de nouvelles raisons d'admirer l'Être suprême. Je ne ferai point de remarques sur cette fable, qui est ancienne et conforme aux idées que les payens avaient de leur Jupiter.

FABLE XIV.

V. 3. C'était deux vrais tartuffes, etc. . . .

Cette fable est très-agréablement contée ; mais la moralité en est vague et indéterminée. L'auteur a l'air de blâmer le renard, en disant :

V. 33. Le trop d'expédiens peut gâter une affaire.

Et cependant le renard fait ce qu'il y a de mieux pour se sauver, et ce qui le sauve très-souvent. La Fontaine ajoute, à propos d'expédiens :

V. 35. N'en ayons qu'un, mais qu'il soit bon.

Il ne songe pas qu'il est en contradiction avec lui-même, et que, dans la fable XXIII du douzième livre, il dit, à propos d'une ruse admirable d'un renard, qui ne réussit que la première fois :

V. 49. Tant il est vrai qu'il faut changer de stratagème.

FABLE XV.

V. 1. Un mari fort amoureux. . .

Je dirais volontiers, sur cette fable, ce que disait un mathématicien, après avoir lu l'Iphigénie de Racine : *Qu'est-ce que cela prouve ?* Quelle morale y a-t-il à tirer de-là ?

Remarquons cependant trois jolis vers :

V. 13. Mais quoi ! si l'amour n'assaisonne
Les plaisirs que l'amour nous donne,
Je ne vois pas qu'on en soit mieux.

FABLE XVI.

V. 1. Un homme n'ayant plus, etc. . . .

Cette fable n'est que le récit d'une aventure dont il ne résulte pas une grande moralité. J'y ferai, par cette raison, très-peu de remarques.

V. 8. . . . De goûter le trépas.

C'est-à-dire, de prolonger les souffrances de la mort: cela ne me parait pas heureusement exprimé.

V. 20. Absent.

Ce petit vers de deux syllabes exprime merveilleusement la surprise de l'avare, en voyant la place vide et son argent disparu.

V. 29. L'avare rarement finit ses jours sans pleurs.

Ce vers et les trois suivans sont très-bons.

V. 34. Ce sont là de ses traits, etc. . . .

J'ai déja dit un mot sur le danger de faire jouer un trop grand rôle à la fortune dans un livre de morale, et de donner aux jeunes gens l'idée d'une fatalité inévitable.

FABLE XVII.

V. 1. Bertrand avec Raton; etc. . . .

Voici enfin un Apologue digne de La Fontaine. Les deux animaux qui sont les acteurs de la pièce, y sont peints dans leur vrai caractère. Le lecteur est comme présent à la scène. La peinture du chat tirant les marons du feu, est digne de Téniers. Il y a, dans la pièce, plusieurs vers que tout le monde a retenus, tels que celui-ci :

V. 3. D'animaux malfaisans c'était un très-bon plat.

V. 12. Nos galans y voyaient double profit à faire,
      Leur bien premièrement, et puis le mal d'autrui.

Madame de Sévigné fut extrêmement frappée de cet Apologue, quand La Fontaine le lui montra, et disait à madame de Grignan: *Pourquoi n'écrit-il pas toujours de ce style ?*

Je trouve cependant que la moralité de la fable manque de justesse. Il me semble que les princes qui servent un grand souverain dans ses guerres, sont rarement dans le cas de Raton. Si ce sont des princes dont le secours soit important, ils sont dédommagés par des subsides souvent très-forts. Si ce sont de petits princes, alors ils servent dans un grade militaire considérable, ont de grosses pensions, de grandes places, etc... Enfin, cette fable me paraît s'appliquer beaucoup mieux à cette espèce très-nombreuse d'hommes timides et prudens, ou quelquefois de fripons déliés qui se servent d'un homme moins habile, dans des affaires épineuses dont ils lui laissent tout le péril, et dont eux-mêmes doivent seuls recueillir tout le fruit. Ce n'est même qu'en ce dernier sens, que le public applique ordinairement cette fable.

FABLE XVIII.

V. 1. Après que le Milan, etc. . . .

Cet Apologue est bien inférieur au précédent. La seule moralité qui en résulte, ne tend qu'à épargner au malheureux opprimé quelques prières inutiles que le péril lui arrache. Cela n'est pas d'une grande importance.

V. 4. . . . Tomba dans ses mains, etc. . .

C'est une métaphore, pour dire, en son pouvoir; autrement il faudrait, dans ses griffes.

FABLE XIX.

L'objet de cette fable me paraît, comme celui de la précédente, d'une assez petite importance. *Haranguez de méchans soldats, et ils s'enfuiront.* Eh bien! c'est une harangue perdue. Que conclure de-là? Qu'il faut les réformer et en avoir d'autres (quand on peut), ou s'en aller et laisser là la besogne. Cette fable a aussi le défaut de rentrer dans la morale de plusieurs autres Apologues, entre autres dans celle de la fable IX du douzième livre, *qu'on ne change pas son naturel.*

Quant au style, n'oublions pas ce dernier trait.

V. 25. Un loup parut, tout le troupeau s'enfuit.
Ce n'était pas un loup, ce n'en était que l'ombre.

Voyez quel effet de surprise produit ce dernier vers, et avec quelle force, quelle vivacité ce tour peint la fuite et la timidité des moutons.

En reportant les yeux sur les fables contenues dans ce neuvième livre, on peut s'apercevoir que La Fontaine baisse considérablement. De dix-neuf Apologues qu'il contient, nous n'en avons, comme on a vu, que quatre excellens, *le gland et la citrouille*, *l'huître et les plaideurs*, *le singe et le chat*, et *les deux pigeons*, pour qui seuls il faudrait pardonner à La Fontaine toutes ses fautes et toutes ses négligences.

LIVRE DIXIÈME.

V. 1. Iris je vous louerais, il n'est que trop aisé :

Madame de la Sablière était en effet une des femmes les plus aimables de son temps, très-instruite, et ayant plusieurs genres d'esprit. Elle avait donné un logement dans sa maison à La Fontaine, qu'elle regardait presque comme un animal domestique ; et après un déplacement, elle disait : Je n'ai plus, dans mon ancienne maison, que moi, mon chat, mon chien, et mon La Fontaine. En même temps qu'elle voyait beaucoup l'auteur des fables, elle était, mais en secret, une des écolières du fameux géomètre Sauveur ; mais elle s'en cachait : nous verrons bientôt pourquoi.

V. 7. Elle est commune aux dieux, etc. . . .

On peut observer qu'en ceci, comme en bien d'autres choses, les hommes ont fait les dieux à leur image. Au reste, il y a à la fois de l'esprit et de la poésie à supposer que le nectar, si vanté par les poètes, n'est autre chose que la louange.

V. 12. D'autres propos chez vous récompensent ce point :

Il veut dire : en récompense, on a chez vous des conversations intéressantes ; cela n'est pas heureusement exprimé. Ce vers, ainsi que le suivant,

V. 13. Propos, agréables commerces,

amènent mal les dix vers suivans, qui sont très-jolis et montrent à merveille ce que doit être une bonne conversation.

V. 16. . . . . Le monde n'en croit rien.

Les sots croient ou font semblant de croire que la conversation des gens d'esprit est toujours grave, sérieuse, guindée. Pourquoi ne supposent-ils pas que les gens d'esprit ont de l'esprit aussi naturellement que les sots ont de la sotise ?

V. 28. . . . . En avez-vous ou non
Oui parler ?.....

La Fontaine savait que madame de la Sablière, non seulement avait oui parler de la philosophie, mais il savait qu'elle y était même très-versée ; en effet, elle la connaissait mieux que La Fontaine ; mais elle craignait de passer pour savante. Voilà pourquoi il prend cet air de doute et d'incertitude. C'est sûrement pour lui faire sa cour, et par une complaisance dont il ne se rendait pas compte, qu'il s'efforce d'être cartésien, c'est-à-dire, de croire que les bêtes étaient de pures machines. Rien n'est plus curieux que de voir comment il cherche par ses raisonnemens à établir cette idée, et comment son bon sens le ramène malgré lui à croire le contraire. C'est ce que nous verrons dans cette pièce même.

V. 67. Vous n'êtes point embarrassée
De le croire, ni moi.

Mon embarras est de savoir comment ils faisaient pour admettre de telles idées.

V. 82. Quand la perdrix
Voit ses petits.

Négligence ne produisant aucune beauté ; effet de pure paresse.

V. 96. Je parle des humains ; car, quant aux animaux...

Voilà un excellent trait de satire déguisée en bonhommie. Swift ou Lucien, voulant mettre les hommes au-dessous des animaux, ne s'y seraient pas mieux pris. Cela est plaisant dans une pièce où l'auteur veut établir que les animaux sont des machines.

V. 114. Que ces castors ne soient qu'un corps vide d'esprit,
Jamais on ne pourra m'obliger à le croire.

Voilà le cartésianisme de La Fontaine fort ébranlé. Il y reviendra pourtant. Madame de la Sablière est cartésienne.

V. 118. Le défenseur du nord....

C'est le grand général Sobieski, qui, avant de sauver Vienne et de monter sur le trône de Pologne, était venu à Paris, et avait été de la société de madame de la Sablière, comme, de nos jours, nous avons vu M. Poniatoski lié avec madame Geoffrin.

V. 121..... Jamais un roi ne ment.

Du milieu de ces idées si étrangères au génie de La Fontaine, il sort pourtant des traits qui le caractérisent, tel que ce plaisant hémistiche : *Jamais un roi ne ment.*

V. 137. .... Ah ! s'il le rendait ;
Et qu'il rendit aussi. ...

Toutes ces idées sont incohérentes et mal liées ensemble, du moins quant à l'effet poétique. Les vers suivans sont l'exposé de la doctrine de Descartes, et l'obscurité qu'on peut leur reprocher, tient à la nature même de ces idées, car La Fontaine emploie presque les termes de Descartes lui-même.

> V. 162. . . . . Je vois l'outil
> Obéir à la main : mais la main, qui la guide ?
> Eh ! qui guide les cieux, et leur course rapide ?

Ce mouvement est très-vif, très-noble, et ne déparerait pas un ouvrage d'un plus grand genre.

Vient ensuite l'histoire des deux rats et de l'œuf, après laquelle La Fontaine oublie qu'il est cartésien et s'écrie :

> V. 197. Qu'on m'aille soutenir, après un tel récit,
> Que les bêtes n'ont point d'esprit !

Le reste n'est qu'une suite de raisonnemens creux où La Fontaine a cru s'entendre, ce qui était absolument impossible. S'entendait-il, par exemple, en disant :

> V. 207. Je subtiliserais un morceau de matière,
> Que l'on ne pourrait plus, etc. . . .

On voit que cette pièce manque entièrement d'ensemble et même d'objet. Ce sont trois fables qui prouvent l'intelligence des animaux ; et ces fables se trouvent entre-coupées de raisonnemens, dont le but est de prouver qu'elles n'en ont pas. La Fontaine pèche ici contre la première des règles, l'unité de dessein. L'auteur paraît l'avoir senti, et cherche à prendre un parti mitoyen entre les deux systèmes ; mais les raisonnemens où il s'embarque, sont entièrement inintelligibles.

FABLE II.

> V. 1. Un homme vit une couleuvre.

Après la pièce précédente, si confuse et si embrouillée, voici une fable remarquable par l'unité, la simplicité et l'évidence de son résultat. A la vérité, il n'est pas de la dernière importance, puisqu'il se réduit à faire voir la dureté de l'empire que l'homme exerce sur les animaux et sur toute la nature ; mais c'est quelque chose de l'arrêter un moment sur cette idée ; et La Fontaine a d'ailleurs su répandre tant de beautés de détail sur le fond de cet Apologue, qu'il est presque au niveau des meilleurs et des plus célèbres.

V. 5. (C'est le serpent que je veux dire,
Et non l'homme, on pourrait aisément s'y tromper.)

Ce second vers paraît froid après le premier ; mais La Fontaine l'ajoute à dessein, pour rentrer un peu dans son caractère de bonhommie, dont il vient de sortir un moment par un vers si satirique contre l'espèce humaine.

V. 10. Afin de le payer toutefois de raison.

Voyez les remarques sur la fable du loup et de l'agneau, au premier livre.

V. 27. . . . . Il recula d'un pas.

C'est la surprise de l'homme qui est cause de sa patience et qui l'oblige à écouter le serpent. Le discours de la vache est plein de raison et d'intérêt. Tous les mouvemens en sont d'une simplicité touchante.

V. 42. . . . Il me laisse en un coin
Sans herbe. . .

Ce dernier mot rejeté à l'autre vers, et ce vœu si naturel,

V. 43. . . . S'il voulait encor me laisser paître !

Tout cela est parfait. Le discours du bœuf a un autre genre de beauté : c'est celui d'un ton noble et poétique, quoique naturel et vrai.

V. 55. . . . Ce long cercle de peines,
Qui, revenant sur soi, ramenait dans nos plaines
Ce que Cérès nous donne et vend aux animaux :

Et cet autre vers :

V. 62. Achetaient de son sang l'indulgence des dieux.

La Fontaine tire un parti ingénieux du ton qu'il vient de prêter au bœuf, c'est de le faire appeler déclamateur par l'homme qui lui reproche de chercher de grands mots : tout cela est d'un goût exquis.

La Fontaine a su être aussi intéressant en faisant parler l'arbre.

> V. 74. . . . . Libéral il nous donne
> Ou des fleurs au printemps, ou des fruits à l'automne.

Et quelle heureuse précision dans le vers suivant !

> V. 81. Je suis bien bon, dit-il, d'écouter ces gens-là.

Le despotisme n'est jamais si redoutable que quand on vient de le convaincre d'absurdité.

FABLE III.

> V. 1. Une tortue était, etc. . . .

Quoique l'invention de cette fable soit un peu bizarre, quoique la tortue y soit peinte dans un costume bien étranger à ses habitudes, on peut ranger cet Apologue parmi les bons. C'est que l'intention en est sage, morale, bien marquée, et que d'ailleurs l'exécution en est très-agréable.

> V. 4. Volontiers gens boiteux, etc. . . . .

La répétition de ce mot *volontiers* est pleine de grâces ; et ce vers : *Volontiers gens boiteux haïssent le logis*, fait voir comment La Fontaine sait tirer parti des plus petites circonstances.

> V. 9. . . . . Par l'air en Amérique :

Il ne fallait point particulariser, ni nommer l'*Amérique* : du moins fallait-il ne nommer qu'une contrée de l'ancien hémisphère. Toute action qui forme le nœud ou l'intérêt d'un Apologue, est supposée se passer dans les temps fabuleux, au temps (comme dit le peuple) où les bêtes parlaient. Il y a, pour chaque genre de poésie, une vraisemblance reçue, une convenance particulière, dont il ne faut pas s'écarter.

V. 13. Ulysse en fit autant.

Ce trait ne pèche point contre la règle que nous venons d'établir, parce que le temps où Ulysse vivait est supposé compris dans l'époque que nous avons indiquée ; d'ailleurs, ce rapprochement des voyages d'Ulysse avec celui de la tortue est si plaisant, que le lecteur s'y rendrait bien moins difficile.

V. 13. . . . . On ne s'attendait guère. . . .

Voilà un de ces traits qui caractérisent un poète supérieur à son sujet ; nul n'a su s'en jouer à propos comme La Fontaine.

FABLE IV.

V. 1. Il n'était point d'étang, etc. . . .

Nous ne trouverons plus dans ce dixième livre, de fable qui puisse être comparée aux deux précédentes. Celle-ci n'en approche, ni pour le fond, ni pour la forme. Remarquons cependant le sérieux plaisant de cette réflexion.

V. 7. Tout cormoran se sert de pourvoyeur lui-même.

V. 42. En ceux qui sont mangeurs de gens.

Il fallait s'arrêter là. La réflexion que La Fontaine ajoute à ce conseil de prudence, ne sert qu'à en détourner l'esprit de son lecteur. L'idée de la mort absorbe toute autre idée.

FABLE V.

V. 1. Un pincemaille avait tant amassé.

Le résultat de cette fable est encore très peu de chose ; mais, dans l'exécution, elle offre plusieurs vers très-bons. Je me contente de les indiquer à la marge.

V. *dernier.* Il n'est pas malaisé de tromper un trompeur.

Celà n'est pas exactement vrai ; et souvent c'est une chose très-difficile. J'aurais mieux aimé que La Fontaine eût exprimé le sens de l'idée suivante : *Heureux celui qu'un seul avertissement engage à triompher de sa passion favorite !*

FABLE VI.

V. 2. (S'il en est de tels dans le monde.)

Ce mot seul fait la critique de cet Apologue. Les meilleures fables sont celles où les animaux sont peints dans leur naturel, avec les goûts et les habitudes qui naissent de leur organisation. Ésope, dont cette fable est imitée, a su éviter ce défaut en employant d'ailleurs une brièveté préférable aux ornemens de La Fontaine. Voici la fable d'Ésope :

« *Un loup passant près de la cabane de quelques bergers, les vit man-*
» *geant un mouton. Il leur cria : Que ne diriez-vous point, si j'en fai-*
» *sais autant ?* »

Il est évident que cet Apologue vaut mieux que celui du fabuliste français.

V. 10. . . . . . De loups l'Angleterre est déserte.

Même faute que celle qui a été notée dans la fable de la tortue, sur le mot *Amérique.*

V. 24. Mangeans un agneau cuit en broche.

Quel résultat moral peut-on tirer de-là ? car, comme a dit La Fontaine lui-même :

Sans cela toute fable est un œuvre imparfait.

J'en vois quelques traits confus, comme, par exemple, que nombre d'hommes se permettent ce qu'ils interdisent aux autres, l'effet de leurs discours anéanti par leurs actions ; mais cela ne vaut guère la peine d'être dit. D'un autre côté, il faut que l'action soit mauvaise; et La Fontaine veut-il établir que c'est très-mal fait de manger les moutons ? tout cela me paraît vague et dénué d'objet.

FABLE VII.

V. 7. Elle me prend mes mouches à ma porte.

Cette action de *Philomèle*, c'est-à-dire du *rossignol*, enlevant d'abord les mouches de l'araignée, et ensuite l'araignée même avec sa toile et tout, cette action, que prouve-t-elle ? La loi du plus fort, soit. Mais est-ce une chose si bonne à répéter sans cesse ? n'est-ce pas exposer l'esprit des jeunes gens à saisir un faux rapport entre la violence que les différentes espèces d'animaux exercent les unes à l'égard des autres, et les injustices que les hommes se font mutuellement? N'est-ce pas leur montrer le tout comme un effet des mêmes loix, et un produit de la nécessité? Cependant, quel rapport y a-t-il, à cet égard, entre les animaux et les hommes? Aucun. Nul animal ne peut mal faire, soit qu'il dévore un être d'une espèce plus faible que la sienne, ou un être de la sienne même. On peut aller jusqu'à dire qu'il fait très-bien, car il obéit à un instinct déterminé par des lois supérieures : mais l'homme, à qui ces mêmes lois ont donné la raison, paraît la combattre au moment où elle est préjudiciable à ses semblables. Dès qu'il nuit, il est, pour ainsi dire, hors de sa nature. Que peuvent donc avoir de commun les mœurs de l'homme et les habitudes des animaux? Les dernières ne doivent être la représentation des autres, que dans les cas où le résultat est utile, ou du moins n'est pas nuisible à la morale. Autrement l'auteur, faute d'avoir des idées justes, risque d'en donner de fausses à son lecteur. C'est ce qui est arrivé plus d'une fois à La Fontaine même; et je suis forcé d'en convenir, malgré mon admiration pour lui.

FABLE VIII.

V. 10. Elle se consola......

Rien de si naturel que ce sentiment et la réflexion qui le suit. C'est ici que la résignation à la nécessité est établie avec les adoucissemens qui lui conviennent. La soumission de la perdrix est d'un très-bon exemple, et on est souvent dans le cas de dire comme elle :

V. 10. Ce sont leurs mœurs.

FABLE IX.

V. 1. Qu'ai-je fait pour me voir ainsi ?

Nous avons déjà vu quelques exemples de ce tour vif et animé, qui met d'abord le personnage en scène.

Après le sentiment de la douleur physique, vient celui de l'injustice qui lui fait subir un pareil traitement; et puis l'indignation contre l'ingratitude ; enfin l'amour-propre a son tour.

V. 4. Devant les autres chiens oserai-je paraître ?

Un homme n'aurait pas mieux dit.

Les six vers dans lesquels La Fontaine exprime la moralité de cet Apologue, ont le défaut de ne pas sortir de l'exemple de *Moufflar*. La vraie moralité de la pièce est dans la fable même :

V. 10. . . . . Il vit avec le temps
Qu'il y gagnait beaucoup. . . .

Ou il fallait ne pas mettre de moralité du tout, ou bien il fallait laisser là *Moufflar*, et dire que, *souvent d'un malheur qui nous a causé bien du chagrin, il est résulté des avantages inappréciables et imprévus*. Souvenons-nous désormais de faire cette réflexion, dans les accidens qui peuvent nous survenir.

FABLE X.

V. 1. Deux démons à leur gré, etc. . . .

Ce que dit ici La Fontaine est si vrai, que certains philosophes l'ont posé en principe dans des traités de morale, et font remonter à ces deux sources toutes nos passions et tous nos sentimens.

V. 7. Car même elle entre dans l'amour.
Je le ferais bien voir : etc. . . .

L'auteur n'aurait pas eu grand peine dans l'époque où il vivait. L'amour, dans des mœurs simples, n'est composé que de lui-même, ne peut être payé que par lui, s'offense de ce qui n'est pas lui; mais dans des mœurs rafinées, c'est-à-dire, corrompues, ce sentiment laisse entrer dans sa composition une foule d'accessoires qui lui sont étrangers. Rapports de position, convenances de société, calculs d'amour-propre, intérêt de vanité, et nombre d'autres combinaisons qui vont même jusqu'à le rendre ridicule. En France c'est, pour l'ordinaire, un amusement, un jeu de commerce qui ne ruine et n'enrichit personne.

V. 21. *Il avait du bon sens; le reste vient ensuite.*

C'est l'opinion de M. Guillaume dans l'Avocat Patelin. On lui dit : *Mais, M. Guillaume, savez-vous que vous gouverneriez très-bien un état ? Tout comme un autre*, répond-il.

V. 33. *Je crois voir cet aveugle*, etc. . .

Ce récit de l'histoire du serpent, formant une autre fable dans la fable, me paraît déplacé. Outre qu'il rentre dans l'Apologue du serpent et du villageois au livre VI, il gâte un peu cette jolie pièce. Voulez-vous voir combien elle serait plus vive, plus rapide, et d'un plus grand effet! Essayez de supprimer l'épisode du serpent : supposez qu'après ces mots :

V. 28. *Ne produisent jamais que d'illustres malheurs.*

Supposez qu'en sautant 22 vers, La Fontaine eût dit :

V. 51. *Mille dégoûts viendront, dit le prophète ermite.* (1)
Il en vint en effet, l'ermite n'eut pas tort.
Mainte peste de cour, etc. . . .

Le reste comme il est. Il me semble que cette suspension ferait un très-bon effet, et donnerait à cette pièce une rapidité qui lui manque.

---

(1) Nous avons, contre l'usage, adopté le sentiment de l'académie pour l'orthographe de ce mot, appuyés aussi sur son origine, *eremus*, *désert*.

V. 60. *Louanges du désert et de la pauvreté.*

Etait-ce dans des lettres que le berger écrivait ? Ce berger-visir était-il un sage qui eût écrit ses pensées dans un ouvrage ? il me semble qu'il eût fallu éclaircir cela brièvement.

V. 69. *Et je pense aussi sa musette.*

Ce n'était pas un poète comme La Fontaine, qui pouvait oublier de mettre une musette dans le coffre-fort du berger. Quelle grâce dans ce petit mot, *je pense* !

V. 70. *Doux trésors ! se dit-il ; chers gages...*

Voilà encore un de ces morceaux où il semble que le cœur de La Fontaine prenne plaisir à s'épancher. La naïveté de son caractère, la simplicité de son âme, son goût pour la retraite le mettent vîte à la place de ceux qui forment des vœux pour le séjour de la campagne, pour la médiocrité, pour la solitude. Nous en avons déja vu plusieurs exemples, et heureusement nous en retrouverons encore.

FABLE XI.

V. 1. *Tircis, qui pour la seule Annette.*

La chanson du berger est fort jolie ; mais on est un peu scandalisé de la morale de la pièce et du conseil que l'auteur donne aux rois. La Fontaine, apôtre du despotisme ! La Fontaine, blâmer les voies de la douceur et de la persuasion ! cela paraît plus extraordinaire et plus contre la nature, que le loup rempli d'humanité, dont il nous a parlé quatre ou cinq fables plus haut.

FABLE XII.

V. 1. *Deux perroquets, l'un père et l'autre fils...*

Ces quatre premiers vers sont joliment tournés, et sembleraient annoncer un meilleur apologue. Celui-ci est très-médiocre. Ce perroquet qui creve les yeux au fils du roi ; ce roi qui va pérorer le perroquet perché sur le haut d'un pin ; cela n'est pas d'un goût bien exquis.

Les deux derniers vers de la pièce sont agréables et ont presque passé en proverbe ; mais la vraie moralité de cette prétendue fable est que la confiance mutuelle une fois perdue, elle ne se recouvre pas. Voyez un conte de *Sénecé*, intitulé le Kaimak, qui se trouve dans tous les recueils.

FABLE XIII.

V. 1. Mère lionne, etc. . . .

J'aurais voulu que La Fontaine s'arrêtât après le douzième vers :

N'avaient-ils ni père ni mère ?

Il me semble que cela donnait bien autrement à penser. Et en effet, toute la morale ne tend guère qu'à empêcher les malheureux de se plaindre : ce qui n'est pas d'une grande conséquence.

Les deux derniers vers :

Quiconque en pareil cas se voit haï des cieux,
Qu'il considère Hécube, il rendra grâce aux dieux ;

sont excellens ; mais la moralité qu'ils enseignent est énoncée d'une manière bien plus frappante dans une fable de Sadi, fameux poète persan ; la voici :

« Un pauvre entra dans une mosquée pour y faire sa prière : ses » jambes et ses pieds étaient nus, tant sa misère était grande ; et il » s'en plaignait au ciel avec amertume. Ayant fini sa prière, il se » retourne et voit un autre pauvre appuyé contre une colonne et assis » sur son séant. Il apperçut que ce pauvre n'avait point de jambes. Le « premier pauvre sortit de la mosquée, en rendant grâce aux dieux.»

FABLE XIV.

V. 4. J'en vois peu dans la fable, encor moins dans l'histoire.

Ces quatre premiers vers sont très-jolis, mais n'obtiennent pa grâce pour le fond de cet Apologue, qui me paraît défectueux. Quel rapport y a-t-il entre Hercule ayant obtenu l'apothéose par des travaux utiles aux hommes (c'est ainsi du moins qu'il faut l'envisager dans l'Apologue), quel rapport, dis-je, entre ce dieu et un aventurier faisant une action folle, dangereuse, utile aux autres, ou qui ne peut-être utile qu'à lui-même? Quelle leçon peut-il résulter du succès de son audace absurde et imprudente? je ne connais pas de sujet de fable moins fait pour plaire à La Fontaine que celui-ci. J'ai déjà observé qu'il n'était point le poète de l'héroïsme, mais celui de la nature et de la raison ; et la raison peut-elle être plus blessée qu'elle ne l'est, par l'entreprise de cet aventurier?

V. 28. Auquel cas, où l'honneur d'une telle aventure?

J'avoue que ce raisonnement du chevalier me paraît très-bon.

V. 37. Il le prend, il l'emporte....

L'auteur aurait bien dû nous dire comment.

V. 45. Le proclamer monarque....

Eh bien ! la morale de cette fable est donc qu'il en faut croire le premier écriteau?

V. 49. (Serait-ce bien une misère,
Que d'être pape ou d'être roi?)

Voilà pourtant La Fontaine qui trouve le secret de mêler un trait de son caractère, au récit d'une aventure qui y est le plus opposée.

V   esage quelquefois....

Cela est vrai, mais dans tel ou tel cas qu'il aurait fallu spécifier, et non dans une aventure folle qui réussit à un fou.

FABLE XV.

Discours à M. le duc de la Rochefoucault.

C'est toujours ce même duc de la Rochefoucault, auteur des Maxi mes, ce livre si cher aux esprits secs et aux âmes froides. L'auteur qui n'avait guère fréquenté que des courtisans, rapporte le motif de toutes nos actions à l'amour-propre ; et il faut convenir qu'il dévoile, avec une sagacité infinie, les subterfuges de ce misérable amour-propre. Mais s'il y a un amour-propre petit, mesquin, ou si l'on veut méprisable, n'en est-il pas un autre noble, sensible et généreux ? Pourquoi M. le duc de la Rochefoucault ne nous peint-il jamais que le premier ? Est-ce faire connaître un palais, de n'en montrer que les portions consacrées aux usages les plus rebutans ?

V. 4. Le roi de ces gens-là. . . .

Les défauts des sujets ont servi à peindre leur roi, d'une manière dont on n'a point approché depuis La Fontaine. Il a eu bien raison de dire :

> Peut-être d'autres héros,
> M'auraient moins acquis de gloire.

V. 8. J'entends les esprits corps. . . .

Nous voilà revenus à ne pas nous entendre.

V. 15. Et que n'étant plus nuit, il n'est pas encor jour.

Voilà un de ces vers que La Fontaine seul a su faire. Il est vrai qu'il est un peu imité du Tasse ou de l'Arioste, je ne me souviens plus lequel des deux.

V. 21. S'égayaient, et de thym parfumaient leur banquet.

Tout ce tableau est charmant, et le dernier vers plein de poésie.

Ne reconnaît-on pas en cela les humains ?

V. 28. Dispersés par quelque orage.

Tout le reste est de trop.

V. 35. Quand des chiens étrangers. . . .

Il y a trop peu de liaison entre cette idée et la précédente.

V. 49. Le moins de gens qu'on peut à l'entour du gâteau.

Cette attention de l'amour propre à écarter tous les concurrens, méritait les frais d'un Apologue particulier.

V. 57. Vous qui m'avez donné....

Il est aisé de reconnaître l'auteur des Maximes dans la comparaison du gâteau; mais il aurait dû dire à La Fontaine qu'il n'en avait pas tiré le meilleur parti possible. Toute cette période, qui contient l'éloge de M. de la Rochefoucault, me paraît longue et pesante.

FABLE XVI.

V. 1. Quatre chercheurs, etc. ...

La moralité qui résulte de cet Apologue est incontestable, mais elle a bien peu d'application dans nos mœurs.

V. 51. Comme si devers l'Inde. ..

Cette vanité n'est point inconnue dans l'Inde. Seulement elle y prend des formes différentes de celles qu'elle peut avoir en Europe. La Fontaine ne savait pas à quels excès horribles et dégradans la classe des Naïres s'est souvent portée contre les autres classes.

LIVRE ONZIÈME.

FABLE I.

V. 1. Sultan léopard autrefois.

C'est ici le lieu de développer une partie des idées que je n'ai fait qu'effleurer, à l'occasion de la fable du *chien qui porte au col le dîner de son maître*, et de celle de *l'hirondelle et de l'araignée*.

C'est certainement une idée très-ingénieuse d'avoir trouvé et saisi, dans le naturel et les habitudes des animaux, des rapports avec nos mœurs, pour en faire ou la peinture ou la satire : mais cette idée heureuse n'est pas exempte d'inconvéniens, comme je l'ai déjà insinué. Cela vient de ce que le rapport de l'animal à l'homme est trop incomplet; et cette ressemblance imparfaite peut introduire de grandes erreurs dans la morale. Dans cette fable-ci, par exemple, il est clair que le renard a raison et est un très-bon ministre. Il est clair que sultan léopard devait étrangler le lionceau, non-seulement comme léopard d'Apologue, c'est-à-dire qui raisonne; mais il le devait même comme sultan, vu que sa majesté léoparde se devait tout entière au bonheur de ses peuples. C'est ce qui fut démontré peu de temps après. Que conclure de-là ? S'ensuit-il que, parmi les hommes, un monarque, orphelin, héritier d'un grand empire, doive être étranglé par un roi voisin, sous prétexte que cet orphelin, devenu majeur, sera peut-être un conquérant redoutable ? Machiavel dirait que oui; la politique vulgaire balancerait peut-être; mais la morale affirmerait que non. D'où vient cette différence entre sa majesté léoparde et cette autre majesté ? C'est que la première se trouve dans une nécessité physique, instante, évidente et incontestable d'étrangler l'orphelin pour l'intérêt de sa propre sûreté : nécessité qui ne saurait avoir lieu pour l'autre monarque. C'est la mesure de cette nécessité, de l'effort qu'on fait pour s'y soustraire, de la douleur qu'on éprouve en s'y soumettant, qui devient la mesure du caractère moral de l'homme, qui, plutôt que de s'y soumettre, consent à s'immoler lui-même (en n'immolant toutefois que lui-même et non ceux dont le sort lui est confié), et s'élève par-là au plus haut degré de vertu auquel l'humanité puisse atteindre. On sent, d'après ces réflexions, combien il serait aisé d'abuser de l'Apologue de La Fontaine. On sent combien les méchans sont embarrassans pour la morale des bons. Ils nuisent à la société, non-seulement en leur qualité de méchans, mais en empêchant les bons d'être aussi bons qu'ils le souhaiteraient, en forçant ceux-ci de mêler à leur bonté une prudence qui en gêne et qui en restreint l'usage; et c'est ce qui a fait enfin qu'un recueil d'apologues doit presqu'autant contenir de leçons de sagesse que de préceptes de morale.

Proposez-vous d'avoir le lion pour ami,
Si vous voulez le laisser croître.

Ces deux derniers vers sont presque devenus proverbes. Il y en a deux autres, dans le cours de cet Apologue, que j'ai vu citer et appliquer à un très-méchant homme, qui était destiné à avoir de grands moyens de servir et de nuire, et qui avait au moins le mérite d'être attaché à ses amis. Voici ces deux vers :

Ce sera le meilleur lion,
Pour ses amis, qui soit sur terre.

Mais les trois alliés du lion qui ne lui coûtent rien, *son courage*, *sa force*, avec *sa vigilance*, est une tournure d'un goût noble et grand, et presque oratoire. Aussi cela se dit-il dans le conseil du roi.

FABLE II.

V. 1. Jupiter eut un fils, qui
. . . .
Avait l'âme toute divine.

Vraiment, c'est l'effet à côté de la cause ; rien n'est plus simple. Cela doit bien faciliter l'éducation des princes ; je suis même étonné que cette réflexion ne l'ait pas fait supprimer entièrement.

V. 4. L'enfance n'aime rien.

Cela n'est pas d'une vérité assez exacte et assez générale pour être mis en maxime. D'ailleurs, pourquoi le dire à un jeune prince ? pourquoi lui donner cette mauvaise opinion des enfans de son âge ? Est-ce pour qu'il se regarde comme un être à part, comme un dieu, et le tout parce qu'il aime son père, sa mère et sa gouvernante ?

16. . . . Et d'autres dons des cieux,
Que les enfans des autres dieux.

La Fontaine l'a déjà dit, à-peu-près douze ou treize vers plus haut; mais les belles choses ne sauraient être trop répétées. Par malheur, il y a ici un petit inconvénient : c'est qu'il est inutile ou même absurde de parler de morale aux princes, tant qu'on leur dira de ces choses-là.

V. 20. Tant il le fit parfaitement.

Ceci doit faire allusion à quelque petite pièce de société, représentée devant le roi dans son intérieur, où M. le duc du Maine avait sans doute bien joué le rôle d'amoureux.

V. 29. Il faut qu'il sache tout, etc. . . .

Voilà une étrange idée. La Fontaine oublie qu'il s'en est moqué lui-même, dans sa fable du chien qui veut boire la rivière.

Si j'apprenais l'hébreu, les sciences, l'histoire !
Tout cela c'est la mer à boire.

D'ailleurs, un prince est moins obligé qu'un autre homme, de savoir tout. Quand il connaît ses devoirs aussi bien que la plupart des princes connaissent leurs droits, quand il sait ne parler que de ce qu'il entend, quand on a formé sa raison, quand on lui a enseigné l'art d'apprécier les hommes et les choses, son éducation est très-bonne et très-avancée.

V. 30. Eut à peine achevé que chacun applaudit.

C'est de quoi personne n'est en peine.

V. 32. Je veux, dit le dieu de la guerre. . . .

Cette idée de représenter tous les dieux, ou tous les génies, ou toutes les fées qui se réunissent pour doter un prince de toutes les qualités possibles, est une vieille flatterie, déjà usée dès le temps de La Fontaine. Quant à M. le duc du Maine, il est fâcheux que l'assemblée des dieux ait oublié à son égard un article bien important ; c'était de lui donner un peu de caractère ; cette qualité lui eût épargné bien des dégoûts. C'était d'ailleurs un prince très-instruit en littérature d'agrément. Il s'amusait à traduire en français l'Anti-Lucrèce du cardinal de Polignac, pendant la dernière année du règne de Louis XIV. Madame la duchesse du Maine, occupée d'idées plus ambitieuses, lui disait: Vous apprendrez au premier moment que M. le duc d'Orléans est le maître du royaume, et vous de l'académie française.

FABLE III.

V. 20. Il choisit une nuit libérale en pavots:

Il n'a été donné qu'à La Fontaine de jeter, au milieu d'un récit très-simple, des traits de poésie aussi nobles et aussi heureux.

V. 31. Peu s'en fallut que le soleil...

Il ne restait plus à prendre que le ton de la tragédie; et voilà La Fontaine qui le prend très-plaisamment, à l'occasion du désastre d'un poulailler.

V. 37. Tel encor autour de sa tente...

La première comparaison suffisait pour produire l'effet de variété que cherchait l'auteur; ou bien il pouvait préférer la seconde pour conserver le vers.

V. 43. Le renard, autre Ajax, etc....

Le discours du chien est excellent; et la raison pour laquelle on le trouve mauvais, peint assez la société.

V. 61. (Et je ne t'ai jamais envié cet honneur.)

N'est-il pas plaisant de voir toujours La Fontaine oublier son mariage, sa femme et son fils? On sait que M. le président de Harlay s'était chargé de cet enfant; qu'on fit rencontrer le père et le fils quand ce dernier eut vingt-cinq ans, que La Fontaine lui trouva de l'esprit, et apprenant que c'était son fils, avait dit naïvement: ah! j'en suis bien aise.

. Couche-toi le dernier, etc. . .

La moralité de cette fable entre dans celle de *l'œil du maître*, livre IV, fable 21.

FABLE IV.

V. 1. Jadis certain Mogol, etc. . . .

Ce que La Fontaine appelle ici une fable, est un trait de la bibliothèque orientale qu'il a mis en vers très-heureusement.

V. 8. Minos en ces deux morts, etc.

Le costume est ici mal observé; Minos est le juge des enfers dans la Mythologie grecque, mais ne l'est point dans la religion du Mogol, qui est le mahométisme.

Tout ce que l'auteur ajoute aux mots de l'interprète, comme il dit, est excellent. C'est La Fontaine dans son caractère et dans la perfection de son talent. Quel vers que celui-ci!

V. 83. Je lui voue au désert de nouveaux sacrifices.

Voilà bien le solitaire, insouciant et dormeur.

Cette charmante tirade n'est gâtée que par

V. 29. . . . Ces clartés errantes,
Par qui sont nos destins et nos mœurs différentes.

Pourquoi attribuer aux astres de l'influence sur nos mœurs et sur notre caractère? Pourquoi consacrer une absurdité qu'il a lui-même combattue? Ces variations montrent combien les idées de La Fontaine étaient, à certains égards, peu fixes et peu arrêtées.

FABLE V.

V. 1. Le lion, pour bien gouverner...

La fable des deux ânes, qui fait le fonds de cette pièce, est très-ancienne. Elle est fort bien contée; mais pourquoi l'encadrer dans cette autre fable du lion et du singe? Les seuls vers très-bons de tout ce commencement, sont ceux-ci :

V. 32. Qu'ici bas maint talent n'est que pure grimace,
Cabale, et certain air de se faire valoir,
Mieux su des ignorans que des gens de savoir.

Le dernier vers surtout est admirable.

V. 53. Vous surpassez Lambert, etc...

On peut appliquer ici ma remarque sur l'Amérique dans la fable de la tortue et des deux canards ; il était bien de citer Philomène, mais un musicien contemporain détruit l'illusion du lecteur.

FABLE VI.

V. 1. Mais d'où vient qu'au renard, etc...

Ce petit Prologue est assez peu piquant ; pourquoi commencer par contredire Esope sur un point où l'on finit par convenir qu'il a raison ? Il était mieux d'entrer tout de suite en matière, et de dire :

V. 10. Le renard un soir apperçut, etc.

V. 33. . . Le dieu Faune l'a fait,
La vache Io donna le lait :

La Fontaine brille toujours dans cet usage plaisant et poétique qu'il fait de la Mythologie. Au reste, la morale de cet Apologue est à-peu-près la même que celle du renard et du bouc, livre III, fable 5.

FABLE VII.

V. 1. Il ne faut point juger des gens sur l'apparence.

Il paraît singulier que La Fontaine réduise à un résultat si médiocre, le récit d'un fait aussi intéressant que celui qui est le sujet de cet Apologue. Il me semble que ce fait devait réveiller, dans l'esprit de l'auteur, des idées d'une toute autre importance. Un paysan grossier, sans instruction, à qui le sentiment des droits de l'homme, trop offensés par les tyrans, donne une éloquence naturelle et passionnée qui s'attire l'admiration de la capitale du monde et désarme le despotisme, un tel sujet devait conduire à un autre terme que la morale du souriceau.

V. 7. . . . . Homme dont Marc-Aurèle......

Je ne sais pourquoi il plaît à M. Coste, dans sa note, de gratifier Marc-Aurèle d'une figure à-peu-près semblable à celle d'Esope. Rien n'est plus faux. Les historiens remarquent seulement qu'il avait la figure ordinaire, et par conséquent peu digne de son rang, de son âme et de son génie; mais il était loin d'avoir un extérieur rebutant. Je ferai peu de remarques sur ce morceau, qui d'un bout à l'autre est un chef-d'œuvre d'éloquence.

V. 50. Et sauraient en user sans inhumanité.

Ce dernier trait manque un peu de justesse. En effet, si les Germains avaient eu l'avidité et la violence de leurs tyrans, il est bien probable que les peuples de Germanie eussent été inhumains comme leurs oppresseurs. Avec de l'avidité et de la violence, on est bien près d'être un tyran. Le plus fort est fait.

FABLE VIII.

V. 1. Un octogénaire plantait.

Cette fable n'a pas la perfection qu'on admire dans plusieurs autres, si on la considère comme apologue. On peut dire même que ce n'en est pas un, puisqu'un apologue doit offrir une action passée entre des animaux, qui rappelle aux hommes l'idée d'une vérité morale, revêtue du voile de l'allégorie. Ici la vérité se montre sans voile : c'est la chose même et non pas une narration allégorique.

Mais si on considère cette fable simplement comme une pièce de vers, elle est charmante et aussi parfaite pour l'exécution, qu'aucun autre ouvrage sorti des mains de La Fontaine. Examinons-la en détail.

V. 2. Passe encor de bâtir; mais planter à cet âge!

Ce vers est devenu proverbe; et on le cite souvent à l'occasion de ceux qui se sont mis dans le même cas. Le discours des jeunes gens est assez raisonnable, mais il y a un mot qui ne convient qu'à des étourdis, c'est celui du vers 4 :

Assurément il radotait.

On verra pourquoi La Fontaine leur prête ce propos assez impertinent.

V. 11. Quittez le long espoir et les vastes pensées.

Quelle force de sens et quelle précision!

V. 12. Tout cela ne convient qu'à nous.

Mot important. Voilà le sentiment qui les fait parler. La réponse du vieillard est admirable et cause une sorte de surprise. Le lecteur trouvait, comme ces jeunes gens, que ce vieillard est assez peu sensé. Le premier mot de sa réplique annonce un sage :

V. 13. Il ne convient pas à vous-mêmes...

Cinq ou six vers après, on voit que c'est un sage très-agréable.

V. 21. Mes arrière-neveux me devront cet ombrage :
Hé bien, défendez-vous au sage
De se donner des soins pour le plaisir d'autrui?

La jouissance des autres est la sienne.

V. 24. Cela même est un fruit que je goûte aujourdhui :

Quel mélange de sentiment et de véritable philosophie!

V. 26. Je puis enfin compter l'aurore
Plus d'une fois sur vos tombeaux.

A la vérité, ce mot est un peu dur ; mais il l'est beaucoup moins que le propos de ces jeunes gens : *Assurément il radotait.* J'avoue que je voudrais que le vieillard eût encore été plus doux et plus aimable, qu'il eût dit avec encore plus de bonté :

> Et même avec regret je puis compter l'aurore,
> Plus d'une fois sur vos tombeaux.

Vient ensuite le récit très-rapide de la mort des trois jeunes gens; mais ce qui est parfait, ce qui ajoute à l'intérêt qu'on prend à ce vieillard et à la force de la leçon, ce sont les deux derniers vers :

> Et pleurés du vieillard, il grava sur leur marbre
> Ce que je viens de raconter.

Il les pleure, il s'occupe du soin d'honorer leur mémoire, il leur élève un cénotaphe : ce qui suppose un intérêt tendre, car enfin leurs corps étaient dispersés. Et La Fontaine ! voyez comme il s'efface, comme il est oublié, comme il a disparu ! Il n'est pour rien dans tout ceci. Il n'est point l'auteur de cette fable; l'honneur ne lui en est pas dû; il n'a fait que la copier d'après le marbre sur lequel le vieillard l'avait gravée. On dirait que La Fontaine, déjà vieux et attendri par le rapport qu'il a lui-même avec le vieillard de sa fable, se plaise à le rendre intéressant, et à lui prêter le charme de la douce philosophie, et des sentimens affectueux avec lesquels lui-même se consolait de sa propre vieillesse.

FABLE IX.

V. 1. Il ne faut jamais dire aux gens :

Il s'en faut bien que cet Apologue-ci approche du précédent. Ce n'est que le récit d'un fait singulier qui prouve l'intelligence des animaux. Aussi, La Fontaine cesse-t-il d'être cartésien, en dépit de madame de la Sablière.

V. 34. Voyez que d'argumens il fit !

La Fontaine, malgré la contrainte de la versification, développe la suite du raisonnement qu'a dû faire le hibou, avec autant d'exactitude et de précision que le ferait un philosophe écrivant en prose.

V. 42. *Quel autre art de penser Aristote et sa suite...*

M. Costé aurait dû nous dire simplement, dans sa note, qu'Aristote avait fait un livre intitulé : *la Logique*, et MM. de Port-Royal un ouvrage qui a pour titre : *l'Art de penser.* C'est à ce livre que La Fontaine fait allusion.

ÉPILOGUE.

Derniers vers. . . . . Ce sont là des sujets,
Vainqueurs du Temps et de la Parque.

Les fables de La Fontaine seront bien aussi victorieuses du temps, et ne dureront pas moins que les plus beaux monumens consacrés à la gloire de Louis XIV. Molière au moins le pensait, quand il disait de La Fontaine à Boileau : « le bonhomme ira plus loin que nous tous ». On aurait bien dû nous apprendre la réponse du satirique.

LIVRE DOUZIÈME.

Tout ce douzième livre est dédié à M. le duc de Bourgogne, alors âgé de huit ans. On avait ménagé la protection de ce prince à l'auteur des fables, déjà vieux, presque sans fortune et dénué d'appui. C'est, comme on l'a déjà observé, presque le seul grand homme de ce siècle, qui n'ait point eu part aux bienfaits de Louis XIV. L'inimitié de Colbert, le peu d'habileté de La Fontaine à faire sa cour, un talent peu fait pour être apprécié par le roi, de petites pièces qui paraissaient successivement, ne pouvaient avoir l'éclat d'un grand ouvrage, et semblaient manquer de cette importance qui frappait Louis XIV; des contes un peu libres, dont on avait le souvenir dans une cour qui commençait à devenir dévote: toutes ces circonstances s'étaient réunies contre La Fontaine, et l'avaient fait négliger. Il songeait à passer en Angleterre; il apprenait même la langue anglaise, lorsque les bienfaits de M. le duc de Bourgogne le retinrent en France, et sauvèrent à sa vieillesse les désagrémens de ce voyage.

Il faut pardonner à un vieillard déjà accablé de peines et d'infirmités, le ton faible et le style languissant de cette épitre dédicatoire; il faut même s'étonner de retrouver dans plusieurs des fables de ce douzième livre, une partie de son talent poétique, et, dans quelques-unes, des morceaux où ce talent brille de tout son éclat.

FABLE I.

V. 1. Prince, l'unique objet du soin des immortels...

Pourquoi l'*unique*? La Fontaine fait mieux parler les animaux qu'il ne parle lui-même. Voyez, dans ce livre douzième, dédié à ce même duc de Bourgogne, la fable de l'*Eléphant* et du *Singe de Jupiter*. Elle a pour objet d'établir que les petits et les grands sont égaux aux yeux des immortels. Je n'accuserai point ici La Fontaine d'une flatterie malheureusement autorisée par trop d'exemples. J'observerai seulement que, tant que les écrivains, soit en vers, soit en prose, mettront, dans leurs dédicaces, des idées ou des sentimens contraires à la morale énoncée dans leurs livres, les princes croiront toujours que la dédicace a raison et que le livre à tort; que, dans l'une, l'auteur parle sérieusement, comme il convient; et dans l'autre, qu'il se joue de son esprit et de son imagination; enfin qu'il faut lui pardonner sa morale, qui n'est qu'une fantaisie de poète, un jeu d'auteur.

V. 10. Il ne tient pas à lui...

M. le dauphin, qu'on appelait monseigneur, père du duc de Bourgogne, commandait l'armée d'Allemagne, et avait, sous ses ordres, et pour conseil, MM. les maréchaux de Duras, de Boufflers et d'Humières.

V. 16. Peut-être elle serait aujourd'hui téméraire.

Ne dirait-on pas que le dauphin avait le choix d'avancer ou de n'avancer pas? Il n'avançait point, parce qu'il ne le pouvait, parce qu'il s'élevait souvent des sujets de division entre les trois maréchaux.

V. 17. . . . . Aussi bien les ris et les amours.

On ne voit pas trop ce que les ris et les amours ont à faire dans une pièce de vers adressée à un prince de huit ans, élevé par le duc de Beauvilliers et par M. de Fénélon.
Ces sortes de dieux, et *la raison* qui tient *le haut bout* est d'un style très-négligé.

V. 27. Les compagnons d'Ulysse. . . .

Le sujet qu'a pris ici La Fontaine, est plutôt un cadre heureux et piquant, pour faire une satire de l'humanité, qu'un texte d'où il puisse sortir naturellement des vérités bien utiles : aussi l'auteur italien que La Fontaine imite dans cet Apologue, en a-t-il fait un usage purement satirique. La force du sujet a même obligé La Fontaine à suivre l'intention du premier auteur, jusqu'au dénouement, où il l'abandonne. Nous nous réservons à faire quelques observations sur ce dénouement.

V. 40. . . . *Exemplum ut talpa* :

C'est une espèce de proverbe latin, *la taupe par exemple* : j'ignore l'origine de ce proverbe.

V. 46. Prit un autre poison peu différent du sien.

Quel bonheur dans le rapprochement de ces deux idées! et quelle grâce fine à la fois et naïve, pour justifier Circé qui parle la première !

V. 47. Une déesse dit tout ce qu'elle a dans l'âme

V. 52. *Mais le voudront-ils bien ? etc....*

Ceci prépare le refus des compagnons d'Ulysse. On voit que chacune de leurs réponses est une satire très-forte de l'homme en société ; et l'auteur italien développe, d'une manière encore plus satirique, les raisons de leur refus.

V. 104. *Tous renonçaient au lot des belles actions.*

C'est ici que La Fontaine abandonne son auteur pour approprier la morale de ce conte à l'âge et à l'état du prince auquel il est adressé ; mais l'auteur italien n'en use pas ainsi : il poursuit son projet ; et quand Ulysse, pour amener ses gens à l'état d'hommes, leur parle de belles actions et de gloire, voici ce que l'un d'eux lui répond : « Vraiment nous voilà bien. N'est-ce pas lui qui est la cause de tous nos malheurs passés, de dix ans de travaux devant Troye, de dix autres années de souffrances et d'alarmes sur les mers ? N'est-ce pas ton amour de la gloire qui a fait de nous si long-temps des meurtriers mercenaires, couverts de cicatrices ? Lequel valait le mieux pour toi d'être l'appui de ton vieux père qui se meurt de douleur, de ta femme qu'on cherche à séduire depuis vingt ans quoiqu'elle n'en vaille pas la peine, de ton fils que les princes voisins vont dépouiller, de gouverner tes sujets avec sagesse, de nous rendre heureux en nous laissant pratiquer sous nos cabanes des vertus que tu aurais pratiquées dans ton palais ? Lequel valait mieux de goûter tous ces avantages de la paix et de la vertu, ou de t'expatrier, toi et la plus grande partie de tes sujets, pour aller restituer une femme fausse et perfide à son imbécille époux, qui a la constance de la redemander pendant dix ans ? Retire-toi et ne me parle plus de ta gloire, qui d'ailleurs n'est pas la mienne, mais que je déteste comme la source de toutes nos calamités. »

Il me semble qu'il y a, dans cette réponse, des choses fort sensées et auxquelles il n'est pas facile de répondre. Je suis bien loin de blâmer La Fontaine du parti qu'il a pris ; mais il est curieux d'observer que ce que dit le compagnon d'Ulysse, sur les guerres, sur les conquêtes, sur la gloire, etc., offre le même fond d'idées que Fénélon développa depuis dans le Télémaque : ce sont les principes dont il fit la base de l'éducation du duc de Bourgogne. Si ces principes, connus ensuite de Louis XIV, plus de quinze ans après, occasionnèrent la disgrâce de Fénélon, on peut juger de la manière dont La Fontaine aurait été reçu, s'il se fût avisé d'imiter jusqu'au bout l'original italien.

FABLE II.

Cette fable est joliment contée ; mais voilà, je crois, le seul éloge que l'on puisse lui donner.

V. 33. *J'en crois voir quelques traits, mais leur ombre m'abuse.*

Il ne faut pas voir quelques traits de la moralité d'un Apologue, il faut voir l'image toute entière. Dans la fable *des animaux*, dans celle de *l'alouette et de ses petits*, dans celle du *rat retiré du monde*, ce n'est pas une ombre douteuse et confuse que le lecteur entrevoit, c'est la chose même. L'auteur sait ce qu'il a voulu dire, et n'est pas obligé de s'en rapporter aux lumières d'un prince âgé de huit ans.

FABLE III.

V. 1. *Un homme accumulait*, etc.

Fort jolie historiette, dont il n'y a pas non plus beaucoup de morale à extraire, sinon que l'avarice est un vice ridicule ; et que, quand on a le malheur d'en être atteint, il faut bien fermer son coffre.

FABLE IV.

V. 1. *Dès que les chèvres ont brouté.*

L'auteur emploie ici deux vers à insister sur cet instinct des chèvres, de grimper et de chercher les endroits périlleux. Il en a une bonne raison : c'est qu'il fallait inculquer au lecteur cette propriété des chèvres qui fait le fondement de sa fable.

V. 11. *Toutes deux ayant pattes blanches.*

C'est que ce sont deux chèvres de grande distinction, de grandes dames, comme on le verra plus bas. Aussi quittent-elles les bas prés pour ne point se gâter les pattes.

V. 13. . . . . Pour quelque bon hazard.

Pour quelque plante, quelque arbuste appétissant. Cela pourrait être mieux exprimé.

V. 16. Sur ce pont :

Ce vers inégal de trois syllabes fait ici un effet très-heureux. La Fontaine aurait dû ne pas prodiguer ces hardiesses, et les réserver pour les occasions où elles sont pittoresques comme ici.

V. 18. . . . Ces Amazones.

Nous sommes accoutumés à ce jeu brillant et facile de l'imagination de La Fontaine, à qui le plus léger rapport suffit pour rapprocher les grandes choses et les petites. La comparaison de ces deux chèvres avec Louis-le-Grand et Philippe IV, et sur-tout la généalogie des deux chèvres, rendent la fin de cette fable un des plus jolis morceaux de La Fontaine.

FABLE V.

V. 11. A présent je suis maigre, etc. . . .

Ceci rentre dans la moralité de *carpillon frétin* et du *chien maigre*.

V. 17. Chat et vieux, pardonner ! . . .

Cela est plaisant : mais il ne fallait pas revenir sur cette idée à la fin de la fable. Cette maxime, que la vieillesse est impitoyable, n'est pas appliquée ici avec assez de justesse. Si le chat ne pardonne pas à la souris, ce n'est pas en qualité de *vieux*, c'est en qualité de *chat*. De plus, ces vérités qui ont besoin d'explication, de restriction, ne doivent-elles pas être réservées pour un âge plus avancé que celui du duc de Bourgogne ? Pourquoi mettre dans l'esprit d'un enfant que son grand-père, et peut-être son père, sont impitoyables. Je dis son père, car les enfans trouvent tout le monde vieux. Si Louis XIV lut cette fable, dut-il être bien aise que son petit-fils le crût homme dur et impitoyable?

FABLE VI.

V. 2. Incontinent maint camarade.

Cette fable rentre absolument dans la morale du *Jardinier et son Seigneur*, (livre IV, fable 4) et dans celle de *l'Écolier, le Pédant et le Maître d'un jardin* (livre IX, fable 5); mais elle est fort au-dessus des deux autres.

FABLE VII.

V. 1. Le buisson, le canard et la chauve-souris.

Voilà une association dont l'idée blesse le bon sens. Nul rapport, nul besoin réel entre les êtres qu'elle rassemble; et l'esprit la rejette comme absurde. Comment un buisson peut-il voyager? Quel besoin a-t-il de faire fortune, lui et ces deux animaux? De ce fond défectueux, il ne peut naître que des détails non moins ridicules : tel est celui-ci,

V. 21. Prêt à porter le bonnet verd.

On sait que c'était le symbole des banqueroutiers. La Fontaine baisse beaucoup.

FABLE VIII.

V. 10. Autrefois un logis plein de chiens et de chats...

C'est ici que cette vieillesse se montre encore davantage. Quel sens peut-on tirer de cette fable? quelle était l'idée de La Fontaine? On est fâché de dire que c'est une espèce de radotage. Quel rapport y a-t-il entre une querelle de chiens et de chats, et le combat des élémens, dont il résulte une harmonie qu'on ne peut concevoir, et dont le fabuliste ne parle pas?

FABLE IX.

V. 29. Le renard dit au loup, etc.

Voici une fable plus heureuse que les trois précédentes. La Fontaine a déjà établi plusieurs fois qu'on revient toujours à son caractère ; mais de toutes les fables où il a cherché à établir cette vérité, celle-ci est sans contredit la meilleure : aussi y avons-nous souvent renvoyé le lecteur. La manière dont le renard répète sa leçon, la comparaison de Patrocle revêtu des armes d'Achille, sont des détails très-agréables, et du ton auquel La Fontaine nous a accoutumés.

FABLE X.

V. 7. Mon sujet est petit, cet accessoire est grand.

Si grand, qu'il l'est peut-être trop ; *si grand*, qu'il mériterait l'honneur d'un Apologue particulier. Cet accessoire est trop étranger à l'idée d'éducation qui est ici la principale.

V. 11. N'est d'abord qu'un secret, puis devient des conquêtes.

Ce vers, dont le tour est très-hardi, est fort beau pour exprimer la rapidité avec laquelle Louis XIV fit plusieurs conquêtes, celle de la Franche-Comté, par exemple ; le secret du roi avait été impénétrable jusqu'au moment où l'on se mit en campagne.

V. 19. . . Ne peux-tu marcher droit ?

Cette idée, qui fait le fonds de la fable, ne me paraît pas heureuse. Ce ne doit point être un défaut, aux yeux de l'écrevisse, de marcher comme elle fait. Elle ne saurait en faire un reproche à sa fille. Sa fille et elle marchent comme elles doivent marcher, par un effet des lois de la nature. C'est un faux rapport que celui qui a été saisi entre les deux écrevisses, et celui d'une mère vicieuse que sa fille imite. Cet Apologue, pour être d'Ésope, ne m'en paraît pas meilleur. Il a réussi, parce que cette image offre, en résultat, une très-bonne leçon.

V. 27. . . . Quant à tourner le dos
A son but, j'y reviens. . .

Il ne fallait pas y revenir. J'en ai dit la raison plus haut.

FABLE XI.

V. 6. . . . Mais l'aigle ayant fort bien dîné . . .

L'auteur explique pourquoi l'aigle ne mangea pas la pie.
La raison que donne l'aigle du besoin qu'elle a d'être désennuyée, est très-plaisante; et l'exemple de Jupiter est choisi merveilleusement.

V. 25. Ce n'est pas ce qu'on croit, que d'entrer chez les dieux.

Vers excellent; mais je n'aime point l'habit de deux paroisses.

FABLE XII.

Le prince à qui cette fable est dédiée, était le prince Louis de Conti, neveu du Grand Condé, et fils de celui qui joua un si grand rôle dans la guerre de la fronde. C'était un des grands protecteurs de La Fontaine, ainsi que le prince de la Roche-sur-Yon son frère, qui eut depuis le nom de prince de Conti. Ce dernier se rendit célèbre, par la valeur et les talens qu'il montra dans les journées de Fleurus et de Nervinde. C'est lui qui fut élu roi de Pologne en 1697, et qui mourut en 1709, sans avoir pu prendre possession de cette couronne.

V. 4. Non les douceurs de la vengeance.

Ceci est d'une meilleure morale que les deux vers qui se trouvent dans la fable 12 du livre x.

. . . Je sais que la vengeance
Est un morceau de roi, car vous vivez en dieux.

J'ai négligé alors d'y mettre un correctif, pour éviter la longueur ; mais voilà La Fontaine qui met ce correctif lui-même. Il vaut mieux l'entendre que moi.

V. 11. . . . . En cet âge où nous sommes!

C'est un malheur de notre poésie, que, dès qu'on voit le mot *hommes* à la fin d'un vers, on puisse être sûr de voir arriver à la fin de l'autre vers, *où nous sommes*, ou bien *tous tant que nous sommes*. L'habileté de l'écrivain consiste à sauver cette misère de la langue, par le naturel et l'exactitude de la phrase où ces mots sont employés.

V. 12. L'univers leur sait gré du mal qu'ils ne font pas.

C'est un fort bon vers, quoique l'idée en soit assez commune.

V. 13. Un siècle de séjour ici doit vous suffire.

Ce pronostic fut malheureusement bien démenti, puisque ce jeune prince mourut en 1685, deux ou trois ans peut-être après cette pièce.

V. 25. Et la princesse, etc. . . .

C'était elle qui, avant d'être mariée, s'appelait mademoiselle de Blois. Elle était fille du roi et de madame la duchesse de la Valière. Elle ne mourut qu'en 1739. Il y eut aussi un autre mademoiselle de Blois, fille de Louis XIV et de madame de Montespan. Cette dernière fut mariée au duc d'Orléans régent, et ne mourut qu'en 1749.

V. 27. Des qualités qui n'ont qu'en vous, etc. . . .

Tous ces éloges directs ne me paraissent ni ingénieux ni dignes de La Fontaine : et *ce qui sait se faire estimer* joint *à ce qui sait se faire aimer*, tout cela me paraît d'un ton trivial et bourgeois.

V. 33. Il ne m'appartient pas d'étaler votre joie,

Manque un peu trop de délicatesse ; et c'est une transition bien lourde que celle-ci.

> V. 34. Je me tais donc et vais rimer
> Ce que fit un oiseau de proie.

Cela me rappelle une transition aussi brusque, mais plus plaisante de Scarron, je crois. La voici: *Des aventures de ce jeune prince à l'histoire de ma vieille gouvernante, il n'y a pas loin, car nous y voilà.*

Je ne ferai aucune note sur cette fable, qui me paraît au-dessous du médiocre, et où l'on ne retrouve La Fontaine que dans ces deux jolis vers:

> V. 71 .. Ils n'avaient appris à connaître
> Que les hôtes des bois; était-ce un si grand mal?

FABLE XIII.

> V. 2. Renard fin, subtil et matois.

La note de Coste indique une application assez juste de cet Apologue. Mais alors, pourquoi prendre le renard, le plus fin des animaux? Il me semble que c'est mal choisir le représentant du peuple, lequel n'est pas, à beaucoup près, si spirituel et si délié. C'est qu'il fallait de l'esprit pour faire la réponse que fait l'animal mangé des mouches; et sous ce rapport, le renard a paru mieux convenir.

FABLE XIV.

> V. 7. Comment l'aveugle que voici.

La Fontaine suppose que l'amour est là, et lui tient compagnie. Cela devrait être, quand on écrit une fable aussi charmante que celle-ci.

> V. 8. (C'est un dieu.).

Cette parenthèse est pleine de grâces, et les deux vers suivans sont au-dessus de tout éloge.

V. 9. Quelle suite eut ce mal, qui peut-être est un bien?
J'en fais juge un amant, et ne décide rien.

Est-ce un bien, est-ce un mal, que l'amour soit aveugle? Question embarassante que La Fontaine ne laisse résoudre qu'au sentiment.

Toute cette allégorie est parfaite d'un bout à l'autre : et quel dénouement! Est-ce un bien, est-ce un mal que la folie soit le guide de l'amour? C'est le cas de répéter le mot de La Fontaine :

V. 10. J'en fais juge un amant, et ne décide rien.

FABLE XV.

V. 6. Que dans ce temple on aurait adorée.

Il me semble que les six vers suivans ne disent pas grand chose : *Junon* et le *maître des dieux*, qui seraient fiers de porter les *messages* de la déesse Iris; cela n'ajoute pas beaucoup à l'idée qu'on avait de madame de la Sablière. Il faut, dans la louange, le ton de la vérité. C'est lui seul qui accrédite la louange, en même temps qu'il honore et celui qui la reçoit et celui qui la donne.

V. 22. Son art de plaire et de n'y penser pas.

Voilà un de ces vers qui font pardonner mille négligences, un de ces vers après lequel on n'a presque plus le courage de critiquer La Fontaine.

V. 26. Même des dieux : ce que le monde adore,
Vient quelquefois parfumer ses autels.

Sa société étoit en effet très-recherchée, et cela déplaisait à plus d'une princesse. Mademoiselle de Montpensier, qui ne la connaissait pas, qui même ne l'avait jamais vue, dit, dans ses Mémoires, que » le marquis de Lafare et nombre d'autres passaient leur vie chez » une petite bourgeoise, savante et précieuse, qu'on appelait ma-

» dame de la Sablière. » Cela veut dire seulement, en style de princesse, que madame de la Sablière avait de l'esprit et de l'instruction, qu'elle voyait bonne compagnie à Paris, et n'avait pas l'honneur de vivre à la cour.

V. 32. Car cet esprit qui, né du firmament.

Ces quatre rimes masculines de suite sont aussi trop négligées. Et puis le firmament est presque un mot de théologie qui paraît ici déplacé.

V. 38. Ceci soit dit sans nul soupçon d'amour.

Il ne fallait pas revenir là-dessus, après avoir dit beaucoup mieux et sans apprêt :

V. 30. Car ce cœur vif et tendre infiniment
Pour ses amis, et non point autrement.

Le reste me paraît faible.

Je trouve aussi l'idée de la fable un peu bizarre, mais il y a des vers heureux. J'en remarquerai quelques-uns.

V. 55. . . . Douce société.

A la bonne heure, quoique je la trouve un peu singulière.

V. 56. Le choix d'une demeure aux humains inconnue.

La Fontaine ne passe point pour misanthrope. C'est qu'il n'a point la mauvaise humeur attachée à ce défaut. Mais nous avons déjà vu plusieurs traits sanglans de satire contre l'humanité : et ce dernier montre assez ce qu'il pensait des hommes.

V. 77. Car, à l'égard du cœur, il en faut mieux juger.

C'est-là un trait charmant d'amitié, de ne pas croire à l'oubli, aux torts, au refroidissement de ses amis.

V. 134. A qui donner le prix ? au cœur, si l'on m'en croit.

C'est donc La Fontaine qui aura ce prix : car on ne peut mieux prendre le ton du cœur qu'il ne le prend dans ce dernier morceau. Il rappelle en quelque sorte celui qui termine la fable *des deux amis*, celle *des deux pigeons*. Mais le sujet ne permettait pas une effusion de sentimens aussi touchante. Il y a, entre ce morceau et les deux que je cite, la même différence qui se trouve entre l'intérêt d'une société aimable et le charme d'une amitié parfaite.

Il paraît que cette fable avait été laissée dans le porte-feuille de l'auteur, et qu'elle était faite depuis long-temps ; car il y parle un peu d'amour : ce qui eût été ridicule à l'âge où il était, quand ce douzième livre parut. Au reste, peut-être n'y regardait-il pas de si près ; peut-être croyait-il que, tant que l'âme éprouve des sentimens, elle peut les énoncer avec franchise. Il ne songeait point à une vérité triste qu'un autre poète a, depuis La Fontaine, exprimée dans un vers très-heureux ; la voici :

Quand on n'a que son cœur, il faut s'aller cacher.

FABLE XVI.

V. 5. L'homme enfin la prie humblement.

Pourquoi cette prière si humble? Pourquoi l'homme n'arrachait-il pas une branche ? Cela n'est pas motivé. D'ailleurs la morale de cet Apologue rentre dans celui du *cerf* et de la *vigne*, qui est beaucoup meilleur (Livre v, fable 15).

FABLE XVII.

V. 1. Un renard jeune encore. . . .

Même défaut dans cet Apologue que dans le précédent. C'est presque la même chose que celui du *loup* et du *cheval* (livre v, fable 8). Il est vrai qu'il a une leçon de plus, celle de la vanité punie.

V. 25. Le loup, par ce discours flatté,
S'approcha. Mais sa vanité
Lui coûta quatre dents, etc. . . .

L'avantage aussi que La Fontaine a trouvé en introduisant ici un acteur de plus qu'en l'autre, c'est de faire débiter la morale par le renard, au lieu que, dans l'autre fable, le loup se la débite à lui-même, malgré le mauvais état de sa mâchoire.

FABLE XVIII.

V. 3. Le perfide ayant fait tout le tour du rempart.

Cette fable est jolie et bien contée ; mais elle aura peu d'applications, tant qu'il sera vrai de dire qu'on ne guérit pas de la peur.

FABLE XIX.

V. 1. Il est un singe dans Paris......

Comment est-il possible que La Fontaine ait fait une aussi mauvaise petite fable ? Comment ses amis la lui ont-ils laissé mettre dans ce recueil ? Un singe qui bat sa femme, qui va à la taverne, qui s'enivre : qu'est-ce que cela signifie ? et quel rapport cela a-t-il avec les mauvais auteurs ? Le froid imitateur, le plagiaire même d'un grand écrivain peut d'ailleurs n'être ni mauvais mari, ni mauvais père, ni ivrogne, etc., enfin ne faire nul tort à la société, que de l'excéder d'ennui.

FABLE XX.

V. 1. Un philosophe austère . . . .

Après une mauvaise petite pièce, en voici une excellente. Ce n'est point à la vérité un Apologue, mais une fort bonne leçon de morale, et plusieurs vers sont admirables ; tels sont ceux-ci :

V. 4. Un sage assez semblable au vieillard de Virgile,

> Homme égalant les rois, homme approchant des dieux,
> Et, comme ces derniers, satisfait et tranquille.

Tel est encore le dernier :

> Ils font cesser de vivre avant que l'on soit mort.

Mais ce qui est au-dessus de tout, c'est ce trait de poésie vive et animée, qui suppose que des arbres coupés et, pour ainsi dire, mis à mort, vont revivre sur les bords du Styx.

> V. 17. Laissez agir la faux du temps :
> Ils iront assez-tôt border le noir rivage.

Nul poète n'est plus hardi que La Fontaine ; mais ses hardiesses sont si naturelles, que très-souvent on ne s'en aperçoit pas, ou du moins on ne voit pas à quel point ce sont des hardiesses. C'est ce qu'on peut dire aussi de Racine.

FABLE XXI.

> V. 1. Autrefois l'éléphant et le rhinocéros...

Nous retrouvons pourtant un véritable Apologue, c'est-à-dire, une action d'où naît une vérité morale voilée dans le récit de cette action même.

Cette fable est excellente, et on la croirait du bon temps de La Fontaine. La vanité de l'éléphant, le besoin qu'il a de parler voyant que Gille ne lui dit mot, l'air de satisfaction et d'importance qui déguise mal son amour-propre, le ton qu'il prend en parlant du combat qu'il va livrer et de sa capitale : tout cela est parfait. La réponse du singe ne l'est pas moins, et le dénouement du brin d'herbe à partager entre quelques fourmis, est digne du reste.

FABLE XXII.

> V. 1. Certain fou poursuivait. . . ..

Joli petit conte, et bonne leçon pour qui peut en profiter ; mais j'imagine que les occasions en sont rares.

FABLE XXIII.

A madame Harvey.

Madame Harvey était une dame anglaise qui avait beaucoup d'amitié pour La Fontaine ; et même c'est elle principalement qui l'engageait à passer en Angleterre, après la mort de madame de la Sablière et de M. Hervard. C'était une femme de beaucoup d'esprit.

V. 5. . . . . Et le don d'être amie ,

Expression bien heureuse que La Fontaine a inventée et rendue célèbre.

V. 16. Ils étendent par-tout l'empire des sciences.

Rien n'était plus vrai et plus exact. La société royale de Londres fondée sous Charles II, jetait les fondemens de la vraie physique établie sur les expériences et sur les faits.

V. 19 Même les chiens de leur séjour.

Voilà qui me paraît étrange ; mais à toute force peut-être les chiens anglais sentent-ils mieux le renard que les nôtres. Ils le chassent plus souvent.

V. 49. Tant il est vrai qu'il faut changer de stratagème..

Nous avons vu dans la fable du chat et du renard :

N'en ayons qu'un , mais qu'il soit bon.

Il faut qu'un auteur évite ces contradictions formelles.

V. 52. . . . Est-il quelqu'un qui nie
Que tout anglais . . .

Quoi ! tous les anglais ont de l'esprit ! il n'y a point de sots chez eux ! A quoi La Fontaine songeait-il en écrivant cela ?

V. 56. Je reviens à vous. . . .

Ce tour est froid. Il faut revenir à son ami sans y penser et sans l'y faire songer lui-même.

V. 62. . . . . Des nations étranges.

Il veut dire *étrangères*. Corneille se sert du même mot dans ce sens; mais ni Boileau, ni Racine ne se le sont permis. Toute cette fin me paraît dénuée de grâces, et le mot de Charles II à madame Harvey :

V. 63. . . . . Qu'il aimait mieux un trait d'amour,
Que quatre pages de louanges;

Ce mot seul vaut mieux que tout ce que dit ici La Fontaine à cette dame et à madame de Mazarin.

FABLE XXVII.

V. 8. Et que j'ai le secret de rendre exquis et doux.

Cela est très-vrai, témoin les quatre vers de cette pièce et ceux qui suivent.

V. 15. Vous n'auriez en cela ni maître ni maîtresse,
Sans celle dont sur vous l'éloge rejaillit.

V. 17. Gardez d'environner ces roses
De trop d'épines, etc. . . .

Mais, malgré la louange dont La Fontaine se gratifie, nous avons vu qu'il n'était pas si heureux dans l'éloge de M. le prince de Conti et de madame Harvey.

Au reste, toute cette pièce est très-agréable; mais elle fait peut-être allusion à quelque petit secret de société qui la rendait plus piquante : par exemple, au peu de goût que mademoiselle de la Mésangère pouvait avoir pour le mariage, ou pour quelque prétendant appuyé par sa mère.

V. *dernier.* Non plus qu'Ajax, Ulysse, et Didon son perfide.

Deux silences cités comme sublimes, l'un dans l'Odissée, l'autre dans l'Énéide.

FABLE XXXII.

V. 4. Tous chemins vont à Rome. . . . . .

C'est un vieux proverbe qui devient ici plaisant, appliqué à la canonisation.

V. 8. S'offrit de les juger sans récompense aucune.

Ce vers aurait pu donner l'idée de la petite comédie intitulée le Procureur arbitre, dont le héros se conduit de la même manière.

V. 18. Les malades d'alors étant tels que les nôtres.

Manière bien plaisante d'expliquer pourquoi les malades d'alors étaient insupportables. Le ton de satire appartient absolument à La Fontaine.

V. 37. Il faut, dit l'autre ami, le prendre de soi-même.

C'est-là un des meilleurs conseils que le sage pût donner; et je voudrais que La Fontaine eût composé un ou deux Apologues pour en faire sentir l'importance.

Tout le discours du solitaire est parfait, et ceux qui aiment les vers le savent par cœur.

V. 53. Ce n'est pas qu'un emploi. . . . .

La Fontaine a senti l'objection prise du tort que l'on ferait à la société, si le goût de la retraite devenait trop général. Il nie que cela puisse arriver.

V. 56. Ces secours, grâce à dieu, ne nous manqueront pas :
Les honneurs et le gain, tout me le persuade.

Et il revient de nouveau au plaisir de prêcher l'amour de la retraite : et quelle force de sens dans ces vers-ci :

V. 60. Magistrats, princes et ministres,
. . . .
Que le malheur abat, que le bonheur corrompt.

Et sur-tout ce vers admirable qui suit :

Vous ne vous voyez point, vous ne voyez personne.

On pourrait finir par un Apologue plus parfait, mais non par de meilleurs vers.

CONCLUSION.

Après cet examen, qu'il était aisé de rendre plus exact et plus sévère, il se présente naturellement quelques réflexions. On a pu être étonné de la multitude des fautes qui se trouvent dans un écrivain si justement célèbre. Je ne parle point de celles qui ne concernent point la langue, la versification, etc. ; je n'insiste que sur celles qui intéressent la morale, objet beaucoup plus important. On a pu remarquer quelques fables dont la morale est évidemment mauvaise ; un plus grand nombre dont la morale est vague, indéterminée, sujette à discussion ; enfin quelques autres qui sont entièrement contradictoires. On voit, par cet exemple, quelle attention il faut porter dans sa lecture, pour ne point admettre de fausses idées dans son esprit ; et s'il s'en est glissé plusieurs dans un livre qui entre dans notre éducation, comme un des meilleurs qui aient jamais été faits, qu'on juge de celles que nous recevrons par un grand nombre de livres inférieurs à celui-ci. Que faire donc ? Je l'ai déjà dit. Ne point lire légèrement, ne point être la dupe des grands noms, ni des écrivains les plus célèbres, former son jugement par l'habitude de réfléchir. Mais c'est recommencer son éducation. Il est vrai ; et c'est ce qu'il faudra faire constamment, jusqu'à ce que l'éducation ordinaire soit devenue meilleure, réforme qui ne paraît pas prochaine.

DISCOURS

QUI A REMPORTÉ LE PRIX A L'ACADÉMIE DE MARSEILLE, EN 1767.

Combien le Génie des grands Écrivains influe sur l'esprit de leur siècle ?

> . . . . . . Si forté virum quem
> Conspexere, silent.
> VIRG. *Æneid.* 1.

Il n'est point d'espèce dans l'univers dont les deux extrêmes soient séparés par un aussi grand intervalle, que celui qu'a jeté la nature entre les deux extrémités de l'espèce humaine. Quelle distance immense entre un sauvage grossier qui peut à peine combiner deux ou trois idées, et un génie tel que Descartes et Newton ! L'un semble encore toucher par quelques points à la classe des animaux, et ramper avec eux à la lueur d'un instinct stupide et borné ; l'autre paraît avoir reçu dans son âme un rayon de la divinité même, et lire à sa clarté les mystères de la nature et de notre être. Ici, c'est un bloc informe et brut, retombant dans l'abîme tel qu'il en avait été tiré ; là, s'élève une statue colossale qu'un Phidias a fait respirer et vivre. Par quel étonnant prodige l'homme diffère-t-il ainsi de l'homme? pourquoi la raison paraît-elle dans les uns un astre éclipsé, tandis que dans les autres il éclaire des mondes?

Qui pourra nous révéler la nature de ces ames privilégiées qui renferment elles seules les lumières de plusieurs générations, dont l'active pensée devance dans son vol la course des siècles et va saisir l'avenir dans le néant où il est encore; remonte à l'origine des sociétés, et semble avoir assisté à la création de l'univers, à la formation de l'homme, et à la naissance des gouvernemens? En lisant leurs pensées, je crois m'entretenir avec le premier des mortels; je crois l'entendre retraçant à ses nombreux enfants les objets de la nature dans la simplicité sublime où il les vit, où il les conçut, et avec le sentiment énergique et profond qu'il éprouva, lorsqu'éveillé du du néant à la voix du créateur, il s'assit seul au milieu du monde.

Le génie est un phénomène que l'éducation, le climat, ni le gouvernement ne peuvent expliquer. Est-ce à son siècle que l'immortel Bâcon dut cette âme sublime dont le soufle puissant ralluma le flambeau presque éteint de la philosophie? Non: ce ne sont point des hommes qui forment les grands hommes. Ils n'appartiennent à aucune famille, à aucun siècle, à aucune nation; ils n'ont ni ancêtres, ni postérité. C'est Dieu qui, par pitié, les envoie tout formés sur la terre pour renouveller l'homme et sa raison dégénérée : semblables à ces astres qui descendent près de notre sphère après une longue révolution de siècles; qui, dérobant à la vue le point d'où ils sont partis, raniment, dit-on, la vigueur des mondes et rajeunissent la nature; mais, après que la nature s'est plue à s'épuiser pour former ces masses étonnantes de lumière, elle semble se reposer ensuite, et laisse tomber de sa main, sans autre dessein que la profusion, la multitude des hommes, comme une foule d'atômes intelligens, destinés à être agités, entraînés dans la sphère d'activité des autres. La grande portion du genre humain reste comme abandonnée, sous la main de ceux qui sauront s'en servir pour la gouverner; elle ne reçoit que la portion d'intelligence nécessaire pour obéir à ses maîtres.

Deux forces souveraines commandent à l'espèce humaine, et règlent partout les destinées: le pouvoir et le génie. Assis sur un trône, tenant d'une main le livre des lois, et de l'autre le glaive de la force, le pouvoir préside aux grandes révolutions; il subjugue les hommes par les hommes; il maîtrise, par les forces qui lui sont confiées, les forces qui lui résistent. Il dispose de la forme extérieure des sociétés, qu'il varie à son gré. Les passions vulgaires environnent son trône et sont à ses ordres. Maître des biens et des personnes, il contient l'homme par ses besoins et par ses désirs; il l'enchaîne encore par l'horreur de sa destruction et par l'amour de sa tranquillité. Mais sa force n'a point de mesure fixe et constante : elle est asservie à mille hasards, à mille circonstances étrangères, qui peuvent ou la rendre immense ou la faire évanouir ; après avoir surmonté les plus grands obstacles, elle se trouve quelquefois arrêtée par les plus petits ; elle peut échouer contre une opinion, un préjugé, une mode. Le pouvoir peut employer tous les instrumens, tous les moyens actuellement existans ; mais il n'en invente point de nouveaux et ne peut préparer l'avenir. Il rend au siècle suivant l'espèce telle qu'il l'a reçue du siècle précédent, sans l'avoir perfectionnée. Il est plus puissant pour l'avilir ou pour la détruire : encore commande-t-il en vain à qui ne veut plus obéir. Homme furieux, arrêtez ; ses droits sont sacrés ! Mais que deviennent-ils, dans le fait, au temps de ces révolutions fatales, où les peuples, las de tyrannie et d'oppression, reprennent dans ses mains leur force et leur volonté, tranchent leurs liens avec le fer, et redeviennent barbares, croyant se rendre libres ?

L'action du génie est plus lente, mais plus forte et plus sûre ; le mouvement qu'il a une fois imprimé, ne meurt point avec lui ; il tend vers l'avenir et s'accélère par l'espace même qu'il parcourt ; il subjugue l'homme pour l'ennoblir ; il dompte sa volonté par sa raison, par les plus nobles de ses passions et de ses facultés ; comme Dieu, il jouit de l'étonnant privilége de régner sur elle sans gêner sa force et sans lui ôter le sentiment précieux de sa liberté.

Comme son action n'a point de bornes dans sa durée, elle n'en a point dans la sphère de son étendue. Elément invisible, subtil, dont nul obstacle ne peut intercepter l'effet, il pénètre de l'homme à l'homme, comme l'aimant pénètre les corps ; il parcourt extérieurement toute l'espèce humaine, et change sans violence la direction des volontés. La cause de ce changement est souvent ignorée du pilote qui conduit le vaisseau ; mais elle est aperçue du philosophe qui l'observe.

Et comment les esprits pourraient-ils résister à l'influence du génie ? Nos sentimens, nos goûts, nos passions, nos vertus, nos vices même lui offrent autant de chaînes par lesquelles il nous saisit et nous entraîne à sa volonté. Ce penchant naturel et invincible pour tout ce qui est grand, extraordinaire et nouveau, nous appelle vers lui ; l'ascendant nécessaire de l'esprit vaste sur l'esprit borné, de l'âme forte sur l'âme faible : tout nous entraîne sous ses lois.

Cette souveraineté que l'homme de génie exerce sur la foule des hommes, n'est donc pas de notre institution : c'est une loi de la nature, aussi ancienne que la loi du plus fort, souvent plus puissante et toujours plus respectable. Envain l'amour-propre se révolte contre une supériorité qui l'humilie ! nous naissons les sujets du grand homme; c'est dans nos cœurs qu'il prend les titres de sa puissance.

Il ne manquait plus au génie qu'un art ingénieux qui pût conserver et transmettre à tous les âges ce dépôt de son autorité, réfléchir dans le même instant les rayons de sa lumière devant toutes les âmes qui existent avec lui, et marquer d'une couleur durable la trace immense de son vol vers la vérité. Cet art est né : et l'empire du génie sur les esprits est éternel.

Quand on jette sur l'univers un coup d'œil superficiel, on n'apperçoit d'abord que les conquérans, les rois et les ministres du pouvoir : mais si on laisse à la raison éblouie le temps de distinguer les objets; si l'on remonte, à travers le mouvement de l'espèce humaine, jusqu'aux ressorts qui en sont le principe : bientôt l'on conçoit que chaque siècle emprunte sa force et son caractère d'un petit nombre d'hommes qu'on peut appeler les maîtres du genre humain, et qui n'ont que le génie et la pensée pour le gouverner.

Homère créa peut-être, ou du moins développa le génie des Grecs. Au nom de ce peuple, les idées de patrie, de gloire, de beaux-arts s'éveillent et se pressent en foule dans nos esprits. C'est Homère qui le fit naître parmi ses compatriotes; c'est lui qui, en célébrant leurs victoires sur les Troyens, traça pour des siècles une ligne de séparation entre la Grèce et l'Asie : l'une se crut destinée, dans l'ordre éternel des choses, à être pour jamais l'asile de la liberté et le temple de la victoire ; tandis que l'autre gémirait tour à tour sous le joug de ses tyrans ou de ses vainqueurs. Le feu qui respire dans les peintures de ce grand poète, ralluma partout l'enthousiasme de la liberté, et éveilla le génie martial des Grecs. Telle est l'idée qu'en avait Lycurgue. Ce grand législateur retournant dans sa patrie, après avoir recueilli le dépôt précieux des lois de Crète et de l'Égypte, y transporta les ouvrages d'Homère. Il le crut capable d'élever l'âme des Spartiates, et digne de les préparer aux sacrifices pénibles et continuels que ses lois allaient leur imposer. Il lui commit, pour ainsi dire, le soin de former les mœurs, et l'associa en quelque sorte à la législation. Homère ébaucha, par le caractère d'Achille, l'idée de l'héroïsme qui fut le modèle d'Alexandre-le-Grand. Ce prince eut même le malheur de l'imiter jusque dans sa férocité : il fit traîner Bétis autour des murs de Damas, comme Achille traîne Hector autour des murs de Troye.

Combien il importe aux écrivains d'avoir des notions justes de la vraie grandeur et du véritable courage ! l'ambition d'imiter Alexandre fut l'âme des actions de César, comme il l'avoua involontairement par les larmes héroïques qu'il répandit aux pieds de sa statue. Ces deux grands hommes enflammèrent d'émulation Mahomet II et Charles XII. C'est l'âme du seul Homère qui enfanta cette suite de héros. Plusieurs savans l'ont regardé comme l'auteur de l'ancienne théologie. Admettre cette supposition, c'est étendre à tous les siècles l'ascendant qu'il prit sur le sien : nous ne pouvons plus faire un pas, sans que nos arts, nos allégories, nos plaisirs même ne nous montrent partout l'empreinte du génie d'Homère.

C'est lui qui, en traçant les caractères des héros, prépara de loin l'art sublime qui les représente agissant sur la scène, nous donnant d'involontaires leçons, et portant au fond de notre cœur l'énergie de leurs sentimens. Ce grand art donne à l'homme de génie une influence immédiate et rapide sur son siècle! C'est au théâtre qu'il exerce l'empire le plus absolu ; c'est là qu'il frappe à la fois sur tous les esprits d'une nation ; c'est de là qu'il jette une foule d'idées nouvelles parmi un peuple. La vive peinture des passions fortes auxquelles ces idées sont associées, les met en fermentation et leur donne un nouveau degré d'activité. Avec quel avantage les tragiques grecs n'ont-ils pas employé ce ressort ? ils faisaient adorer la liberté par l'expérience des sentimens qu'elle inspire ; ils représentaient sans cesse les tyrans odieux ; souvent des allusions secrètes et d'un effet infaillible avertissaient le peuple des piéges que lui tendaient des magistrats infidèles ou des orateurs mercenaires.

Si le théâtre n'a plus parmi nous cette influence

politique, son influence morale est peut-être encore plus forte et plus sûre. Qui doute que Corneille n'ait élevé les idées de sa nation? notre esprit se monte naturellement au niveau des grandes pensées qu'on lui présente. Qui n'a senti son âme s'agrandir à l'expression d'un beau sentiment, comme à la vue d'une mer vaste, d'un horizon immense, d'une montagne dont le sommet fuit dans les airs? On sait que Louis XIV, après avoir assisté à une représentation de *Cinna*, fut tellement frappé de la clémence d'Auguste, qu'il l'aurait imitée à l'égard du chevalier de Rohan, si l'intérêt de l'état n'eût pas exigé la punition du coupable. Le même monarque cessa de monter sur le théâtre, après avoir entendu les beaux vers où Narcisse, au nom des Romains, reproche à Néron de venir prodiguer sur la scène sa personne et sa voix. Et qui sait combien d'hommes inconnus ont pris dans cette école des mœurs le germe de plusieurs actions honnêtes et de leurs vertus ensevelies avec eux dans l'obscurité?

Le théâtre comique n'en impose point par ce faste qui accompagne la tragédie; il ne bat point l'imagination par d'aussi grandes machines. Il n'enlève point l'âme hors d'elle-même; mais il s'y insinue, et la gouverne par une persuasion douce et pénétrante. Il l'épure et l'adoucit; il inspire le goût de la société en nous apprenant l'art d'intéresser nos semblables, ou du moins d'en être soufferts. Les fruits de la société sont doux; mais il faut souvent les cueillir sur un terrain couvert de ronces et d'épines, le poète comique arrache ou écarte ces ronces. C'est ce qu'a fait Molière parmi nous. Il a purgé le champ de la société des insectes incommodes qui l'infectaient. Que de services n'aurait-il pas rendus à la France, si la mort n'eût interrompu le cours de ses travaux? que de fausses notions, que d'opinions absurdes et populaires n'aurait-il pas détruites? de combien de préjugés épidémiques ne nous eût-il pas guéris? Il aurait corrigé les grands sans négliger le peuple. Le théâtre, chez une nation policée, doit ressembler à ces pharmacies complètes où, auprès d'une composition précieuse, destinée à l'usage des citoyens opulens, se trouvent ces spécifiques vulgaires que la générosité daigne consacrer aux maladies de l'indigence. Qu'il serait à souhaiter que les grands écrivains n'eussent jamais employé leurs talens qu'au profit de la société! Mais souvent, au lieu d'adoucir les mœurs, ils les ont affaiblies; et d'habiles tyrans ont fait servir quelquefois l'homme de génie à leurs desseins secrets, et l'ont rendu complice de leur tyrannie.

L'univers se repose et se corrompt sous Auguste, qui ferme à la fois le temple de la guerre et celui de la liberté romaine. Caton, Cassius, Brutus ont expiré avec elle; mais leurs ombres erraient encore devant l'imagination des Romains. Il fallait étouffer les sentimens qui auraient pu reproduire les âmes républicaines. Le maître du monde sent qu'il ne l'est pas des esprits. Il s'adresse au génie, plus fort que lui; il appelle autour de son trône, encore mal affermi, les rois de l'éloquence, de la poésie et des arts; il les intéresse à sa gloire. Horace, Virgile, Ovide, Tibulle célèbrent les charmes de son empire. Bientôt les fiers Romains sont changés. Ils baisent leurs fers avec respect, et chantent les louanges de leur maître. Le goût du luxe et des plaisirs passe de leurs écrits dans les mœurs; et les champs, encore sanglans de la lutte terrible des tyrans et de la liberté, se couronnent de fleurs, s'embellissent de spectacles, de jeux et de fêtes. Quelle étonnante révolution! quelques années auparavant, mille Romains s'écriaient encore avec Caton: *Un tyran peut-il vivre tandis que je respire?* Et je vois sous Auguste, le fils de Labéon appelé insensé pour avoir osé, dans le sénat, donner son suffrage à un ennemi de l'empereur! Et j'entends tous les Romains répéter d'après leur maître: *Qu'est-ce que cette couronne de laurier, qu'un amas de feuilles inutiles?* eux qui, pour obtenir ces feuilles, avaient renversé Carthage et conquis l'univers! Ce fut ainsi que les grands écrivains du siècle d'Auguste amenèrent les Romains à traiter de folie le noble enthousiasme de la liberté. Plus près de nos jours et dans une île voisine, le génie n'a-t-il pas opéré une révolution non moins rapide et plus heureuse? Charles II, dont le trône touchait presque à l'échafaud de son père, vit sa nation perdre en un moment toute sa férocité. Les Waller, les Rochester, et quelques autres génies semblables adoucirent ces âmes cruelles qui, depuis trente années, s'étaient nourries de haine, de fanatisme et de carnage.

Mais quel spectacle étrange me rappelle encore dans Rome, au milieu des tyrans qui la tourmentent! un Sénèque mêlant tranquillement son sang au sang de son épouse qui l'accompagne au tombeau; un Thraséas recevant au milieu de ses jardins l'arrêt de sa mort, du même visage dont il venait de s'en entretenir avec ses amis; et la fille de l'illustre Arrie implorant, de la tendresse de son époux, la liberté de le suivre. Mille Romains quittent la vie sans tristesse et sans joie, après un festin, une conversation, une lecture; il semble que les liens de l'âme et du corps soient usés pour eux, et que l'un et l'autre se séparent à leur gré sans douleur. Est-ce donc le siècle des Décius, et celui des Tibère et des Néron qui se confondent ensemble à mes yeux? ou Rome va-t-elle renaître encore? Non : Rome est foulée sous les pieds des tyrans. Que dis-je? ils voudraient anéantir la vertu avec la liberté; mais la vertu rit de leurs vaines fureurs. Quand elle ne peut plus habiter le siècle qu'ils ont souillé, le génie la reçoit dans ses écrits, et la rend à l'univers quand les monstres en ont disparu.

Ce furent Sénèque, Lucain et d'autres écrivains imbus des dogmes de Zénon, qui répandirent cet esprit stoïque, dont l'inflexible raideur fit faire à la vertu ces efforts excessifs, la porta à se détruire pour se conserver, et lui fit passer les bornes de la nature, pour échapper aux tyrans qui franchissaient les bornes ordinaires de l'inhumanité. Les Romains, excédés du spectacle de leur lumière, appelèrent à leur secours le stoïcisme, cette philosophie de l'homme malheureux, qui leur ôtait le sentiment quand ils n'avaient plus que des maux à sentir, et qui leur apprenait à mépriser une vie qu'il fallait craindre de perdre à chaque instant, ou qu'il fallait avilir. Pardonnons à Sénèque, à Lucain, d'avoir altéré la pureté du goût des Horace et des Virgile. Il ne furent pas comme eux, toujours occupés à vanter les faveurs d'Auguste : il leur fallait s'exhorter sans cesse à mourir. Si le goût doit se livrer avec réserve aux éclairs de leur génie, la force de leur âme, déposée dans leurs pensées, ennoblit et fortifie la nôtre. Les deux plus nobles emplois du génie, c'est d'encourager à la vertu par ses écrits, et de remettre dans la route de la vérité la raison humaine toujours prête à s'en écarter.

Elle était plongée, depuis Aristote, dans un sommeil léthargique, voisin de la mort : il semblait que la pensée eût perdu son mouvement, et que l'entendement humain se fût arrêté. Une longue suite de siècles informes avait passé dans l'ombre de la nuit sans traits et sans couleurs. Nul génie n'avait paru pour les marquer de l'empreinte de son âme. Enfin la raison se réveille ; elle saisit quelques lueurs éparses dans cette solitude immense. A leur clarté douteuse, elle n'embrasse que des fantômes : ne voyant autour d'elle aucun génie capable de la guider, elle court vers Aristote qu'elle découvre dans le lointain ; mais il ne la retira de l'abîme de l'ignorance, que pour la replonger dans celui de l'erreur : elle s'y enfonce avec lui. Là, enchaînée à ses pieds, elle y contracte, comme un vil esclave, le caractère, la forme, et jusqu'aux attitudes de son aveugle maître : elle y perd cette audace salutaire et cette liberté d'intelligence qui voient toujours la vérité au-dessus du grand homme, et osent le quitter pour elle. Rien n'est si fécond que l'erreur : l'âme la produit sans culture. Déjà ses racines funestes se sont étendues de toutes parts ; elles menacent d'étouffer la raison humaine ; et, aux premiers efforts que le génie hasarde, la superstition accourt et l'épouvante.

C'est ainsi que nous abusons de tout, même du génie des grands hommes. Aristote a parlé : et pendant deux mille ans la vérité n'ose le démentir. Dès que la célébrité d'un grand écrivain ou d'un philosophe hardi en impose à l'imagination, les esprits médiocres s'attroupent sous ses étendards, s'empressent d'adopter ses idées sans discernement, et croient s'associer à sa gloire. La paresse se repose bientôt sur la force de ses décrets, et achève de nous priver du seul remède qui nous reste : la réflexion est un état violent pour nous. Une sorte de sentiment confus de la brièveté de notre vie, qui nous presse d'agir et de jouir, nous fait regretter les instans que nous perdons à connaître avant de vouloir, à douter avant de choisir. L'incertitude devient un tourment, dont notre âme se délivre par une erreur, si elle ne le peut par une vérité. Cette liberté si noble de nos jugemens et de nos pensées, nous l'abandonnons honteusement au premier usurpateur, s'il ne se trouve quelque sage bienfaisant qui la réclame pour nous la rendre ; et ce sage même peut-il obtenir de nous que nous en retenions dans nos mains le domaine précieux ? Nous passons témérairement les bornes où sa sagesse avait voulu nous arrêter ; son ambition était de régner sur des hommes libres, et nous le faisons despote malgré lui ; le grand homme indigné de nous voir lui demander de nouveaux fers, après que sa main généreuse vient de briser les anciens, pourrait s'écrier avec plus d'humanité que Tibère : *O hommes nés pour la servitude !*

Quel sera donc le génie bienfaisant qui brisera, qui soulèvera du moins cet amas de chaînes sous lequel l'homme restait accablé volontairement ? Lève-toi, Descartes ! c'est toi que l'Éternel a nommé pour opérer ce prodige ; étends ton bras, saisis l'homme, et fuis avec lui vers la lumière ; laisse cet être aveugle et ingrat se débattre dans tes mains comme dans celles d'un ennemi ; souviens-toi qu'il est malheureux, et sois son libérateur : un jour viendra qu'il ira pleurer de reconnaissance sur ta tombe. Qui pourrait mesurer l'étendue de l'influence que Descartes a eue sur l'esprit humain? elle n'aura d'autres bornes que celles du monde. C'est de lui que l'avenir même recevra sa forme. Combien d'événemens dont le germe repose dans des idées que son âme a produites, ou qu'elle a fait éclore dans les autres? L'homme futur croira agir seul et se donnera tout l'honneur de l'événement : il ne sera pourtant que l'agent presque nécessaire d'un grand homme. Ici les détails sont impossibles et superflus. Les sciences, les arts, et même les belles-lettres sont occupés à défricher le monde nouveau où Descartes les a fait aborder : l'univers, tel qu'il paraît aujourd'hui, est en partie son ouvrage; il a remis dans nos mains les instrumens qui opèrent les grandes choses ; il a fait plus : il nous a rendu l'instrument universel qui les invente tous, la raison. Il a dit à l'homme : Commence ta tâche, la mienne est finie; je t'ai donné le secret et l'exemple de te délivrer de tes erreurs, de celles des grands hommes, et des miennes.

Descartes fut entendu d'un philosophe que le siècle passé vit naître, et qui, par l'adresse et la séduction de son esprit, perfectionna l'espèce humaine, peut-être autant qu'aucun homme de génie. Ami de la vérité, mais jaloux de son repos, il fut l'apôtre de la raison, sans vouloir en être le martyr; il aimait les hommes, car il était un vrai sage, mais il les craignait encore plus; il les regardait comme ces enfans indociles qui abusent souvent de la confiance qu'on leur montre; il pensait que la vérité ne doit point se hâter de paraître, que le sage doit distribuer son action avec une prudente économie, cacher adroitement le but qu'il ne faut pas montrer, déposer dans un endroit inconnu un germe que la génération suivante verra éclore, frapper dans le silence et dans la racine l'arbre nuisible, au tronc duquel il serait dangereux d'attacher la coignée. Aussi ménagea-t-il notre faiblesse : il commença par introduire la philosophie auprès de cette moitié du genre humain qui gouverne l'autre, et lui prêta toutes les grâces de ce sexe. Il ne heurta point de front les préjugés réunis, mais il les combattit en détail : il délia le faisceau au lieu de le rompre ; au lieu de saper ouvertement l'édifice de l'erreur, il cacha dans ses fondemens la mine dont l'explosion l'a renversé dans la suite. Il fit entrer dans nos yeux à peine ouverts une lumière douce, un jour tempéré, mais sans ombre; ou, s'il répandit quelque nuage sur ce ciel si pur, ce fut afin qu'il servît d'asile à la vérité, et que son défenseur pût au besoin s'y réfugier auprès d'elle.

Quiconque a détruit un préjugé, un seul préjugé, est un bienfaiteur du genre humain. Quelle reconnaissance n'aurait-on pas due à celui qui aurait anéanti l'usage absurde des épreuves, le ridicule entêtement de l'astrologie, la manie des possessions? Que n'aurait-on pas dû à celui qui aurait éteint les bûchers, où étaient consumés des malheureux accusés d'être magiciens et qui croyaient l'être? Combien de préjugés, moins barbares en apparence, non moins funestes en effet! Qui sait combien de siècles la superstition qui défendait l'ouverture des cadavres, a borné les connaissances anatomiques? Combien d'autres siècles, l'avilissement attaché à la culture de l'esprit a retardé les progrès des sciences et des arts? Que ne doit-on pas surtout à celui qui, le premier, a détruit les préjugés politiques, et jeté les fondemens de l'immense édifice des lois?

O toi! citoyen législateur des rois, sublime et profond Montesquieu, qui as fait remonter la philosophie vers le trône des souverains, et qui fus le Descartes de la législation, sera-t-il vrai que l'ouvrage immortel, que ton génie mit vingt années à produire, ne servira qu'à nourrir la vaine gloire de la patrie? Les hommes, toujours aveugles, tiendront-ils dans leurs mains le code sacré de la raison publique, sans le lire, sans le concevoir? et, après l'avoir stérilement admiré, finiront-ils par le déposer, comme un vain ornement, dans le temple des beaux arts, au lieu de le faire servir à leur bonheur? Non: le temps viendra que les préjugés des rois se dissiperont à ta lumière; les hommes d'état méditeront les grands principes que tu as révélés; la législation sera simplifiée, perfectionnée; les siècles ignorans ne dicteront plus leurs lois aux siècles instruits; et l'heureux instinct des bons rois sera changé en une raison éclairée. Nous apercevons déjà quelques présages favorables : l'attention des Français commence à se tourner vers les grands objets. La frivole Athènes n'est plus occupée tout le jour de ses spectacles et de ses jeux; le nom de patrie est prononcé avec respect; l'amour n'en est point éteint dans les cœurs; il implore les moyens de se ranimer, et de renouveler ses anciens miracles. Déjà le commerce se sent avec joie dégagé des entraves où des préjugés gothiques le tenaient enchaîné. L'agriculture ranimée offre ses bras, et ne demande que sa subsistance pour enrichir l'état, au lieu de se borner à le nourrir languissamment; et, après avoir été barbares et ignorans, supertitieux et fanatiques, philosophes et frivoles, peut-être finirons-nous par devenir des hommes et des citoyens. Alors les Français se demanderont, dans les transports de leur reconnaissance : Où est le tombeau de Montesquieu?

Mon âme frappée de respect s'arrête auprès; et, jetant de cet auteur un regard sur la chaîne des lois, je la vois remonter, par des détours vastes et divers, de nous aux Romains, des Romains aux Grecs, de la Grèce à l'Égypte. Là, elle se perd à mes faibles yeux, qui n'ont peut-être embrassé que la plus courte portion de son étendue. Le grand homme qui en a formé les premiers anneaux, dont l'esprit immortel respire parmi nous, décide encore aujourd'hui de nos fortunes et de notre sort, et influe tous les jours sur les biens et sur les maux civils des sociétés actuelles : tant le pouvoir du génie est invincible! tant son empreinte sur l'univers est ineffaçable!

Rois, gardez-vous de croire que vous régnez seuls sur les nations, et que vos sujets n'obéissent qu'à vous. Tout l'appareil du pouvoir se rassemble et brille autour de votre trône; vous tenez dans vos mains le gouvernail de l'état : mais c'est un vaisseau porté sur une mer inconstante et mobile, sur l'esprit national et sur la volonté de l'homme : si vous ne savez vous rendre maîtres de la force et de la direction de ce courant inévitable et insensible, il entraînera le vaisseau loin du but que le pilote se propose. Ce courant agit dans le calme comme dans la tempête; et l'on aperçoit trop tard, près de l'écueil, la grandeur de son effet imperceptible dans chaque instant. Et s'il se meut dans un sens contraire au mouvement que vous imprimez au gouvernement, qui pourra l'arrêter ou le changer? Est-ce la force? Pourra-t-elle, armée de la verge du despotisme ou de l'appareil des supplices, rétablir l'harmonie politique, et changer l'esprit général d'un peuple? L'histoire atteste partout l'insuffisance de ce moyen cruel; et un roi généreux peut-il se plaire à avilir ses sujets, qui font sa gloire et sa puissance ; à briser sans pitié tous les ressorts de l'honneur et de la vertu, et à mutiler, pour ainsi dire, l'âme humaine, pour régner ensuite tristement sur ses restes défigurés? Non: il n'y a que le génie qui puisse, sans convulsion et sans douleur, rapprocher, réunir les membres séparés du corps politique. C'est par lui que le sceptre deviendra, dans vos mains, un lévier d'une force infinie, avec lequel vous pourrez soulever une nation entière; renverser en peu de temps, dans les volontés de plusieurs millions d'hommes, l'édifice antique de leurs préjugés; et détruire jusqu'aux sentimens qui semblaient ne pouvoir être anéantis qu'avec l'homme. Mais si la nature, pour un trône qu'elle vous donne, vous a refusé le génie, osez du moins le chercher dans ceux de vos sujets qui ont reçu d'elle ce partage sublime; achetez d'eux, par des honneurs légitimes, cet instrument puissant de la souveraineté ; encouragez, favorisez, dans les grands écrivains, son influence bienfaisante sur l'esprit de vos peuples. Vous avez raison d'écarter de leurs mains les écrits dangereux qui peuvent corrompre l'homme et le citoyen : pour remplir la seconde partie de vos devoirs, multipliez dans leurs mains ceux qui éclairent et ennoblissent l'homme et le citoyen. Faites servir votre force à protéger le génie qui doit l'augmenter; délivrez des fureurs de l'envie et du préjugé barbare ces législateurs paisibles de la raison, qui ne parlent que pour votre gloire et pour le bonheur du genre humain ; et souvenez-vous qu'il n'est pas en votre pouvoir de forcer vos sujets à leur désobéir.

FIN DU DISCOURS SUR L'INFLUENCE DES GRANDS ÉCRIVAINS.

DISCOURS DE RÉCEPTION

DE CHAMFORT

A L'ACADÉMIE FRANÇAISE,

Lorsqu'il y fut admis, le 19 Juillet 1781, à la place de M. DE LA CURNE DE SAINTE-PALAYE.

MESSIEURS,

Il y a des bienfaits qui ne trouvent point d'ingrats; mais il est des bienfaiteurs qui craignent l'effusion de la reconnaissance. Ce sont ceux qui, rassasiés d'hommages, ne peuvent plus être honorés que par eux-mêmes : et c'est le terme où vous êtes parvenus. Aussi ai-je cru m'apercevoir qu'après la variété non moins ingénieuse qu'inépuisable des remercîmens qui vous ont été adressés, vous supprimeriez avec plaisir ceux que l'avenir vous réserve. Oui, messieurs, vous remettrez généreusement une dette qu'on vous paiera toujours avec transport, et dont il est si doux de s'acquitter. Mais cet usage, d'ailleurs ancien, rappelle des noms chers et précieux ; et dès lors il vous devient sacré. Le tribut que vous négligeriez pour vous-mêmes, vous l'exigez pour ces grands noms. Vous le réclamez pour votre illustre fondateur, ce ministre qui, parmi ses titres à l'immortalité, compte l'honneur d'avoir suffi à tant d'éloges qui la lui assurent. Vous le réclamez pour ce chef célèbre de la magistrature, dont la vie entière se partagea entre les lois et les lettres, et dont la gloire vous devient en quelque sorte plus personnelle, en se reproduisant sous vos yeux dans l'héritier de son nom et de ses talens, qui le représente constamment parmi vous, et qui, dans cet instant, par un choix du sort déclaré en ma faveur, vous représente encore vous-mêmes.

Enfin, messieurs, un intérêt d'un ordre supérieur qui vous attache encore plus à cet usage et vous le rend à jamais inviolable, c'est la mémoire de votre véritable bienfaiteur, de ce monarque auguste qu'on vous accuse d'avoir trop loué; mais qui, pour votre justification, n'a pas été moins célébré par l'Europe entière; de ce roi que la fidèle peinture de son âme, tracée de sa main dans ses lettres, a rendu de nos jours plus cher à la nation : monumens précieux, inconnus pendant sa vie, échappés à l'éloge de ses contemporains, pour lui assurer la louange qui honore le plus les rois, la louange qu'ils ne peuvent entendre.

Tels sont, messieurs, les devoirs respectables qui assurent la perpétuité d'un tribut dont le retour, plus fréquent depuis quelques années, a cependant pris entre vos mains un nouveau degré d'intérêt. C'est que l'éloge de ceux qui ont illustré la littérature, est devenu par vous l'instruction de ceux qui la cultivent; c'est que, bannissant toute exagération, et proportionnant la louange au mérite, vous saisissez dans chaque écrivain le caractère marqué, le trait juste et précis, les nuances principales qui le distinguent et qui déterminent sa place. Passionnés, comme il est juste, pour ce qui est unique ou du premier ordre, vous ne sollicitez plus l'admiration pour ce qui n'est qu'estimable, l'enthousiasme pour ce qui n'est qu'intéressant; et sans vous écarter de cette bienveillance indulgente, qui pour vous est souvent un plaisir, toujours un devoir, une convenance ou un sentiment, vous avez dessiné d'une main sûre les proportions et les contours d'une statue, d'un buste, d'un portrait : attention désormais indispensable, utile aux lettres, utile même à la mémoire de ceux dont la place paraît moins brillante; car quiconque exagère n'a rien dit, et celui qu'on ne croit pas n'a point loué.

C'est ce que je n'ai point à craindre dans le tribut que je dois à la mémoire de M. de Sainte-Palaye. On peut le louer avec la simplicité, et, pour ainsi dire, la modestie qui fut l'ornement de son caractère. La vérité suffit à sa mémoire.

Lorsque l'académicien que j'ai l'honneur de

remplacer, vint prendre séance parmi vous, il vous entretint du projet d'un ouvrage utile ou plutôt nécessaire, qu'il regardait comme son principal titre à vos suffrages; et du moins personne avant lui ne vous en avait offert de plus analogue à l'objet de vos occupations habituelles. C'était le plan presqu'entièrement exécuté d'un glossaire de notre ancien idiôme, ouvrage d'une étendue prodigieuse, dont les matériaux étaient déjà mis en ordre, et que l'auteur croyait prêt à paraître: mais bientôt, en vivant parmi vous, messieurs, il vit le premier les défauts de son plan; et en continuant d'y vivre, il en vit le remède. Il eut la sagesse de s'effrayer du grand nombre de volumes qu'il allait offrir au public. Il apprit de vous l'art de disposer ses idées, l'art d'abréger pour être clair, et de se borner pour être lu. Une ordonnance plus heureuse bannit d'abord les inutilités, sauva les redites, enrichit l'ouvrage par ses pertes, enfin sut épargner au lecteur le détail de tous les petits objets, en plaçant au milieu d'eux le flambeau qui les éclaire tous à la fois: heureux effets de l'esprit philosophique, qui, conduisant l'érudition, réforme un vain luxe dont elle se fait trop souvent un besoin, et change son faste, quelquefois embarrassant, en opulence commode et utile.

C'est donc à vous principalement, messieurs, que le public sera redevable de la perfection d'un ouvrage important qui deviendra la clé de notre ancienne littérature, et qui met sous les yeux l'histoire de notre langue, depuis son origine jusqu'au moment où cette histoire devient la vôtre. On y verra un idiôme barbare, assemblage grossier des idiômes de nos provinces, se former lentement et par degrés presqu'insensibles; lutter, pour ainsi dire, contre lui-même; indiquer l'accroissement et le progrès des idées nationales, par les termes nouveaux, par les changemens que subissent les anciens, par les tours, les figures, les métaphores qu'amènent successivement les arts, les inventions nouvelles; enfin, par les conquêtes que notre langue fait, de siècle en siècle, sur les langues étrangères. On observera, non sans surprise, le caractère primitif de la nation consigné dans les élémens même de son langage. On reconnaîtra le Français défini en Europe, dès le huitième siècle, gai, brave et amoureux. On verra les idées meurtrières de duel, de guerre, de combats, associées souvent dans la même expression, aux idées de fêtes, de jeux, de passe-temps, de rendez-vous. Et quelle autre nation que la nôtre eût désigné, sous le nom de la *joyeuse*, l'épée que Charlemagne rendit si redoutable à l'Europe?

Ce travail de M. de Saint-Palaye, quelque immense qu'il puisse paraître, n'était toutefois qu'un démembrement d'une entreprise encore plus considérable, nouveau prodige de sa constance et de sa laborieuse activité. C'était un dictionnaire de nos antiquités françaises, où l'auteur embrassait à la fois géographie, chronologie, mœurs, usages, législation : ouvrage au-dessus des forces d'un seul homme, et que M. de Sainte-Palaye ne put conduire à sa fin; mais dont les matériaux précieux sont devenus, par les soins d'une administration aussi éclairée que bienfaisante, une des richesses de la bibliothèque du roi. Il compose le même nombre de volumes qu'aurait formé sans vous le dictionnaire de l'ancienne langue, quarante volumes *in-folio*. Je n'ai pu être à portée de les lire; mais qui peut méconnaître le mérite et le prix de ses savantes recherches ? Qui ne voudrait mesurer, au moins des yeux, le champ nouveau qu'elles ouvrent à la critique et à l'histoire ? Et pourquoi faut-il que la philosophie, trop souvent intimidée à la vue de ces vastes dépôts, s'en écarte avec un respect mêlé de crainte, et s'abstienne un peu trop scrupuleusement des trésors qu'ils renferment ? Pourquoi faut-il que, satisfaite de quelques résultats principaux qu'elle a rapidement saisis, elle néglige une foule de vérités secondaires qui, pour être d'un ordre inférieur, n'en seraient peut-être que d'un plus usage habituel et plus étendu ? Que n'ose-t-elle, en réunissant sous un même point de vue le double objet des travaux de M. de Sainte-Palaye, notre ancienne langue et nos antiquités, l'histoire des faits et celle des mots, se placer entr'elles deux, les éclairer l'une par l'autre, et poser un double fanal, l'un sur les matériaux informes de notre ancien idiôme, l'autre sur l'amas non moins grossier de nos premiers usages! Là, qu'elle s'arrête et qu'elle examine : elle verra, comme de deux sources inépuisables, se précipiter et descendre de siècle en siècle jusqu'à nous, le vice primitif de notre ancienne barbarie, dont elle pourra suivre de l'œil le décroissement, les teintes diverses et les nuances variées dans toutes leurs dégradations successives. Elle verra l'erreur, mère de l'erreur, entrer comme élément dans nos idées, par la langue même et par les mots; le mal, auteur du mal, se perpétuer dans nos mœurs par nos idées; la perfection philosophique du langage, aussi impossible que la perfection morale de la société ; et la raison se convaincra que la langue philosophique, projetée par Leibnitz, ne se serait parlée, s'il eût pu la créer en effet, que dans la république imaginaire de Platon, ou dans la diète européenne de l'abbé de Saint-Pierre.

Tels sont les travaux, encore inconnus du public, qui remplirent presqu'entièrement la vie de M. de Sainte-Palaye. Mais il me semble, Messieurs, vous entendre me demander compte de l'ouvrage auquel il dut sa célébrité ; de cet ouvrage dont sa présence, ou même son nom seul, rappelait constamment l'idée : je parle de ses travaux sur l'ancienne chevalerie. Il en avait fait l'objet de ses études favorites. Ces mœurs brillantes et célèbres, ces hauts faits, ces aventures, ces tournois, ces fêtes galantes et guerrières, ces chiffres, ces devises ; ces couleurs, présens de la beauté, parure d'une jeunesse militaire; ces amphithéâtres ornés de princes, de princesses ; ces prix donnés à l'adresse ou au courage; ce second prix, plus recherché que le premier, nommé *prix de faveur*, et décerné par les dames, quand le chevalier leur était agréable ; ces jeunes personnes dont la naissance relevait la beauté, ou plutôt dont la beauté relevait la naissance, et qui ouvraient la fête en récitant des vers; ces dames qui d'un mot arrêtaient, à l'entrée de la lice, le discourtois chevalier dont une seule avait à se plaindre : ces idées, ces tableaux flattaient l'imagination de M. de Sainte-Palaye. Elles avaient été l'une des illusions de son jeune âge, et elles souriaient encore à sa vieillesse. Il en parlait à ses amis ; il en entretenait les femmes, car il aimait beaucoup leur société. Il citait fréquemment cette devise fameuse: *Toutes servir, toutes honorer pour l'amour d'une ;* et répétait, d'après le célèbre Louis III de Bourbon, que tout l'honneur de ce monde vient des dames. Il avouait même que, dans sa constance infatigable à lire les contes, chansons, fabliaux du douzième et du treizième siècles, il avait tiré un grand secours du plaisir secret de s'occuper d'elles, genre d'intérêt qui contribue rarement à former des érudits : ce fut sans doute l'intérêt principal qui le soutint dans ses recherches sur notre ancienne chevalerie.

L'honneur et l'amour, la devise des chevaliers, c'est leur histoire et celle de France. Mais comment traiter un tel sujet? L'honneur toujours sérieux, l'amour sérieux quelquefois, souvent trop peu, même jadis! Pourrai-je accorder des tons trop différens, et peut-être opposés? Non, sans doute. Faut-il les séparer? faut-il choisir? mais lequel abandonner? L'honneur? Parmi vous, messieurs, devant le prince qui vous voit, qui m'écoute, et dont le nom seul rappelle aux Français toutes les idées de l'honneur*! L'amour? Qui l'oserait, lorsque celles dont la présence eût honoré les tournois, s'empressent d'assister à vos assemblées? Que résoudre? quel parti prendre? Question embarrassante, épineuse, du nombre de celles qui s'agitaient autrefois dans ces tribunaux appelés *cours d'amour*, où l'on portait les cas de conscience de cette espèce. La cour eût décidé, je crois, que l'ancienne chevalerie ayant uni très-bien l'honneur et l'amour, je dois, quoi qu'il arrive, je dois, en parlant de l'ancienne chevalerie, unir, bien ou mal, l'amour et l'honneur.

Etrange institution qui, se prêtant au caractère, aux goûts, aux penchans communs à tous ces peuples du nord, conquérans et déprédateurs de l'Europe, les passionna tous à la fois, en attachant à l'idée de chevalerie l'idée de toutes les

---

* M. le prince de Condé.

perfections du corps, de l'esprit et de l'âme, et en plaçant dans l'amour, dans l'amour seul, l'objet, le mobile et la récompense de toutes ces perfections réunies ! Jamais législation n'eut un effet plus prompt, plus rapide, plus général : c'est qu'elle armait des hommes nés pour les armes, et qu'à l'exemple de la religion nouvelle de Mahomet, elle offrait la beauté pour récompense de la valeur. Mais, par un singulier renversement des idées naturelles, Mahomet mit les plus grands plaisirs de l'amour dans l'autre monde ; et l'instituteur de la chevalerie offrit en ce monde à ses prosélytes l'attrait d'un amour pur et intellectuel. Était-ce bien celui qui convenait aux vainqueurs des Romains et des Gaulois ? Oui, sans doute, si l'on considère le succès qu'obtint en Europe la théorie de ce système ; mais cette opinion devient douteuse, quand on consulte l'histoire et les faits : malgré cette loi du plus profond respect pour les dames, on voit, par le nombre même de leurs défenseurs, combien elles avaient d'agresseurs et d'ennemis ; et il existe des chansons du douzième siècle qui regrettent l'amour du bon vieux temps.

L'instant où naquit la chevalerie dut la faire regarder comme un bienfait de la divinité. C'était l'époque la plus effrayante de notre histoire : moment affreux, où, dans l'excès des maux, des désordres, des brigandages, fruits de l'anarchie féodale, une terreur universelle, plus encore que la superstition, faisait attendre aux peuples, de moment en moment, la fin du monde dont ce cahos était l'image. Dans cet instant, s'élève une institution qui, réunissant une nombreuse classe d'hommes armés et puissans, les associe contre les destructeurs de la société générale, et les lie, entre eux du moins, par tous les nœuds de la politique, de la morale et de la religion; de la religion même dont elle empruntait les rites les plus augustes, les emblêmes les plus sacrés, enfin tout ce saint appareil qui parle aux yeux, frappant ainsi à la fois l'âme, l'esprit et les sens, et s'emparant de l'homme par toutes ses facultés.

Sous ce point de vue, quoi de plus imposant, de plus respectable même que la chevalerie? Combattre, mourir, s'il le fallait, pour son Dieu, pour son souverain, pour ses frères d'armes, pour le service des dames : car, dans l'institution même, elles n'occupent, contre l'opinion commune, que la quatrième place; et le changement, soit abus, soit réforme, qui les mit immédiatement après Dieu, fut sans doute l'ouvrage des chevaliers français. Enfin secourir les opprimés, les orphelins, les faibles, tel fut l'ordre des devoirs de tout chevalier. Et que dire encore de cette autre idée si noble, si grande, ou créée ou adoptée par la chevalerie, de cet honneur indépendant des rois, en leur vouant fidélité; de cet honneur, puissance du faible, trésor de l'homme dépouillé; de cet honneur, ce sentiment de soi invisible, indomptable dès qu'il existe, sacré dès qu'il se montre, seul arbitre dans sa cause, seul juge de lui-même, et du moins ne relevant que du ciel et de l'opinion publique? Idée sublime, digne d'un autre siècle, digne de naître dans un temps où la nature humaine eût mérité cet hommage, où l'opinion publique eût pris, des mains de la morale, sous les yeux de la vertu et de la raison, les traits qui doivent composer le pur, le véritable honneur, l'honneur vénérable, dont le fantôme, même défiguré, est resté encore si respectable, ou du moins si puissant!

Vous n'entendez pas, messieurs, ou plutôt vous ne craignez pas que je rappelle cette multitude d'exploits guerriers, prodiges de la chevalerie en Europe, et dans l'Asie même où l'Europe se trouva transplantée à l'époque des croisades : émigration qui fut l'ouvrage de la chevalerie autant que de la foi; triomphe de l'une et de l'autre, mais encore plus de la chevalerie, qui vit des guerriers sarrazins, saisis d'enthousiasme pour leurs rivaux, passer dans le camp des croisés, et se faire armer chevaliers par nos héros les plus célèbres.

Ce genre particulier d'histoire que l'on nomme anecdote, et qui se charge de réparer les omissions de l'histoire principale, raconte que tous ces chevaliers chrétiens et sarrazins, rivaux en amour comme en guerre, firent les uns sur les autres plus d'une espèce de conquête : mais si ces historiens sont véridiques, si les beautés dont ils parlent ont en effet mérité ces soupçons, au moins est-il certain que, loin de leur patrie, entre des adversaires si formidables, elles n'avaient point à craindre le reproche qu'on leur fit depuis en Europe, celui de préférer les chevaliers des tournois aux chevaliers des batailles: méprise qui surprendrait dans un sexe si bon juge de la gloire. Mais qui peut croire à cette méprise? et de quel poids doivent être ces vains reproches, et ces plaintes de mécontens, si on leur oppose l'hommage rendu aux femmes par un guerrier tel que le grand Duguesclin? Prisonnier des Anglais, et amené devant le fameux Prince-Noir son vainqueur, le prince le laisse maître de fixer le prix de sa rançon. Le prisonnier croit se devoir à lui-même l'honneur de la porter à une somme immense. Un mouvement involontaire trahit la surprise du prince. « Je suis pauvre, continue le » chevalier; mais apprenez qu'il n'est point de » femme en France, qui refuse de filer une année » entière pour la rançon de Duguesclin. » Telle était alors la galanterie française; et cependant, disait-on, elle était déjà bien tombée. La chevalerie même dégénérait de jour en jour; pour la valeur, non, ce n'est point ainsi que dégénèrent des chevaliers français; pour l'amour, oui, si l'infidèle dégénère. Ils n'étaient plus, ces temps où des héros scrupuleux, timorés, distinguaient l'amour faux, l'amour vrai: l'amour faux, péché mortel, disaient-ils ; l'amour vrai, péché véniel.

Que sont-ils devenus, ces rigoristes qui, regardant la chevalerie comme une espèce de sacerdoce, se vouaient au célibat, rappelaient sans cesse l'austérité de l'institution primitive qui défendait le mariage, et ne permettait que l'amour ? Où était-il ce digne Boucicaut, qui n'osait révéler son amour à sa dame qu'à la troisième année, et qualifiait d'étourdis les audacieux qui s'expliquaient dès la première ?..... Hélas ! cette sorte d'étourdis commençait à devenir bien rare, si l'on en croit M. de Sainte-Palaye ; et il faut bien l'en croire. Il avoue, en gémissant, que la licence des mœurs était au comble. Mais, ce qui l'afflige encore plus, c'est d'entrevoir les reproches bien plus graves que l'on peut faire à l'ancienne chevalerie. Il convient que, chargée dès sa naissance du principal vice de la féodalité, elle reproduisit bientôt tous les désordres qu'elle avait réprimés d'abord. Il regrette que ces chevaliers, si redoutables aux ennemis pendant la guerre, le fussent encore plus aux citoyens, et pendant la guerre et pendant la paix : il se plaint qu'un préjugé barbare, admis et adopté par les lois de la chevalerie, eût semblé ne vouer leurs vertus même qu'au service et à l'usage de leurs seuls égaux, ou de ceux au moins que la naissance approchait plus près d'eux : vertus dès-lors presqu'inutiles à la patrie, et qui se faisaient à elles-mêmes l'injure de borner le plus beau, le plus sacré de tous, les empires. Il voudrait trouver plus souvent, dans les âmes de ces guerriers, quelques traits de cet héroïsme patriotique, noblement populaire, qui seul purifie, éternise la gloire des grands hommes, en la rendant précieuse à tout un peuple, et fait de leur nom pendant leur vie, et de leur mémoire après eux, une richesse publique, et comme un patrimoine national. O Duguesclin! ce fut ta vraie gloire, ta gloire la plus belle! O toi! qui, à ton dernier moment, recommandes le peuple aux chefs de ton armée; ah! qu'un ennemi, qu'un Anglais vienne déposer sur ton cercueil les clés d'une ville que ton nom seul continuait d'assiéger; qu'il ne veuille les mettre qu'à ce grand nom, et, pour ainsi dire, à ton ombre; j'admire l'éclat, les talens, la renommée d'un général habile: mais si j'apprends que ce même Duguesclin, malade et sur son lit de mort, entendit, à travers les gémissemens de ses soldats et des peuples, retentir, dans la ville ennemie assiégée par lui-même, le signal des prières publiques adressées au ciel pour sa guérison; si je vois ensuite la France entière, je dis le peuple, arrêter de ville en ville, et suivre, consternée, ce cercueil auguste baigné des larmes du pauvre... Votre émotion prononce, Messieurs; elle atteste combien la véritable vertu, l'humanité, laisse encore loin derrière soi tous les triomphes, et que le ciel n'a mis la vraie gloire que dans l'hommage volontaire de tout un peuple attendri.

Ne nous plaignons plus, messieurs, après un pareil trait digne d'honorer les annales des Grecs et des Romains ; ne nous plaignons plus de ne pas rencontrer plus souvent, dans notre histoire, des exemples d'un héroïsme si pur et si touchant. Ah ! loin d'être surpris, admirons plutôt que, dans ces temps déplorables de tyrannie et de servitude, toutes deux dégradantes même pour les maîtres, un guerrier du quatorzième siècle ait trouvé, dans la grandeur de son âme, ce sentiment d'humanité universelle, source du bonheur de toute société. Qui ne s'étonnerait qu'un soldat, étranger à toute culture de l'esprit, même aux plus faibles notions qui le préparent, ait ainsi devancé le génie de Fénélon qui, trois siècles après, empruntait à la morale ce sentiment d'humanité, pour le transporter dans la politique occupée enfin du bonheur des peuples ? Heureux progrès de la raison perfectionnée, qui, pour diriger avec sagesse ce noble sentiment, lui associe un principe non moins noble, l'amour de l'ordre : principe seul digne de gouverner les hommes, et si supérieur à cet esprit de chevalerie qu'on a vainement regretté de nos jours ! Eh ! qui oserait les comparer, soit dans leur source, soit dans leurs effets ? L'un, l'esprit de chevalerie, ne portait ses regards que sur un point de la société ; l'autre, cet esprit d'ordre et de raison publique, embrasse la société entière : le premier ne formait, ne demandait que des soldats ; le second sait former des soldats, des citoyens, des magistrats, des législateurs, des rois : l'un, déployant une énergie impétueuse, mais inégale, ne remédiait qu'à des abus dont il laissait subsister les germes sans cesse renaissans ; l'autre, développant une énergie plus calme, plus lente, mais plus sûre, extirpe en silence la racine de ces abus : le premier, influant sur les mœurs, demeurait étranger aux lois ; le second, épurant par dégrés les idées et les opinions, influe en même temps, et sur les lois et sur les mœurs : enfin l'un, séparant, divisant même les citoyens, diminuait la force publique ; l'autre, les rapprochant, accroît cette force par leur union.

C'est cet amour de l'ordre qui, mêlé parmi nous à l'amour naturel des Français pour leurs rois, a produit, et, pour ainsi dire, composé ces grandes âmes des Turenne, des Montausier, des Catinat, l'honneur à la fois et de la France et de l'humanité : caractères imposans où respire, à travers les mœurs et les idées françaises, je ne sais quoi d'antique, qui semble transporter Rome et la Grèce dans le sein d'une monarchie ; mélange heureux de vertus étrangères et nationales qui, semblables en quelque sorte à ces fruits nés de deux arbres différens adoptés l'un par l'autre, réunissant la force et la douceur, conservent les avantages de leur double origine. Que ceux qui regrettent les siècles passés, cherchent de pareils caractères dans notre ancienne chevalerie !

Quoiqu'il en soit, on convient qu'en général

elle jeta dans les âmes une énergie nouvelle, moins dure, moins féroce que celle dont l'Europe avait senti les effets à l'époque de Charlemagne; on convient qu'elle marqua d'une empreinte de grandeur imposante la plupart des événemens qui suivirent sa naissance, qu'elle forma de grands caractères, qu'elle prépara même l'adoucissement des mœurs, en portant la générosité dans la guerre, le platonisme dans l'amour, la galanterie dans la férocité. De là, ces contrastes qui nous frappent si vivement aujourd'hui; qui mêlent et confondent les idées les plus disparates, Dieu et les dames, le catéchisme et l'art d'aimer; qui placent la licence près de la dévotion, la grandeur d'âme près de la cruauté, le scrupule près du meurtre; qui excitent à la fois l'enthousiasme, l'indignation et le sourire; qui montrent souvent, dans le même homme, un héros et un insensé, un soldat, un anachorète et un amant; enfin qui multiplient, dans les annales de cette époque, des exploits dignes de la fable, des vertus ornemens de l'histoire, et surtout les crimes de toutes les deux : mœurs vicieuses, mais piquantes, mais pittoresques; mœurs féroces, mais fières, mais poétiques. Aussi, l'Europe moderne ne doit-elle qu'à la chevalerie les deux grands ouvrages d'imagination qui signalèrent la renaissance des lettres. Depuis les beaux jours de la Grèce et de Rome, la poésie, fugitive, errante loin de l'Europe, avait, comme l'enchanteresse du Tasse, disparu de son palais éclipsé: elle attendait, depuis quinze siècles, que le temps y ramenât des mœurs nouvelles, fécondes en tableaux, en images dignes d'arrêter ses regards ; elle attendait l'instant, non de la barbarie, non de l'ignorance, mais l'instant qui leur succède, celui de l'erreur, de la crédule erreur, de l'illusion facile qui met entre ses mains le ressort du merveilleux, mobile surnaturel de ses fictions embellies. Ce moment est venu : les triomphes des chevaliers ont préparé les siens, leurs mains victorieuses ont de leurs lauriers tressé la couronne qui doit orner sa tête. A leur voix, accourent de l'orient les esprits invisibles, moteurs des cieux et des enfers, les fées, les génies désormais ses ministres ; ils accourent, et déposent à ses pieds les talismans divers, les attributs variés, emblêmes ingénieux de leur puissance soumise à la poésie, souveraine légitime des enchantemens et des prestiges. Elle règne : quelle foule d'images se presse, se succède sous ses yeux ! Ces batailles où triomphent l'impétuosité, la force, le courage, plus que l'ordre et la discipline ; ces harangues de chefs ; ces femmes guerrières, ces dépouilles des vaincus, trophées de la victoire ; ces vœux terribles de l'amitié vengeresse de l'amitié ; ces cadavres rendus aux larmes des parens, des amis ; ces armes des chevaliers fameux, objet, après leur mort, de dispute et de rivalité : tout vous rappelle Homère; et c'est la patrie de l'Arioste, du Tasse, c'est l'Italie qui a mérité cette gloire; tandis que la France, depuis quatre siècles, languit, faible et malheureuse, sous une autorité incertaine, avilie ou combattue, sans lois, sans mœurs, sans lettres, ces lettres tant recommandées par la chevalerie!... Ici, messieurs, vous pourriez éprouver quelque surprise; vous pourriez penser, sur la foi d'une opinion trop répandue, qu'il était réservé à nos jours de voir la noblesse française unir les armes et les lettres, et associer la gloire à la gloire: cette réunion remonte à l'origine de la chevalerie; c'était le devoir de tout chevalier, et une suite de la perfection à laquelle étaient appelés ses prosélytes. Et qui croirait qu'exigeant la culture de l'esprit, même dans les amusemens les plus ordinaires, la chevalerie n'alliait aux exercices du corps que les jeux qui occupent ou développent l'intelligence, et proscrivait surtout ces jeux d'où l'esprit s'absente, pour laisser régner le hasard? Quelle est donc l'époque qui devint le terme de cette estime pour les lettres, et la changea même en mépris? Ce fut le moment où les subtilités épineuses de l'école hérissèrent toutes les branches de la littérature; et vous conviendrez, messieurs, que l'instant du dédain ne pouvait être mieux choisi. Encore se trouvait-il plusieurs chevaliers fervens qui s'élevaient avec force contre cette orgueilleuse négligence des anciennes lois. C'était surtout un vrai scandale pour le zélé et discret Boucicaut, comme on le voit par le recueil de ses vers, virelais, ballades, alors chantés par toute la France, auxquels il attachait un grand prix, et qu'il composait lui-même. Ainsi, messieurs, lorsqu'avant l'époque où l'on vit tous les genres de gloire environner le trône de Louis XIV, lorsque François Ier, ce prince si passionné pour la chevalerie, ressuscitait de ses regards la culture des lettres en France, il renouvelait seulement l'antique esprit de cette brillante institution. C'est ainsi que notre auguste monarque, en condamnant des jeux autrefois interdits, rappelle aux descendans des anciens chevaliers une loi respectée par leurs premiers ancêtres : loi paternelle, inviolable déjà sans doute par la seule sanction du prince, mais que l'orgueil du rang protégera peut-être encore ; désobéir, c'est déroger.

Serait-il possible, messieurs, de voir ces grands noms unis et rapprochés, sans nous rappeler à la fois, et les bienfaits de la puissance royale, et les vertus de notre auguste monarque? Qu'il soit béni plus encore que célébré, ce roi qu'il est permis de ne louer que par des faits, seul éloge digne d'un cœur qui rejette tout autre éloge ; ce roi qui efface, autant qu'il est en lui, les vestiges de l'antique opprobre féodal ; qui, en rendant la liberté à des hommes, a reconquis des sujets : oui, reconquis ; l'esclave est un bien perdu, qui n'appartient à personne! Qu'il soit béni, et par l'infortuné moins indigent dans l'asile même de l'indigence, et par l'innocent soustrait à la cruelle méprise des lois, et par un peuple qui sait aimer ses maîtres, le seul peut-être qui les ait constamment chéris, et dont l'amour, justifié maintenant, devança plus d'une fois et leurs bienfaits et leur naissance! A ce mot... puisse-t-il être un présage!... puisse bientôt un monarque chéri presser entre ses bras paternels le précieux gage de la félicité de nos neveux! puisse-t-il verser sur ce royal enfant, non moins en roi qu'en père, les douces larmes de la tendresse et de la joie! et, si j'osais mêler au vœu de la patrie, non pas l'expression, mais du moins l'accent respectueux de la reconnaissance, j'ajouterais : Puisse le premier sourire d'un fils payer les vertus de son auguste mère!

C'est ici, messieurs, que je voudrais pouvoir terminer ce discours : et par où le finir plus convenablement que par l'éloge de la vertu sur le trône? Mais, après avoir exposé les vues principales que rassemblent, ou du moins que font naître les ouvrages de M. de Sainte-Palaye, il me semble que j'ai presque oublié de louer M. de Sainte-Palaye lui-même. Ce n'est pas lui qu'on aura fait connaître, en ne parlant que de ses livres; et c'est dans son caractère que réside une grande partie de son éloge. Ses mœurs, vous le savez, unissaient à l'aménité de notre siècle la simplicité, la candeur, la naïveté qu'on suppose à nos pères. Épris de nos anciens chevaliers, il semblait avoir emprunté d'eux et adopté, dans les proportions convenables, les qualités qui distinguent en effet plusieurs de ces guerriers célèbres : honneur, désintéressement, galanterie, loyauté; et, s'il m'est permis de pousser plus loin le parallèle, on voit, par l'étendue de ses travaux, qu'à l'exemple des anciens chevaliers, il ne s'effrayait pas des grandes entreprises. C'est par cette constance et par cette passion pour l'étude, qu'il avait réparé si promptement le désavantage d'une jeunesse débile et languissante, qu'une santé trop foible avait rendue presqu'entièrement étrangère aux lettres.

Croira-t-on qu'un homme placé de si bonne heure au rang des savans les plus distingués; admis à vingt-six ans dans une compagnie célèbre par l'érudition, ait passé les vingt premières années de sa vie sous les yeux de sa mère, partageant auprès d'elle ces occupations faciles qui mêlent l'amusement au travail des femmes ? Peut-être cette singularité d'une éducation purement maternelle, bornée pour d'autres à l'époque de la première enfance, et qui se prolongea pour lui jusqu'à la jeunesse, fut, pour M. de Sainte-Palaye, une des sources de cette douceur insinuante, de cette indulgence aimable, dont le cœur d'une mère est sans doute le plus parfait modèle. Peut-être l'austérité précoce d'une éducation trop dure ou moins facile a plus d'une fois resserré le germe, ou flétri du moins la fleur d'une sensibilité naissante. M. de Sainte-Palaye, plus heureux....., destinée unique d'un être né pour le bonheur, qui passe sans intervalle de l'asile maternel sous la sauve-garde de l'amitié! Dès ce moment, messieurs, je ne puis que vous rappeler des faits connus de la plupart d'entre vous; et si j'ose vous en occuper, si je m'arrête un moment sur la peinture de cette union fraternelle, c'est que le nom seul de M. de Sainte-Palaye m'en fait un devoir indispensable : c'est l'hommage le plus digne de sa mémoire; et vous-même vous pensez que le sanctuaire des lettres ouvert aux talens ne s'honore pas moins des vertus qui les embellissent.

La tendresse des deux frères commença dès leur naissance; car ils étaient jumeaux : circonstance précieuse qu'ils rappelaient toujours avec plaisir. Ce titre de jumeaux leur paraissait le présent le plus heureux que leur eût fait la nature; et la portion la plus chère de l'héritage paternel : il avait le mérite de reculer pour eux l'époque d'une amitié si tendre; ou plutôt ils lui devaient le bonheur inestimable de ne pouvoir trouver, dans leur vie entière, un moment où ils ne se fussent point aimés. M. de Sainte-Palaye n'a fait que six vers dans sa vie, et c'est la traduction d'une épigramme grecque sur deux jumeaux. Le testament des deux frères, car ils n'en firent qu'un (et celui qui mourut le premier disposa des biens de l'autre), leur testament distingua, par un legs considérable, deux parentes éloignées qui avaient l'avantage, inappréciable à leurs yeux, d'être sœurs, et nées comme eux au même instant. C'est avec le même intérêt qu'ils se plaisaient à raconter que, dans leur jeunesse, leur parfaite ressemblance trompait l'œil même de leurs parens : douce méprise, dont les deux frères s'applaudissaient ! On aurait pu les désigner dès lors, comme le fit depuis M. de Voltaire, par une allusion très-heureuse :

O fratres Helenœ, lucida sydera !

consécration poétique qui leur assignait, parmi nous, le rang que tiennent dans la fable ces deux jumeaux célèbres, jadis les protecteurs, et maintenant les symboles de l'amitié fraternelle. Mais, plus heureux que les frères d'Hélène, privés par une éternelle séparation du plus grand charme de l'amitié, une même demeure, un même appartement, une même table, les mêmes sociétés, réunirent constamment MM. de la Curne : peines et plaisirs, sentimens et pensées, tout leur fut commun ; et je m'aperçois que cet éloge ne peut les séparer. Et pourquoi m'en ferais-je un devoir? pourquoi M. de la Curne ne serait-il pas associé à l'éloge de son frère ? C'était lui qui secondait le plus les travaux de M. de Sainte-Palaye, en veillant sur sa personne, sur ses besoins, sur sa santé ; en se chargeant de tous ses soins domestiques, qu'un sentiment rend si nobles et si précieux. Heureux les deux frères sans doute ! mais plus encore celui des deux qui, voué aux lettres, et plus souvent solitaire, arraché à ses livres par son ami, reçoit de l'amitié ses distractions et ses plaisirs; qui tous les jours épanche, dans un commerce chéri, les sentimens de tous les jours; qui ne voit aucun moment de sa vie tromper les besoins de son cœur; enfin qui n'a jamais connu ce tourment de sensibilité contrainte, aigrie ou combattue, ce poison des âmes tendres, qui change en amertume secrète la douceur des plus aimables affections! De là, sans doute, dans M. de Sainte-Palaye ce calme intérieur, cette tranquille égalité de son âme, qui, manifestée dans les traits et dans la sérénité de son visage, intéressait d'abord en sa faveur, devenait en lui une sorte de séduction, et faisait de son bonheur même un de ses moyens de plaire. Ainsi s'écoulait cette vie fortunée, sous les auspices d'un sentiment qui, par sa durée, devint enfin l'objet d'un intérêt général. Combien de fois a-t-on vu les deux frères, surtout dans leur vieillesse, paraissant aux assemblées publiques, aux promenades, aux concerts, attirer tous les regards, l'attention du respect, même les applaudissemens! Avec quel plaisir, avec quel empressement on les aidait à prendre place, on leur montrait, on leur cédait la plus commode ou la plus distinguée! triomphe dont leurs cœurs jouissaient avec délices; triomphe si doux à voir, si doux à peindre! car, après la vertu, le spectacle le plus touchant est celui de l'hommage que lui rendent les hommes assemblés ; et dans les rencontres ordinaires de la société, on n'aperçut jamais un des deux frères, sans croire qu'il cherchait l'autre. A force de les voir presque inséparables, on disait, on affirmait qu'ils ne s'étaient jamais séparés, même un seul jour. Il fallait bien ajouter au prodige ; et leur union était mise, dès leur vivant, au rang de ces amitiés antiques et fameuses qui passionnent les âmes ardentes, et dont on se permet d'accroître l'intérêt par les embellissemens de la fiction. Eh ! qu'en est-il besoin, lorsqu'ils se sont fait mutuellement tous les sacrifices, et enfin celui d'un sentiment qui, pour l'ordinaire, triomphe de tous les autres ? M. de la Curne est près de se marier : M. de Sainte-Palaye ne voit que le bonheur de son frère ; il s'en applaudit ; il est heureux ; il croit aimer lui-même...... Mais, la veille du jour fixé pour le mariage, M. de la Curne aperçoit, dans les yeux de son frère, les signes d'une douleur inquiète, mêlée de tendresse et d'indignation. C'est que M. de Sainte-Palaye, au moment de quitter son frère, redoutait pour leur amitié les suites de ce nouvel engagement. Il laisse entrevoir sa crainte ; elle est partagée. Le trouble s'accroît, les larmes coulent. « Non, dit M. de la Curne, je ne me marierai » jamais. » Les sermens furent réciproques ; et jamais ils ne songèrent à les violer. C'est ainsi que M. de Sainte-Palaye vit exécuter, et lui-même exécuta une des lois de la chevalerie qui lui plaisait sans doute davantage, la fraternité préférée à tout, même au service des dames.

O charme simple et naïf d'une scène intérieure et domestique! Combien d'autres non moins douces, non moins touchantes, oubliées et ensevelies dans le secret de cette heureuse demeure, asile de l'amitié! Pourquoi faut-il que l'âge et le temps lui en offrent de plus affligeantes et de plus douloureuses! Ah! la vieillesse avance; elle amène l'idée d'une séparation : la mort leur est affreuse. Ils frémissent : leurs cœurs se précipitent l'un vers l'autre; ils se serrent, se pressent avec terreur; ils mêlent et confondent leurs pleurs, leurs craintes, dirai-je leurs espérances? Il en est une qu'ils saisissent, qu'ils embrassent avec tendresse : ils sont nés à la même heure; si la même heure à la mort les unissait! cette idée les console, les rassure. Où ils ne voient plus de séparation, la mort a disparu; l'illusion s'achève; ils osent s'en flatter; et dans l'égarement de leur douleur, ils se promettent un miracle, n'en connaissant pas de plus impossible que de vivre séparés. Il approche toutefois, cet instant redoutable : c'est M. de la Curne dont la santé chancelante annonce la fin prochaine. On tremble, on s'attendrit pour M. de Sainte-Palaye : c'est à lui que l'on court, dans le danger de son frère. Tous les cœurs sont émus; leurs amis, leurs connaissances, quiconque les a vus, tous en parlent, tous s'en occupent : le feu roi (car une telle amitié devait parvenir jusqu'au trône) montra quelqu'intérêt pour l'infortuné menacé de survivre. C'est lui que plaint surtout le mourant lui-même. « Hélas ! dit-il, que deviendra mon frère ? je m'étais toujours flatté qu'il mourrait avant moi. » O regret, peut-être sans exemple ! ô vœu sublime du sentiment, qui, dans ce partage des douleurs, s'emparait de la plus amère, pour en sauver l'objet de sa tendresse ! Vous les avez sus, messieurs, ces détails que des récits fidèles vous apportaient tous les jours ; vous avez frémi sur le sort d'un vieillard.........., j'allais dire abandonné, c'est presque l'épithète de cet âge : mais non ; ses amis se rassemblent, l'environnent, se succèdent ; des femmes jeunes, aimables, s'arrachent aux dissipations du monde, pour seconder des soins si touchans. Il a vécu pour l'amitié : il est sous la tutelle de tous les cœurs sensibles. Ah ! qu'il est doux de voir démentir ces tristes exemples d'un abandon cruel et trop fréquent, ces crimes de la société qui consternent l'âme, en lui rappelant ses blessures, ou lui présageant celles qui l'attendent ! Avec quel soulagement, avec quel plaisir, le cœur abjure ces pensées austères, ces sombres réflexions, qui nous présentent l'humanité sous un aspect lugubre ; qui anticipent sur la mort, en montrant l'homme isolé dans la foule, et séparé de ce qui l'entoure ! Un bonheur constant avait épargné à M. de Sainte-Palaye ces idées affligeantes, et en préserva sa vieillesse. C'était le prix de ses vertus, sans doute, mais surtout de cette indulgence inépuisable, universelle, qui passait dans tous ses discours, et que promettait encore la douceur de son maintien. Né pour aimer, il ne peut haïr, même le vicieux, même le méchant. Ce n'est pour lui qu'un être qui n'est pas son semblable, dont il s'écarte sans colère et presque sans chagrin : douce facilité, qui, sans altérer la pureté de ses mœurs, assurait à la fois et la tranquillité de son âme, et le repos de sa vie ; et qui, lui épargnant la peine de haïr le vice, épargnait au vice le soin de se venger ! Heureux caractère qui (à moins d'être l'effort d'une raison mûrie, paisible et calme, après avoir tout jugé) n'est qu'un présent de la nature, et n'est point la vertu sans doute, mais que la vertu même pourrait envier !

C'est cette douceur de M. de Sainte-Palaye, c'est cet intérêt universel, accru par son âge et par son malheur, qui calma la violence de son premier désespoir, qui en modéra les accès, et les changea en une tendre mélancolie qu'il porta jusqu'au tombeau. Hélas ! on s'étonnait qu'il s'y traînât si lentement : on reprochait à la nature de le laisser vivre après son frère. Ah ! c'est qu'il vivait encore avec lui ; il l'entendait ; il le voyait sans cesse. Vous en fûtes témoins, messieurs, lorsqu'à l'une de vos assemblées particulières, chancelant, prêt à tomber, il est secouru par l'un de vous qu'il connaissait à peine : c'était un de vos choix les plus récens (1). « Monsieur, dit le vieil- » lard, vous avez sûrement un frère ! « Un frère ! un secours ! ces deux idées sont pour lui inséparables à jamais. Toutes les autres s'altèrent, s'effacent par degrés ; la douleur, la vieillesse, les infirmités affaiblissent ses organes, disons tout, sa raison : mais cette idée chérie survit à sa raison, le suit partout, et consacre à vos yeux les tristes débris de lui-même. Il n'est plus qu'une ombre, il aime encore ; et semblable à ces mânes, habitans de l'Elysée, à qui la fable conservait et leurs passions et leurs habitudes, il vient à vos séances, il vous parle de son frère, et vous respectez, dans la dégradation de la nature, le sentiment dont elle s'honore davantage.

Je m'aperçois, messieurs, que l'intérêt, sans doute inséparable de ce sentiment, m'attire quelque indulgence ; mais où finit cet intérêt, l'indulgence cesse et m'ordonne de m'arrêter. Et que vous dirais-je qui pût soutenir votre attention ? Rappelerais-je quelques traits non moins précieux du caractère de M. de Sainte-Palaye, sa bonté bienfaisante, sa générosité, d'autres vertus ?... Ah ! l'amitié les suppose. Les vertus ! c'est son cortége naturel ; et celles qui ne la précèdent pas, la suivent pour l'ordinaire. Qu'importe que j'ou-

---

(1) M. Ducis.

blie encore quelques traits intéressans ou curieux de sa vie privée, de ses voyages, les honneurs littéraires qu'il reçut en France et en Italie? Eh! que sont, auprès d'un sentiment, les titres, les honneurs littéraires?... Je ne vous offense pas, messieurs; qui d'entre vous, au milieu de ses travaux, de ses succès, dans la jouissance d'une juste célébrité, n'a point envié plus d'une fois peut-être les douceurs habituelles qu'une telle union répandit sur une vie si longue et si heureuse? Prestige de la gloire, éclat de la renommée, illusions si brillantes et si vaines, si recherchées et si trompeuses, auriez-vous rempli ses jours d'une félicité si pure et si durable? Ah! l'amitié plus fidèle ne trompa point M. de Sainte-Palaye; elle fut le bonheur de sa vie entière, et non le mensonge d'un moment. Son ami lui peut échapper, comme tous les biens nous échappent; mais l'amitié lui reste, et n'accuse point l'erreur de ses plaisirs passés. Elle lui coûte des regrets, mais non celui d'avoir vécu pour elle; et ses regrets encore, mêlés à l'image qui les rend chers à son cœur, reçoivent de cette image même le charme secret qui les tempère, les adoucit, et les égare en quelque sorte dans l'attendrissement des souvenirs. Que dis-je? ô consolation! ô bonheur d'une destinée si rare! c'est l'amitié qui veille encore sur ses derniers jours. Il pleure un frère, il est vrai; mais il le pleure dans le sein d'un ami qui partage cette perte, qui le remplace autant qu'il est en lui, qui lui prodigue jusqu'au dernier moment les soins les plus attentifs, les plus tendres, ajoutons, pour flatter sa mémoire, les plus fraternels. C'est parmi vous, messieurs, qu'il devait se trouver, cet ami si respectable (1), ce bienfaiteur de tous les instans, qui, chaque jour, abandonne ses études, ses plaisirs, pour aller secourir l'enfance de la vieillesse. Vos yeux le cherchent, son trouble le trahit : nouveau garant de sa sensibilité, nouvel hommage à la mémoire de l'ami qu'il honore et qu'il pleure !

---

(1) M. de Bréquigny.

DES ACADÉMIES.

OUVRAGE QUE MIRABEAU DEVAIT LIRE A L'ASSEMBLÉE NATIONALE, SOUS LE NOM DE RAPPORT SUR LES ACADÉMIES, EN 1791.

Messieurs,

L'Assemblée nationale a invité les différens corps, connus sous le nom d'académies, à lui présenter le plan de constitution que chacun d'eux jugerait à propos de se donner. Elle avait supposé, comme la convenance l'exigeait, que les académies chercheraient à mettre l'esprit de leur constitution particulière en accord avec l'esprit de la constitution générale. Je n'examinerai pas comment cette intention de l'assemblée a été remplie par chacun de ces corps: je me bornerai à vous présenter quelques idées sur l'académie française, dont la constitution plus connue, plus simple, plus facile à saisir, donne lieu à des rapprochemens assez étendus, qui s'appliquent comme d'eux-mêmes à presque toutes les corporations littéraires, surtout dans les gouvernemens libres. *Qu'est-ce que l'Académie française? A quoi sert-elle?* C'est ce qu'on demandait fréquemment, même sous l'ancien régime ; et cette seule observation paraît indiquer la réponse qu'on doit faire à ces questions sous le régime nouveau. Mais, avant de prononcer une réponse définitive, rappelons les principaux faits. Ils sont notoires; ils sont avérés; ils ont été recueillis religieusement par les historiens de cette compagnie : ils ne seront pas contestés; on ne récuse pas pour témoins ses panégyristes.

Quelques gens de lettres, plus ou moins estimés de leur temps, s'assemblaient librement et par goût chez un de leurs amis, qu'ils élurent leur secrétaire. Cette société, composée seulement de neuf ou dix hommes, subsista inconnue pendant quatre ou cinq ans, et servit à faire naître différens ouvrages que plusieurs d'entre eux donnèrent au public. Richelieu, alors tout-puissant, eut connaissance de cette association. Cet homme, qu'un instinct rare éclairait sur tous les moyens d'étendre ou de perfectionner le despotisme, voulut influer sur cette société naissante : il lui offrit sa protection, et lui proposa de la constituer sous autorité publique. Ces offres, qui affligèrent les associés, étaient à peu près des ordres : il fallut fléchir. Placés entre sa protection et sa haine, leur choix pouvait-il être douteux ? Après d'assez vives oppositions du parlement, toujours inquiet, toujours en garde contre tout ce qui venait de Richelieu ; après plusieurs débats sur les limites de la compétence académique (que le parlement, dans ses alarmes, bornait avec soin aux mots, à la langue; enfin, mais avec beaucoup de peine, à l'éloquence), l'académie fut constituée légalement sous la protection du cardinal, à peu près telle qu'elle l'a été depuis sous celle du roi. Cette nécessité de remplir le nombre de quarante, fit entrer, dans la compagnie, plusieurs gens de lettres obscurs, dont le public n'apprit les noms que par leur admission dans ce corps : ridicule qui depuis s'est renouvelé plus d'une fois. Il fallut même, pour compléter le nombre académique, recourir à l'adoption de quelques gens en place, et d'un assez grand nombre de gens de la cour. On admira, on vanta, et on a trop vanté depuis ce mélange de courtisans et de gens de lettres, cette prétendue égalité académique, qui, dans l'inégalité politique et civile, ne pouvait être qu'une vraie dérision. Eh! qui ne voit que mettre alors Racine à côté d'un cardinal était aussi impossible qu'il le serait aujourd'hui de mettre un cardinal à côté de Racine? Quoiqu'il en soit, il est certain que cet étrange amalgame fut regardé alors comme un service rendu aux lettres : c'était peut-être en effet hâter de quelques momens l'opinion publique, que le progrès des idées et le cours naturel des choses auraient sûrement formée quelques années plus tard ; mais enfin la nation, déjà disposée à sentir le mérite, ne l'était pas encore à le mettre à sa place. Elle estima davantage Patru en voyant à côté de lui un homme décoré; et cependant Patru, philosophe quoique avocat, faisait sa jolie fable d'*Apollon*, qui, après avoir rompu une des cordes de sa lyre, y substitua un fil d'or : le dieu s'aperçut que la lyre n'y gagnait pas ; il y remit une corde vulgaire, et l'instrument redevint la lyre d'Apollon.

Cette idée de Patru était celle des premiers académiciens, qui tous regrettaient le temps qu'ils appelaient leur âge d'or ; ce temps où, inconnus et volontairement assemblés, ils se communiquaient leurs pensées, leurs ouvrages et leurs projets, dans la simplicité d'un commerce vraiment philosophique et littéraire. Ces regrets subsistèrent pendant toute la vie de ces premiers fondateurs, et même dans le plus grand éclat de l'académie française. N'en soyons pas surpris : c'est qu'ils étaient alors ce qu'ils devaient être, des hommes libres, librement réunis pour s'éclairer : avantages qu'ils ne retrouvaient pas dans une association plus brillante.

C'est pourtant de cet éclat que les partisans de l'académie (ils sont en petit nombre) tirent les argumens qu'ils rebattent pour sa défense. Tous leurs sophismes roulent sur une seule supposition. Ils commencent par admettre que la gloire de tous les écrivains célèbres du siècle de Louis XIV, honorés du titre d'académiciens, forme la splendeur académique et le patrimoine de l'académie. En partant de cette supposition, voici comme ils raisonnent : Un écrivain célèbre a été de l'académie, ou il n'en a pas été. S'il en a été, tout va bien ; il n'a composé ses ouvrages que pour en être; sans l'existence de l'académie, il ne les eût pas faits ; du moins il n'en eût fait que de médiocres : cela est démontré. Si au contraire il n'a pas été de l'académie, rien de plus simple encore ; il brûlait du désir d'en être ; tout ce qu'il a fait de bon, il l'a fait pour en être : c'est un malheur qu'il n'en ait pas été ; mais, sans ce but, il n'eût rien fait du tout, ou du moins il n'eût rien fait que de mauvais. Heureusement on n'ajoute point que, sans l'académie, cet écrivain ne serait jamais né. La conclusion de ce puissant dilemme est que les lettres et les académies sont une seule et même chose; que détruire les académies, c'est détruire l'espérance de voir renaître de grands écrivains, c'est se montrer ennemi des lettres, en un mot, c'est être un barbare, un vandale.

Certes, si on leur passe que, sans cette institution, la nation n'eût point possédé les hommes prodigieux dont les noms décorent la liste de l'académie ; si leurs écrits forment, non pas une gloire nationale, mais une gloire académique, on n'a point assez vanté l'académie française, on est trop ingrat envers elle. L'*Immortalité*, cette devise du génie, qui pouvait paraître trop fastueuse pour une corporation, n'est plus alors qu'une dénomination juste, un honneur mérité, une dette que l'académie acquittait envers elle-même.

Mais qui peut admettre, de nos jours et dans l'assemblée nationale, que la gloire de tous ces grands hommes soit une propriété académique? Qui croira que Corneille, composant *le Cid* près du berceau de l'académie naissante, n'ait écrit ensuite *Horace*, *Cinna*, *Polyeucte*, que pour obtenir l'honneur d'être assis entre messieurs Granier, Salomon, Porchères, Colomby, Boissat, Bardin, Baudoin, Balesdens : noms obscurs, inconnus aux plus lettrés d'entre vous, et même échappés à la satire contemporaine? On rougirait d'insister sur une si absurde prétention.

Mais pour confondre, par le détail des faits, ceux qui lisent sans réfléchir, revenons à ce siècle de Louis XIV, cette époque si brillante de la littérature française, dont on confond mal à propos la gloire avec celle de l'académie.

Est-ce pour entrer à l'académie française qu'il fit ses chefs-d'œuvres, ce Racine, provoqué, excité dès sa première jeunesse par les bienfaits immédiats de Louis XIV; ce Racine qui, après avoir composé *Andromaque*, *Britannicus*, *Bérénice*, *Bajazet*, *Mithridate*, n'était pas encore de l'académie, et n'y fut admis que par la volonté connue de Louis XIV, par un mot du roi équivalant à une lettre de cachet : *Je veux que vous en soyez*. Il en fut.

Espérait-il être de l'académie, ce Boileau, dont les premiers ouvrages furent la satire de tant d'académiciens; qui croyait s'être fermé les portes de cette compagnie, ainsi qu'il le fait entendre dans son discours de réception; et qui, comme Racine, n'y fut admis que par le développement de l'influence royale.

Etait-il excité par un tel mobile, ce Molière, que son état de comédien empêchait même d'y prétendre, et qui n'en multiplia pas moins d'année en année les chefs-d'œuvres de son théâtre, devenu presque le seul théâtre comique de la nation?

Pense-t-on que l'académie ait aussi été l'ambition du bon La Fontaine, que la liberté de ses contes, et surtout son attachement à Fouquet, semblaient exclure de ce corps; qui n'y fut admis qu'à soixante-trois ans, après la mort de Colbert (1), persécuteur de Fouquet? et pense-t-on que, sans l'académie, le fablier n'eût point porté des fables?

Faut-il parler d'un homme moins illustre, mais distingué par un talent nouveau? Qui croira que l'auteur d'*Atys* et d'*Armide*, comblé des bienfaits de Louis XIV, n'eût point, sans la perspective académique, fait des opéras pour un roi qui en payait si bien les prologues (2)?

Voilà pour les poètes; et quand aux grands écri-

---

(1) La Fontaine fut reçu en 1684, après la mort de Colbert en 1683.

(2) Quinaut fut admis à l'Académie en 1670, et jusqu'alors il n'avait fait que des tragédies; son premier opéra est de 1672.

vains en prose, est-il vrai que Bossuet, Fléchier, Fénélon, Massillon, appelés par leurs talens aux premières dignités de l'église, avaient besoin de ce faible aiguillon, pour remplir la destinée de leur génie? Dans cette liste des seuls vrais grands écrivains du siècle de Louis XIV, nous n'avons omis que le philosophe La Bruyère, qui sans doute ne pensa pas plus à l'académie, en composant ses *Caractères*, que La Rochefaucault en écrivant ses *Maximes*. Nous ne parlons pas de ceux à qui cette idée fut toujours étrangère : Pascal, Nicole, Arnaud, Bourdaloue, Mallebranche, que leurs habitudes ou leur état en écartaient absolument. Il est inutile d'ajouter, à cette liste de noms si respectables, plusieurs noms profanes, mais célèbres, tels que ceux de Dufresny, Lesage et quelques autres poètes comiques, qui n'ont jamais prétendu à ce singulier honneur, ne l'ayant pas vu du côté plaisant, quoiqu'ils en fussent bien les maîtres.

Après avoir éclairci des idées dont la confusion faisait attribuer à l'existence d'un corps la gloire de ses plus illustres membres, examinons l'académie dans ce qui la constitue comme corporation, c'est-à-dire, dans ses travaux, dans ses fonctions, et dans l'esprit général qui en résulte.

Le premier et le plus important de ses travaux est son dictionnaire. On sait combien il est médiocre, incomplet, insuffisant; combien il indigne tous les gens de goût; combien il révoltait surtout Voltaire qui, dans le court espace qu'il passa dans la capitale avant sa mort, ne put venir à l'académie sans proposer un nouveau plan, préliminaire indispensable, et sans lequel il est impossible de rien faire de bon. On sait qu'à dessein de triompher de la lenteur ordinaire aux corporations, il profita de l'ascendant qu'il exerçait à l'académie, pour exiger qu'on mît sur-le-champ la main à l'œuvre, prit lui-même la première lettre, distribua les autres à ses confrères, et s'excéda d'un travail qui peut-être hâta sa fin. Il voulait apporter le premier sa tâche à l'académie, et obtenir de l'émulation particulière ce que lui eût refusé l'indifférence générale. Il mourut : et avec lui tomba l'effervescence momentanée qu'il avait communiquée à l'académie. Il résulta seulement de ses critiques sévères et âpres, que les dernières lettres du dictionnaire furent travaillées avec plus de soin; qu'en revenant ensuite avec plus d'attention sur les premières, les académiciens, étonnés des fautes, des omissions, des négligences de leurs devanciers, sentirent que le dictionnaire ne pouvait, en cet état, être livré au public, sans exposer l'académie aux plus grands reproches, et surtout au ridicule : châtiment qu'elle redoute toujours, malgré l'habitude. Voilà ce qui reculera, de plusieurs années encore, la nouvelle édition d'un ouvrage qui paraissait à peu près tous les vingt ans, et qui se trouve en retard précisément à l'époque actuelle, comme pour attester victorieusement l'inutilité de cette compagnie.

Vingt ans, trente ans pour un dictionnaire! Et autrefois un seul homme, même un académicien, Furetière, en un moindre espace de temps, devança l'académie dans la publication d'un dictionnaire qu'il avait fait lui seul : ce qui occasionna, entre l'académie et l'auteur, un procès fort divertissant, où le public ne fut pas pour elle. Il existe un dictionnaire anglais, le meilleur de tous : c'est le travail du célèbre Johnson, qui n'en a pas moins publié, avant et après ce dictionnaire, quelques ouvrages estimés en Europe. Plusieurs autres exemples, choisis parmi nos littérateurs, montrent assez ce que peut, en ce genre, le travail obstiné d'un seul homme : Moréri, mort à vingt-neuf ans, après la première édition du dictionnaire qui porte son nom ; Thomas Corneille, épuisé de travaux, commençant et finissant, dans sa vieillesse, deux grands ouvrages de ce genre, le *Dictionnaire des Sciences et des Arts*, en trois volumes in-f°.; un *Dictionnaire géographique*, en trois autres volumes *in*-f°.; La Martinière, auteur d'un *Dictionnaire de Géographie*, en dix volumes toujours *in*-f°.; enfin Bayle, auteur d'un *Dictionnaire* en quatre volumes *in*-f°., où se trouvent cent articles pleins de génie, luxe dont les *in*-f°. sont absolument dispensés, et dont s'est préservé surtout le *Dictionnaire de l'Académie*.

Et pourtant, là se bornent tous ses travaux. Les statuts de ce corps, enregistrés au parlement, lui permettaient (c'était presque lui commander) de donner au public une grammaire et une rhétorique; voilà tout: car pour une logique, les parlemens ne l'eussent pas permis. Eh bien! où sont cette grammaire et cette rhétorique? Elles n'ont jamais paru. Cependant, auprès de la capitale, aux portes de l'académie, un petit nombre de solitaires, MM. de Port-Royal, indépendamment de la traduction de plusieurs auteurs anciens, travail qui ne sort point du département des mots, et qui (par conséquent) était permis à l'académie française; MM. de Port-Royal publièrent une *Grammaire universelle raisonnée*, la meilleure qui ait existé pendant cent ans; ils publièrent, non pas une rhétorique, mais une logique : car, pour ceux-ci, le parlement, un peu complice de leur jansénisme, voulait bien leur permettre de raisonner; et l'*Art de raisonner* fut même le titre qu'ils donnèrent à leur logique. Observons qu'en même temps ces auteurs solitaires donnaient, sous leur nom particulier, différens ouvrages qui ne sont point encore tombés dans l'oubli.

Passons au second devoir académique, les discours de réception. Je ne vous présenterais pas, Messieurs, le tableau d'un ridicule usé. Sur ce point, les amis, les ennemis de ce corps parlent absolument le même langage. Un homme loué, en sa présence, par un autre homme qu'il vient de louer lui-même, en présence du public qui s'amuse de tous les deux; un éloge trivial de l'académie et de ses protecteurs : voilà le malheureux canevas où, dans ces derniers temps, quelques hommes célèbres, quelques littérateurs distingués ont semés de fleurs écloses non de leur sujet, mais de leur talent. D'autres, usant de la ressource de Simonide, et se jettant à côté, y ont joint quelques dissertations de philosophie ou de littérature, qui seraient ailleurs mieux placées. Sans doute, quelque main amie des lettres, séparant et rassemblant ces morceaux, prendra soin de les soustraire à l'oubli dans lequel le recueil académique va s'enfonçant de tout le poids de son immortalité.

Nous avons vu des étrangers illustres, confondant, ainsi que tant de Français, les ouvrages des académiciens célèbres et les travaux de la corporation appelée *académie française*, se procurer avec empressement le recueil académique, seule propriété véritable de ce corps, outre son dictionnaire; et, après avoir parcouru ce volumineux verbiage, cédant à la colère qui suit l'espérance trompée, rejeter avec mépris cette insipide collection.

Ici se présente, messieurs, une objection dont on croira vous embarrasser. On vous dira que ces hommes célèbres ont déclaré, dans leur discours de réception, qu'ils ont désiré vivement l'académie, et que ce prix glorieux était en secret l'âme de leurs travaux. Il est vrai qu'ils le disent presque tous : et comment s'en dispenseraient-ils, puisque Corneille et Racine l'ont dit? Corneille, qui ne connut d'abord l'académie que par la critique qu'elle fit d'un de ses chefs-d'œuvres ! Racine, admis chez elle en dépit d'elle, comme on sait ! Qui ne voit d'ailleurs que cette misérable formule est une ressource contre la pauvreté du sujet, et trop souvent contre la nullité du prédécesseur auquel on doit un tribut d'éloges ?

A l'égard de l'empressement réel que de grands hommes ont quelquefois montré pour le fauteuil académique, il faut savoir que l'opinion, qui, sous le despotisme, se pervertit si facilement, avait fait une sorte de devoir aux gens de lettres un peu distingués, d'être admis dans ce corps; et la mode, souveraine absolue chez une nation sans principes; la mode, ajoutant son prestige aux illusions d'une vanité qu'elle aiguillonnait encore, perpétuait l'égarement de l'opinion publique. Le gouvernement le savait bien, et savait bien aussi l'art de s'en prévaloir. Avec quelle adresse habile, éclairé par l'instinct des tyrans, n'entretenait-il pas les préjugés qui, en subjuguant les gens de lettres, les enchaînaient sous sa main ! Une absurde prévention avait réglé, avait établi que les places académiques donnaient seules aux lettres ce que l'orgueil d'alors appelait *un état:* et vous savez quelle terrible existence c'était que celle d'un homme sans état; autant valait dire presque un homme sans aveu : tant les idées sociales étaient justes et saines ! Ajoutons qu'être un homme sans état exposait, il vous en souvient,

Messieurs, à d'assez grandes vexations. Il fallait donc tenir à des corps, à des compagnies; car, là où la société générale ne vous protège point, il faut bien être protégé par des sociétés partielles; là où l'on n'a pas de concitoyens, il faut bien avoir des confrères; là où la force publique n'était souvent qu'une violence légale, il convenait de se mettre en force pour la repousser. Quand les voyageurs redoutent les grands chemins, ils se réunissent en caravane.

Tels étaient les principaux motifs qui faisaient rechercher l'admission dans ces corps; le gouvernement refusant quelquefois cet honneur à des hommes célèbres dont les principes l'inquiétaient, ces écrivains, aigris d'un refus qui exagérait un moment à leurs yeux l'importance du fauteuil, mettaient leur amour-propre à triompher du gouvernement. On en a vu plusieurs exemples; et voilà ce qui explique des contradictions inexplicables pour quiconque n'en a pas la clé.

Qui jamais s'est plus moqué, surtout s'est mieux moqué de l'académie française que le président de Montesquieu dans ses *Lettres Persanes?* Et cependant, révolté des difficultés que la cour opposait à sa réception académique, pour des plaisanteries sur des objets plus sérieux, il fit faire une édition tronquée de ces mêmes lettres où ces plaisanteries étaient supprimées : ainsi, pour pouvoir accuser ses ennemis d'être des calomniateurs, il le devint lui-même, il commit un faux.

Il est vrai qu'en récompense, il eut l'honneur de s'asseoir dans cette académie à laquelle il avait insulté ; et le souvenir de ses railleries, approuvées de ses confrères comme du public, n'empêcha pas que, dans sa harangue de compliment, le récipiendaire n'attribuât tous ses travaux à la sublime ambition d'être membre de l'académie.

On voit, par les lettres de Voltaire, publiées depuis sa mort, le mépris dont il était pénétré pour cette institution ; mais il n'en fut pas moins forcé de subir le joug d'une opinion dépravée, et de solliciter plusieurs années ce fauteuil, qui lui fut refusé plus d'une fois par le gouvernement. C'est un des moyens dont se servait la cour pour réprimer l'essor du génie, et *pour lui couper les ailes*, suivant l'expression de ce même Voltaire, qui reprochait à d'Alembert de se les être laissé arracher. De là vint que tous ceux qui depuis voulurent garder leurs ailes, et à qui leur caractère, leur fortune, leur position permirent de prendre un parti courageux, renoncèrent aux prétentions académiques ; et ce sont ceux qui ont le plus préparé la révolution, en prononçant nettement ce qu'on ne dit qu'à moitié dans les académies : tels sont Helvétius, Rousseau, Diderot, Mably, Raynal et quelques autres. Tous ont montré hardiment leur mépris pour ce corps, qui n'a point fait grands ceux qui honorent sa liste ; mais qui les a reçus grands, et les a rapetissés quelquefois.

Qu'on ne vous oppose donc plus, comme un objet d'émulation pour les gens de lettres, le désir d'être admis dans ce corps, dont les membres les plus célèbres se sont toujours moqués ; et croyez ce qu'ils en ont dit dans tous les temps, hors le jour de leur réception.

Nous arrivons à la troisième fonction académique : les complimens aux rois, reines, princes, princesses ; aux cardinaux, quand ils sont ministres, etc. Vous voyez, Messieurs, par ce seul énoncé, que cette partie des devoirs académiques est diminuée considérablement, vos décrets ne laissant plus en France que des citoyens.

Quatrième et dernière fonction de l'académie : la distribution des prix d'éloquence, de poésie et de quelques autres fondés dans ces derniers temps.

Cette fonction, au premier coup d'œil, paraît plus intéressante que celle des complimens ; et au fond, elle ne l'est guère davantage. Cependant, comme il est des hommes, ou malveillans ou peu éclairés, qui nous supposeraient ennemis de la poésie, de l'éloquence, de la littérature, si nous supprimions ces prix, ainsi que ceux d'encouragement et d'utilité, nous vous proposerons un moyen facile d'assurer cette distribution. On ne prétendra pas sans doute qu'une salle du Louvre soit la seule enceinte où l'on puisse réciter des vers bons, médiocres ou mauvais. On ne prétendra pas que, pour cette fonction seule, il faille, contre vos principes, soutenir un établissement public, quelque peu coûteux qu'il puisse être ; car nous rendons cette justice à l'académie française, qu'elle entre pour très-peu dans le *déficit*, et qu'elle est la moins dispendieuse de toutes les inutilités.

Puisque personne ne se permettra les objections absurdes que leur seul énoncé réfute suffisamment, nous avons d'avance répondu à ceux qui croient ou feignent de croire que le maintien de ces prix importe à l'encouragement de la poésie et de l'éloquence. Mais qui ne sait ce qu'on doit penser de l'éloquence académique ? Et puisqu'elle était mise à sa place, même sous le despotisme, que paraîtra-t-elle bientôt auprès de l'éloquence vivante et animée, dont vous avez mis l'école dans le sanctuaire de la liberté publique ? C'est ici, c'est parmi vous, Messieurs, que se formeront les vrais orateurs ; c'est de ce foyer que jailliront quelques étincelles qui même animeront plus d'un grand poète. Leur ambition ne se bornera plus à quelques malheureux prix académiques, qui à peine depuis cent ans ont fait naître quelques ouvrages au-dessus du médiocre. Il ne faut point appliquer, aux temps de la liberté, les idées étroites connues aux jours de la servitude. Vous avez assuré au génie le libre exercice et l'utile emploi de ses facultés ; vous lui avez fait le plus beau des présens ; vous l'avez rendu à lui ; vous l'avez mis, comme le peuple, en état de se protéger lui-même. Indépendamment de ces prix que vous laisserez subsister, la poésie ne deviendra pas muette; et la France peut encore entendre de beaux vers, même après Messieurs de l'académie française.

Il est un autre prix plus respectable, décerné tous les ans par le même corps d'après une fondation particulière, prix dont la conservation paraît d'abord recommandée par sa dénomination même, la plus auguste de toutes les dénominations, *le prix de la vertu.*

Tel est l'intérêt attaché à l'objet de cette fondation, qu'au premier aperçu des inconvenances morales qui en résultent, on hésite, on s'efforce de repousser ce sentiment pénible; on s'afflige de la réflexion qui le confirme; on se fait une peine de le communiquer et d'ébranler dans autrui les préventions favorables, mais peu réfléchies, qui protègent cette institution. Il le faut néanmoins; car ce qui, dans un régime absurde en toutes ses parties, paraissait moins choquant, présente tout à coup une difformité révoltante dans un système opposé, qui, ayant fondé sur la raison tout l'édifice social, doit le fortifier par elle, et l'enceindre, en quelque sorte, du rempart de toutes les considérations morales capables de l'affermir et de le protéger. Ne craignons donc pas d'examiner, sous cet aspect, l'établissement de ce prix de vertu, bien sûrs que si cette fondation est utile et convenable, elle peut, comme la vertu, soutenir le coup-d'œil de la raison.

Et d'abord, laissant à part cette affiche, ce concours périodique, ce programme d'un prix de vertu *pour l'année prochaine*, je lis les termes de la fondation, et je vois ce prix destiné aux vertus des citoyens *dans la classe indigente*. Quoi donc! qu'est-ce à dire? La classe opulente a-t-elle relégué la vertu dans la classe des pauvres? Non, sans doute. Elle prétend bien, comme l'autre, pouvoir faire éclater des vertus; elle ne veut donc pas du prix! Non, certes : ce prix est de l'or; le riche, en l'acceptant, se croirait avili. J'entends: il n'y en a point assez; il ne le prendrait pas. Le riche l'ose dire! Et pourquoi ne le prendrait-il pas? le pauvre le prend bien! Payez-vous la vertu? ou bien l'honorez-vous? Vous ne la payez pas : ce n'est ni votre prétention, ni votre espérance. Vous l'honorez donc! eh bien! commencez par ne pas l'avilir, en mettant la richesse au-dessus de la vertu indigente.

O renversement de toutes les idées morales, né de l'excès de la corruption publique et fait pour l'accroître encore! Mesurons de l'œil l'abîme dont nous sortons: dans quel corps, dans quelle compagnie eût-il été admis le ci-devant gentilhomme qui eût accepté le prix de vertu dans une assemblée publique? Il y avait, parmi nous, la roture de la vertu! Retirez donc votre or, qui ne peut récompenser une belle action du riche. Rendez à la vertu cet hommage, de croire que le pauvre aussi peut être payé par elle; qu'il a, comme le riche, une conscience opulente et solvable; qu'enfin il peut, comme le riche, placer une bonne action entre le ciel et lui. Législateurs, ne décrétez pas la divinité de l'or, en le donnant pour salaire à ces mouvemens sublimes, à ces grands sacrifices qui semblent mettre l'homme en commerce avec son éternel auteur. Il serait annulé votre décret; il l'est d'avance dans l'âme du pauvre.... oui, du pauvre, au moment où il vient de s'honorer par un acte généreux.

Il est commun, il est partout, le sentiment qui atteste cette vérité. Eh! n'avez vous pas vu, dans ces désastres qui provoquent le secours général, n'avez-vous pas vu quelqu'un de ces pauvres, lorsqu'au risque de ses jours, et par un grand acte de courage, il a sauvé l'un de ses semblables, je veux dire le riche, l'opulent, l'heureux (car il les prend pour ses semblables, dès qu'il faut les secourir), lorsqu'après le péril, et dans le reste des effusions de sa reconnaissance, le riche sauvé présente de l'or à son bienfaiteur, à cet indigent, à cet homme dénué, regardez celui-ci : comme il s'indigne! il recule, il s'étonne, il rougit...... une heure auparavant il eût mendié. D'où lui vient ce noble mouvement? c'est que vous profanez son bienfait, ingrat que vous êtes! vous corrompez votre reconnaissance : il a fait du bien, il vient de s'enrichir; et vous le traitez en pauvre! Au plaisir céleste d'avoir satisfait le plus beau besoin de son âme, vous substituez la pensée d'un besoin matériel ; vous le ramenez du ciel où il est quelque chose, sur la terre où il n'est rien. O nature humaine ! voilà comme on t'honore ! quand la vertu t'élève à ta plus grande hauteur, c'est de l'or qu'on vient t'offrir, c'est l'aumône qu'on te présente !

Mais dira-t-on, cette aumône, elle a pourtant été reçue dans des séances publiques et solennelles. Eh ! qui ne sait, Messieurs, ce qui arrive en ces occasions ? Le pauvre a ses amis qui le servent à leur manière et non pas à la sienne; qui, ne pouvant sans doute lui donner des secours, le conduisent où l'on en donne; et, avant ces derniers temps, qu'était-ce que l'honneur du pauvre ? Et puis, on lui parle de fêtes, d'accueils, d'applaudissemens. Etonné d'occuper un moment ceux qu'il croit plus grands que lui, il a la faiblesse de se tenir pour honoré : qu'il attende.

Plusieurs de vous, Messieurs, ont assisté à quelqu'une de ces assemblées où, parmi des hommes étrangers à la classe indigente, se présente l'indigence vertueuse, couronnée, dit-on : elle attire les regards ; ils la cherchent, ils s'arrêtent sur elle..... Je ne les peindrai pas; mais ce n'est point là l'hommage que mérite la vertu. Il est vrai que le récit détaillé de l'acte généreux que l'on couronne, excite des applaudissemens, des battemens de mains...... J'ignore si j'ai mal vu ; mais secrètement blessé de toutes ces inconvenances, et observant les traits et le maintien de la personne ainsi couronnée, j'ai cru y voir, d'autres l'ont vu comme moi, l'impression marquée d'une secrète et involontaire tristesse, non l'embarras de la modestie, mais la gêne du déplacement.

O vous, qu'on amenait ainsi sur la scène, âmes nobles et honnêtes, mais simples et ignorantes, savez-vous d'où vient ce mal-être intérieur qui affecte même votre maintien? C'est que vous portez le poids d'un grand contraste, celui de la vertu et du regard des hommes. Laissons-là, Messieurs, toute cette pompe puérile, tout cet appareil dramatique qui montre l'immorale prétention d'agrandir la vertu. Une constitution, de sages lois, le perfectionnement de la raison, une éducation vraiment publique : voilà les sources pures, fécondes, intarissables des mœurs, des vertus, des bonnes actions. L'estime, la confiance, l'amour de vos frères et de vos concitoyens.... : hommes libres, hommes généreux, recevez ces prix ; tout le reste, jouet d'enfant ou salaire d'esclave.

J'ai arrêté vos regards, Messieurs, sur chacune des fonctions académiques, dont la réunion montre, sous son vrai jour, l'utilité de cette compagnie, considérée comme corporation. C'est à quoi je pourrais m'en tenir ; mais, pour rendre sensible l'esprit général qui résulte de ces établissemens, j'observe que l'on peut, que l'on doit même regarder comme un monument académique un ouvrage avoué par l'académie, et composé presque officiellement par un de ses membres les plus célèbres, d'Alembert, son secrétaire perpétuel : je parle du recueil des éloges académiques.

Si l'on veut s'amuser, philosopher, s'affliger des ridicules attachés, non pas aux lettres (que nous respectons), mais aux corps littéraires (que nous ne révérons pas), il faut lire cette singulière collection, qui de l'éloge des membres fait naître la plus sanglante satire de cette compagnie. C'est là, c'est dans ce recueil qu'on peut en contempler, en déplorer les misères, et remarquer tous les effets vicieux d'une vicieuse institution ; la lutte des petits intérêts, le combat des passions haineuses, le manége des rivalités mesquines, le jeu de toutes ces vanités disparates et désassorties entre lettrés, titrés, mîtrés; enfin toutes les évolutions de ces amours-propres hétérogènes, s'observant, se caressant, se heurtant tour à tour, mais constamment réunis dans l'adoration d'un maître invisible et toujours présent.

Tels sont, à la longue, les effets de cette dégradante disposition, que, si l'on veut chercher l'exemple de la plus vile flatterie où des hommes puissent descendre, on la trouvera (qui le croirait ?), non dans la cour de Louis XIV, mais dans l'académie française. Témoin le fameux sujet du prix proposé par ce corps : *Laquelle des vertus du roi est la plus digne d'admiration?* On sait que ce programme, présenté officiellement au monarque, lui fit baiser les yeux et couvrir son visage d'une rougeur subite et involontaire. Ainsi un roi, que cinquante ans de règne, vingt ans de succès et la constante idolâtrie de sa cour avaient exercé et en quelque sorte aguerri à soutenir les plus grands excès de la louange, une fois du moins s'avoua vaincu! et c'est à l'académie française qu'était réservé l'honneur de ce triomphe. Se flatterait-on que ce fût là le dernier terme d'un coupable avilissement? On se tromperait. Il faut voir, après la mort de Louis XIV, la servitude obstinée de cette compagnie punir, dans un de ses membres les plus distingués, le crime d'avoir osé juger, sur les principes de la justice et de la raison, la gloire de ce règne fastueux; il faut voir l'académie, pour venger ce prétendu outrage à la mémoire du roi, effacer de la liste académique le nom du seul écrivain patriote qu'elle y eût jamais placé, le respectable abbé de Saint-Pierre : lâcheté gratuite, qui semble n'avoir eu d'autre objet que de protester d'avance contre les tentatives futures ou possibles de la liberté française, et de voter solennellement pour l'éternité de l'esclavage national.

Je sais que le nouvel ordre de choses rend désormais impossible de pareils scandales, et qu'il sauverait, même à l'académie, une partie de ses ridicules accoutumés. On ne verrait plus l'avantage du rang tenir lieu de mérite, ni la faveur de la cour influer, du moins au même degré, sur les nominations. Non, ces abus et quelques autres ont disparu pour jamais; mais ce qui restera, ce qui même est inévitable, c'est la perpétuité de l'esprit qui anime ces compagnies. En vain tenteriez-vous d'organiser pour la liberté des corps créés pour la servitude : toujours ils chercheront, par le renouvellement de leurs membres successifs, à conserver, à propager les principes auxquels ils doivent leur existence, à prolonger les espérances insensées du despotisme, en lui offrant sans cesse des auxiliaires et des affidés. Dévoués, par leur nature, aux agens de l'autorité, seuls arbitres et dispensateurs des petites grâces dans un ordre de choses où les législateurs ne peuvent distinguer que les grands talens, il existe entre ces corps et les dépositaires du pouvoir exécutif une bienveillance mutuelle, une faveur réciproque, garant tacite de leur alliance secrète, et, si les circonstances le permettaient, de leur complicité future. En voulez-vous la preuve? Je puis la produire : je puis mettre sous vos yeux les bases de ce traité, et pour ainsi dire les articles préliminaires. Ecoutez ce même d'Alembert, dans la préface du recueil de ces mêmes éloges, révélant le honteux secret des académies, et enseignant aux rois l'usage qu'ils peuvent faire de ces corporations, pour perpétuer l'esclavage des peuples.

Celui qui se marie, dit Bacon (c'est d'Alembert qui parle), *donne des ôtages à la fortune. L'homme de lettres qui tient à l'académie* (qui tient, c'est-à-dire, est tenu, enchaîné), *l'homme de lettres donne des ôtages à la décence.* (Vous allez savoir ce que c'est que cette décence académicienne.) *Cette chaîne* (cette fois il l'appelle par son nom), *cette chaîne, d'autant plus forte qu'elle sera volontaire* (la pire de toutes les servitudes est en effet la servitude volontaire : on savait cela.) ; *cette chaîne le retiendra sans effort dans les bornes qu'il serait tenté de franchir.* (On pouvait en effet, sous l'ancien régime, être tenté de franchir les bornes.) *L'écrivain isolé et qui veut toujours l'être, est une espèce de célibataire* (un vaurien qu'il faut ranger, en le mariant à l'académie) : *célibataire qui, ayant moins à manger, est par là plus sujet ou plus exposé aux écarts**. (Aux écarts ! par exemple, décrire des vérités utiles aux hommes et nuisibles à leurs oppresseurs.)

Parmi les vérités importantes que les gouvernemens ont besoin d'accréditer (pour les travestir, les défigurer, quand on ne peut plus les dissimuler entièrement) ; *il en est qu'il leur importe de ne répandre que peu à peu, et comme par transpiration insensible* (l'académie laissait peu transpirer) : *un pareil corps, également instruit et sage* (sage Messieurs !), *organe de la raison par devoir, et de la prudence par état* (quel état et quelle prudence !), *ne fera entrer de lumière dans les yeux des peuples, que ce qu'il en faudra pour les éclairer peu à peu* (l'académie économi-

---

* Préface des *Eloges de l'Académie*, lus dans les séances publiques de l'Académie françoise, tome 1, page xvj.

sait la lumière). L'auteur ajoute, il est vrai, *sans blesser les yeux des peuples* ; et l'on entend cette tournure vraiment académique.

Ah ! Messieurs, c'en est trop : qui de vous n'est surpris, indigné, révolté ? Certes, on ne sait qu'admirer le plus dans l'avocat des académies, ou la hardiesse ou l'impudence qui présente les gens de lettres sous un pareil aspect ; qui, les plaçant entre les peuples et les rois, dit à ces derniers, dans une attitude à la fois servile et menaçante : *Nous pouvons à notre choix éclaircir ou doubler, sur les yeux de vos sujets, le bandeau des préjugés. Payez nos paroles ou notre silence ; achetez une alliance utile ou une neutralité nécessaire.* Odieuse transaction, commerce coupable, où l'on sacrifie le bonheur des hommes à des places académiques, à des faveurs de cour ! prime honteuse dans le plus infâme des trafics, celui de la liberté des nations ! Vous concevez maintenant, Messieurs, ce qu'exigent des académies la *décence*, la *sagesse*, la *prudence d'état* : d'état ! hélas ! oui, c'est le mot. Vous en faut-il une seconde preuve également frappante ? Cherchez-la dans cette autre académie, sœur puînée, ou plutôt fille de l'académie française, et fille digne de sa mère par le même esprit d'abjection.

On sait que, d'après une idée de madame de Montespan (ce mot seul dit tout), l'académie des inscriptions et belles-lettres, instituée authentiquement pour la gloire du roi, chargée d'éterniser par les médailles la gloire du roi, d'examiner les dessins des peintures et sculptures consacrées à la gloire du roi, se soutint avec éclat près de trente ans; mais que, vers la fin du règne, la gloire du roi venant tout à coup à manquer, il fallut songer à s'étayer de quelqu'autre secours. Ce fut alors que, sous un nouveau régime qui la soumit à la hiérarchie des rangs, tache dont l'académie française parut du moins exempte, l'académie des belles-lettres chercha les moyens de se montrer utile. Elle eut recours aux antiquités judaïques, grecques et romaines, dont elle fit l'objet de ses recherches et de ses travaux. Eh! que ne s'y bornait-elle! Nous étions si reconnaissans d'avoir appris par elle ce qu'étaient dans la Grèce les dieux cabires, quels étaient les noms de tous les ustensiles composant la batterie de cuisine de Marc-Antoine! Nous applaudissions à la découverte d'un vieux roi de Jérusalem, perdu depuis dix-huit cents ans, dans un recoin de la chronologie! On sourit malgré soi de voir des esprits graves et sérieux s'occuper de ces bagatelles.

Certes, il valait mieux en faire son éternelle occupation, que d'étudier nos antiquités françaises pour les dénaturer, que d'empoisonner les sources de notre histoire, que de mettre aux ordres du despotisme une érudition faussaire, que de combattre et condamner d'avance l'assemblée nationale, en déclarant *fausse et dangereuse* l'opinion qui conteste au roi le pouvoir législatif pour le donner à la nation : c'est l'avis de MM. Secousse, Foncemagne, et de plusieurs autres membres de cette compagnie. Tel est l'esprit de ces corps; ils en font trophée : telle est leur profession de foi publique. *La principale occupation de l'académie des belles-lettres,* dit l'un de ses membres les plus célèbres, Mabillon, *doit être la gloire du roi...*

Quelles soient fermées pour jamais, ces écoles de flatterie et de servilité! Vous le devez à vous-mêmes, à vos invariables principes. Eh! quelle protestation plus noble et plus solennelle contre d'avilissans souvenirs, contre de méprisables habitudes, dont il faut effacer jusqu'aux vestiges; enfin contre l'infatigable adulation dont, au scandale de l'Europe, ces deux compagnies ont fatigué vos deux derniers rois? Eh! Messieurs, l'extinction de ces corps n'est que la conséquence nécessaire du décret qui a détaché les esclaves enchaînés dans Paris à la statue de Louis XIV.

Vous avez tout affranchi : faites, pour les talens, ce que vous avez fait pour tout autre genre d'industrie. Point d'intermédiaire; personne entre les talens et la nation. *Range-toi de mon soleil,* disait Diogène à Alexandre. Et Alexandre se rangea. Mais les compagnies ne se rangent point, il faut les anéantir. Une corporation pour les arts de génie! c'est ce que les Anglais n'ont jamais conçu : et, en fait de raison, vous ne savez plus rester en arrière des Anglais. Homère ni Virgile ne furent d'aucune académie, non plus que Pope et Dryden, leurs immortels traducteurs. Corneille, critiqué par l'académie française, s'écriait: *J'imite l'un de mes trois Horaces ; j'en appelle au peuple.* Croyez-en Corneille, appelez au peuple comme lui.

Eh! qui réclamerait contre votre jugement? Parmi les gens de lettres eux-mêmes, les académies n'avaient guère pour défenseurs que les ennemis de la révolution. Encore, au nombre de ces défenseurs, s'en trouve-t-il quelques uns d'une espèce assez étrange. A quoi bon détruire, disent-ils, des établissemens prêts à tomber d'eux-mêmes à la naissance de la liberté? En vous laissant, Messieurs, apprécier ce moyen de défense, je crois pouvoir applaudir à la conjecture: et n'a-t-on pas vu, dans ces dernières années, l'accroissement de l'opinion publique servir de mesure à la décroissance proportionnelle de ces corps, jusqu'au moment où, toute proportion venant à cesser tout à coup, il n'est resté, entre ces compagnies et la nation, que l'intervalle immense qui sépare la servitude et la liberté?

Eh! comment l'académie, conservant sa maladive et incurable petitesse, au milieu des objets qui s'agrandissent autour d'elle, comment l'académie serait-elle aperçue? Qui recherchera désormais ses honneurs, obscurcis devant une gloire à la fois littéraire et patriotique? Pense-t-on que ceux de vos orateurs qui auront discuté dans la tribune, avec l'applaudissement de la nation, les grands intérêts de la France, ambitionneront beaucoup une frivole distinction à laquelle le despotisme bornait, ou plutôt condamnait les plus rares talens ? Qui ne sent que, si Corneille et Racine ont daigné apporter dans une si étroite enceinte les lauriers du théâtre, cette bizarrerie tenait à plusieurs vices d'un système social qui n'est plus, au prestige d'une vanité qui ne peut plus être, à la tyrannie d'un usage établi, comme un impôt, sur les talens; enfin à de petites convenances fugitives, maintenant disparues devant la liberté et englouties dans l'égalité civile et politique, comme un ruisseau dans l'Océan?

Epargnez-donc, Messieurs, à l'académie une mort naturelle; donnez à ses partisans, s'il en reste, la consolation de croire que sans vous elle était immortelle : qu'elle ait du moins l'honneur de succomber dans une époque mémorable, et d'être ensevelie avec de plus puissantes corporations. Pour cette fois, vous avez peu de clameurs à craindre; car c'est une chose remarquable que l'académie, quoique si peu onéreuse au public, n'ait jamais joui de la faveur populaire. Quant au chagrin que vous causerez à ses membres par leur séparation, croyez qu'il se contiendra dans les bornes d'une hypocrite et facile décence. Déployez donc à la fois, et votre fidélité à vos principes sur les corporations, et votre estime pour les lettres, en détruisant ces corps et en traitant les membres avec une libérale équité.

Celle dont vous userez envers des hommes d'un mérite reconnu, plus ou moins distingué, membres de sociétés littéraires peu nombreuses, où l'on n'est admis que dans l'âge de la maturité, ne peut fatiguer la générosité de la nation. Plût au ciel qu'en des occasions plus importantes, vous eussiez pu réparer, par des dédommagemens aussi faciles, les maux individuels opérés pour le bonheur général ! Plût au ciel qu'il vous eût été permis de placer aussi aisément, à côté de vos devoirs publics, la preuve consolante de votre commisération pour les infortunes particulières !

FIN DU DISCOURS SUR LES ACADÉMIES.

DISSERTATION

SUR

L'IMITATION DE LA NATURE,

RELATIVEMENT AUX CARACTÈRES DANS LES OUVRAGES DRAMATIQUES.

On parle sans cesse de la nécessité d'imiter la nature, sans que personne daigne fixer le vrai sens de ce terme, qui devient presqu'une abstraction, par le petit nombre d'idées claires et distinctes qu'on y attache. Ordinairement la philosophie, pour mériter ce nom, a besoin de voir en grand : ici, elle doit descendre dans quelques détails, sous peine d'être absolument illusoire. Toutefois, il est nécessaire de remonter d'abord à des vues générales.

Les grandes et sublimes proportions que la nature a mises dans ses ouvrages, échappant à nos faibles yeux, les arts se sont proposés de créer pour nous un monde nouveau, plus parfait en apparence, parce que nous embrassons plus aisément les rapports de ses différentes parties. Ils nous placent dans un ordre de choses d'un choix plus exquis ; ils embellissent notre séjour ; ils doivent orner l'édifice, plutôt que d'en élever un semblable. L'homme étant ce qu'il y a dans le monde de plus intéressant pour l'homme, a été le principal objet de l'étude des artistes. Ils l'ont considéré sous toutes les faces, sous tous les rapports qui le lient à ses semblables ; ils l'ont observé dans presque toutes ces circonstances si nombreuses qui opposent l'homme de la nature à l'homme de la société ; qui mettent aux prises ses goûts et ses intérêts, ses passions et ses devoirs. Enfin, ils l'ont placé dans les attitudes les plus pénibles, et lui ont fait subir une espèce de torture, pour arracher de son âme l'expression véritable d'un sentiment profond.

Quelle a dû être la marche de leur esprit dans cette opération ? qu'a dû faire le peintre ? qu'a dû faire le poète ? Ils ont regardé autour d'eux : l'un a vu que les hommes bien proportionnés étaient en petit nombre ; l'autre que la plupart d'entr'eux avaient une âme faible et froide, indigne et incapable d'intéresser. Le peintre aperçoit un homme d'une stature plus haute que celle des autres ; il l'arrête ; il lui dit : Vous serez mon modèle. Le poète, à travers une foule méprisable, distingue un homme qui mérite son attention ; son âme est à la fois sensible et forte, ardente et inébranlable : Voilà, dit le poète, l'homme que je veux peindre.

L'artiste doit m'offrir sans cesse le sentiment

de mon excellence; et ce sentiment, je serai bien loin de l'éprouver, si vous peignez les hommes exactement comme ils sont dans la nature. Agrandissez-nous à nos propres yeux : c'est une flatterie indirecte et d'autant plus ingénieuse, par laquelle vous séduirez à coup sûr notre jugement. Corneille a dit : L'homme s'admirera en m'écoutant, en me lisant. Je lui montrerai Rodrigue, tuant par honneur le père d'une maîtresse qu'il adore ; Auguste pardonnant à son assassin; César vengeant la mort de son ennemi. Je peindrai de grands criminels, et on s'intéressera à leur sort, parce que le crime, si je le risque sur le théâtre, peut attacher; il n'y a que la bassesse qui soit tout-à-fait révoltante : un vil intrigant qui sacrifie son gendre à de lâches espérances de grandeur, je lui donnerai des remords qui feront au moins tolérer son caractère.

Au reste, il serait à souhaiter que Corneille eût pu placer Pauline et Sévère dans l'admirable situation où il les a mis, sans exposer aux yeux un caractère aussi vil que celui de Félix. De ce qu'on n'ose plus en hasarder de semblables, quelques personnes infèrent la médiocrité des successeurs de Corneille : lui seul, dit-on, pouvait mettre un Félix, un Prusias sur la scène. Il fallait conclure au contraire que, depuis ce grand homme, on a fait des progrès dans l'art qu'il a créé. On a senti qu'il fallait des raisons invincibles pour autoriser un poète à peindre de si vils criminels.

L'admirable rôle de Narcisse, dans *Britannicus*, contient une des plus belles leçons qu'on ait jamais données aux rois; et cependant cette considération n'empêche pas que le parterre ne voie ce personnage avec peine; et l'on sait que le public donna, aux premières représentations de ce chef-d'œuvre, des marques d'un mécontentement peu équivoque.

Plus on sonde ce principe, plus on le trouve fécond. Il explique, d'une manière satisfaisante, l'extrême déplaisir qu'on éprouve à voir des caractères nobles s'avilir et se dégrader. Je sais pourquoi mon âme est affectée désagréablement, lorsque le vainqueur des Curiaces enfonce le poignard dans le sein de sa sœur, dont le seul crime est de pleurer la mort de son amant. En lisant l'histoire même, ne sommes-nous pas sensiblement affligés, lorsqu'un des principaux personnages s'avilit par quelque action qui flétrit une âme à laquelle la nôtre s'intéressait? Cette nécessité de maintenir l'énergie du caractère est si reconnue, que les poètes tragiques ont l'attention de ne jamais laisser entendre aux héros de leurs poèmes rien d'humiliant pour eux, même dans la bouche d'un ennemi. Voyez si les menaces d'Assur, dans *Sémiramis*, ont rien d'avilissant pour Arsace! Ce secret de l'art, qui consiste à faire tomber l'odieux du crime sur un confident, est une des découvertes les plus utiles à la tragédie. Racine l'a mis le premier en usage dans

Phèdre. L'auteur de *Mahomet* en a profité habilement, quand il s'est servi d'Omar pour donner à Mahomet l'idée de faire immoler Zopire par Seïde.

Quoique les anciens aient négligé plus d'une fois de soutenir les caractères dans toute leur force, ils ne laissaient pas d'en sentir la nécessité. Lorsqu'ils étaient obligés d'avilir un héros, un dieu ou une déesse venait partager le crime avec lui, ou même s'en chargeait entièrement. Les hommes aimaient mieux qu'on leur montrât un dieu vindicatif, ou une déesse jalouse, qu'un être de leur espèce vil et dégradé. C'est ainsi que, dans Homère, Minerve, la déesse de la sagesse, conduit Ulysse et Diomède aux tentes de Rhésus. Elle ne se montre ni plus juste, ni plus généreuse dans l'*Ajax furieux*, où elle trompe ce malheureux prince, en feignant de le servir, tandis qu'elle sert en effet son rival. L'usage que les anciens faisaient, à cet égard, de leurs divinités, paraît plus condamnable encore que la manière dont ils s'en servaient pour le dénouement de leurs pièces.

Il est à peu près reconnu que les modernes sont très-supérieurs aux anciens dans l'art de tracer les caractères. Je ne doute pas que ceux-ci n'aient bien peint les mœurs existantes sous leurs yeux. Je dis seulement que les caractères des bons ouvrages anciens ne sont pas aussi fortement dessinés que ceux des bons ouvrages modernes. Je crois pouvoir en assigner plusieurs raisons. Ce n'est que depuis la renaissance de la philosophie, qu'on a profondément réfléchi sur la théorie des beaux-arts. Les Grecs paraissent avoir peu médité sur ce sujet. Dominés par une âme sensible et une imagination ardente, ils se laissaient entraîner par ces guides qui conduisent rapidement celui qui marche à leur suite, mais qui quelquefois l'égarent. En effet, le génie ne préserve pas des écarts du génie. Il a besoin d'être dirigé par des réflexions qu'il ne fait ordinairement qu'après s'être trompé plus d'une fois. Plus le goût de la société s'étend, plus les objets des méditations du philosophe se multiplient. Les idées de la vraie grandeur et de la vraie vertu deviennent plus justes et plus précises. La corruption des mœurs qui, selon quelques sages, est le fruit de ce goût excessif pour la société, est pour le poète une raison de plus de multiplier les caractères vertueux. On a dit que, plus les mœurs s'altèrent, plus on devient délicat sur les décences. Par cette raison, plus les hommes deviennent vicieux, plus ils applaudissent à la peinture des vertus. Fatigués de voir des âmes communes, des bassesses, des trahisons, leur cœur se réfugie, pour ainsi dire, dans ces monumens précieux, où il retrouve quelques traits d'une grandeur pour laquelle il était né.

Mais telle est la faiblesse de la nature humaine, même dans ses vertus, que, pour nous rendre intéressans à nos propres yeux, le poète a presque toujours besoin de nous embellir. Quel est le terme auquel il doit s'arrêter ? Je crois qu'il peut nous agrandir tant qu'il voudra, pourvu que l'illusion ne disparaisse point, pourvu que nous nous reconnaissions encore. L'intérêt cesse avec la vraisemblance ; mais ce qui est vraisemblable pour l'un, ne l'est pas pour l'autre. Nous jugeons les hommes vertueux, suivant les moyens que nous avons de les égaler. La décision de ce procès appartient exclusivement au très-petit nombre d'hommes qui, nés avec un sens droit et une âme élevée, peuvent trouver l'appréciation vraie de chaque chose, peuvent dire : ce sentiment est juste et noble ; celui-ci est vrai ; celui-là est faux ou exagéré. L'un doit naître dans un cœur honnête ; l'autre n'existe que dans la tête d'un poète qui s'efforce de créer des vertus. Croyons qu'il est des hommes dignes de porter un tel jugement.

Souvent un seul sentiment faux détruit une illusion délicieuse, et la détruit plus désagréablement qu'une invraisemblance. Qu'une mère, réduite à la dernière infortune par l'erreur d'un juge, se retire dans un cloître avec sa fille ; qu'elle passe pour la gouvernante de son enfant ; qu'appelée ensuite, par un concours de circonstances, dans la maison de son juge, elle y vienne avec sa fille ; que le fils de ce juge devienne amoureux de la jeune personne ; que la tendre gouvernante se défie de cet amour, et veille sur sa fille avec toutes les inquiétudes et toutes les transes de la maternité : voilà ce qui doit intéresser tous les cœurs. Je veux bien passer au poète la combinaison d'incidens divers dont il doit résulter de si grands mouvemens ; mais que cette mère dans l'indigence, souffrant dans elle-même et dans sa fille, refuse la restitution de ses biens, c'est-à-dire, ne permette pas que son juge s'acquitte d'un devoir rigoureux, alors je vois un être imaginaire, produit par un auteur qui, dans ce moment, n'avait pas le sentiment juste des convenances véritables.

Une autre raison pour laquelle un auteur doit s'attacher à n'exprimer que des sentimens vrais, c'est que plusieurs bons esprits ayant vu, dans la plupart des ouvrages de théâtre, une fausse grandeur, rien de tout ce vain étalage dramatique dont rien n'est à leur usage ; au lieu qu'un sentiment noble et juste passe rapidement dans une âme bien faite, qui l'adopte avec avidité.

Il faut un sens très-exquis pour s'arrêter, à cet égard, dans les justes bornes; et ce n'est que depuis Racine qu'on les a fixées. Pompée implore le secours du roi d'Égypte ; il a mis en sûreté la moitié de lui-même ; il n'a plus rien à craindre que pour sa vie ; il prévoit le traitement qu'on va lui faire ; il s'abandonne à sa destinée sans se plaindre : voilà un grand homme. Mais il dédaigne de lever les yeux au ciel,

De peur que, d'un coup d'œil, contre une telle offense,
Il ne semble implorer son aide ou sa vengeance :

voilà un capitan impie. Les princesses de Corneille me paraissent quelquefois avoir, pour la vie, un mépris féroce et peu intéressant. Iphigénie dit naturellement :

> Peut-être assez d'honneurs environnaient ma vie
> Pour ne pas souhaiter qu'elle me fût ravie,
> Ni qu'en me l'arrachant, un sévère destin,
> Si près de ma naissance en eût marqué la fin.

Encore plusieurs gens de goût ont-ils blâmé Racine de n'avoir pas donné à cette jeune princesse une plus grande frayeur de la mort. Aménaïde avoue aussi un sentiment semblable :

> Je ne me vante point du fastueux effort
> De voir, sans m'alarmer, les apprêts de ma mort :
> Je regrette la vie ; elle doit m'être chère.

Puisque les hommes du plus grand courage ne doivent mépriser la vie que lorsqu'ils ne peuvent la conserver qu'en trahissant leurs devoirs ; à plus forte raison, de jeunes princesses innocentes ne doivent point la quitter sans regret, quoique prêtes à la sacrifier, si leur devoir l'exige.

Mais, s'il est vrai qu'il n'y a point de grandes actions dont l'humanité ne soit capable, il est impossible que toutes les vertus se réunissent sur un seul être. Les poètes tragiques ont su éviter ce défaut, dans lequel sont tombés plusieurs romanciers excellens. Ceux-ci ont d'avance affaibli l'intérêt qu'ils font naître dans la suite : c'est ce qu'a fait l'auteur de *Grandisson*, en prenant soin d'accumuler sur son héros toutes les vertus et tous les avantages que la nature et la fortune n'ont jamais réunis dans un seul homme.

Quelques auteurs célèbres, las de voir, dans la plupart des caractères, une empreinte romanesque, se sont avisés d'avilir tout à coup un personnage qu'ils avaient rendu intéressant par la réunion des sentimens les plus délicats. Ils se fondent sur ce que nul n'est parfait dans la nature, et qu'il faut, en présentant aux lecteurs de grands écarts ainsi que de grandes vertus, lui persuader qu'il ne lit point un roman. On répond que l'art consiste à obtenir cet effet, sans employer de pareils moyens. Un grand intérêt pris fortement dans nos mœurs véritables, quelques taches volontairement répandues dans les caractères principaux, quelques circonstances communes dans les événemens, soutiendront parfaitement l'illusion. Le poète et le romancier doivent imiter, en ce point, l'artifice de ces menteurs adroits, qui assurent la croyance à leurs récits, en y mêlant des détails frivoles. Au reste, le peu d'effet qu'ont produit ces ressorts dans des mains habiles et vigoureuses, empêchera, sans doute, que des mains plus faibles osent jamais essayer de s'en servir.

Si l'idée de grandeur que nous attachons à notre nature, est une source d'intérêt, le sentiment de notre faiblesse contre certains coups de la fortune ; le besoin d'appui et de consolation en ouvrent une autre non moins abondante; et souvent ces deux sensations se réunissent. La simple vue d'une action de générosité nous transporte. En sommes-nous les objets? Elle arrache de nos yeux des larmes de reconnaissance et d'admiration. Quand nous avons le bonheur de la faire nous-mêmes, elle excite dans nous un doux tressaillement qui, se confondant par degrés avec le calme d'une joie pure et concentrée, forme la jouissance la plus voluptueuse que la nature ait accordée à l'homme. Oreste et Pylade se disputant l'honneur de mourir l'un pour l'autre, que de sentimens délicieux s'élèvent à la fois dans votre âme! Vous jouissez de la générosité de Pylade; il vous semble que vous l'imiteriez : l'infortune d'Oreste vous attache et vous attendrit. Une identification qui, pour être rapide, n'en est pas moins réelle, nous transforme dans l'homme que l'infortune accable, et dans l'ami généreux qui veut mourir pour lui. Nous jouissons des deux sentimens qui nous sont les plus chers : du sentiment de notre grandeur qui nous flatte, et de celui de notre faiblesse qu'on soulage.

Ce serait peut-être ici la place d'examiner pourquoi les grands crimes ne sont intéressans au théâtre, que quand ils sont commis par des hommes à peu près vertueux. Si OEdipe était un scélérat, il ne serait que révoltant. Qu'un monstre, pour remplir une vengeance méditée depuis plus de vingt ans, fasse boire à un malheureux père le sang de son fils, c'est une horreur qui n'est point intéressante. On répond que l'intérêt porte sur Thyeste. J'insiste, et je dis que Thyeste n'inspire point un intérêt déchirant, tel qu'on devait l'attendre d'une pareille situation, si elle eût été adoucie. On a seulement pour lui cette pitié qu'on accorde à tous les malheureux. Un écrivain célèbre, dans une lettre éloquente contre les spectacles, fait un grand mérite à l'auteur d'*Atrée* d'avoir intéressé tous les spectateurs pour la simple humanité. Ce point de vue, sans doute, est philosophique : mais qu'on examine s'il en fallait faire un mérite à l'auteur. Thyeste est jeté par la tempête dans un port soumis au cruel Atrée. Il faut échapper à sa vengeance; il cache sa qualité de prince : quoiqu'il fasse, il faut bien qu'il reste homme; il ne peut renoncer à ce titre. Il est évident que la force du sujet a tout fait, et qu'il n'y a point un si grand mérite dans cette disposition, qui d'ailleurs appartient tout à fait à Sénèque. Mais qu'un amant sensible et généreux tue sa maîtresse vertueuse, et qu'il croit infidèle ; qu'Oreste, que Ninias massacrent leur coupable mère avec le projet de ne jamais cesser de la respecter : voilà un genre de tragédie qui aura toujours des droits sur tous les hommes. L'événement tragique est le même, sans qu'il soit besoin d'offrir des monstres aux yeux des spectateurs. L'erreur commet le crime, l'homme reste vertueux: l'effet théâtral n'y perd rien.

Le dogme de la fatalité, répandu chez les anciens, les amena par degrés à concevoir ainsi la tragédie. D'abord, le besoin que les hommes ont d'être ébranlés fortement, fit qu'on se contenta d'une émotion vive, de quelque manière qu'elle fût produite : Oreste, tourmenté par les furies ; Prométhée attaché sur le Caucase, tandis que des vautours lui déchiraient le cœur : ces affreux spectacles suffirent. Ensuite, on s'efforça de rendre intéressant le héros du poème : le poète ménage tellement son action qu'on ne pouvait imputer les crimes de son héros qu'à une fatalité tyrannique ; c'est ce qui rend Œdipe et Phèdre si attachans. Depuis, Corneille, aidé de Guillen de Castro et de son génie, inventa la tragédie fondée sur les passions. Enfin, on est revenu depuis à un genre de tragédie fondé en même temps sur les passions et sur cette dépendance où nous sommes d'une cause supérieure : telle est *Sémiramis*, et telles sont les pièces dont les sujets sont tirés du théâtre des Grecs. Quelque admiration que j'aie pour ce genre, dans lequel on peut offrir aux hommes de grandes leçons et de grands tableaux, j'avoue que je lui préfère la tragédie qui fait couler des larmes de pur attendrissement ; telles sont *Andromaque*, *Zaïre*, *Alzire*, etc.

Les différens peuples policés ont suivi des procédés différens dans l'imitation de la nature. Les Grecs ont prodigué les grands traits, mais s'en sont souvent permis plusieurs qui avilissaient leurs héros. Ce défaut venait de ce que, dans ces siècles héroïques et grossiers, on n'avait point fixé les véritables notions des vertus morales. Les Romains, nés moins heureusement, mais ayant plus d'idées sur les décences, tracèrent des caractères moins forts, mais plus soutenus. Les deux ou trois siècles qui précédèrent la renaissance des lettres, doivent être comptés pour rien. Une imitation servile des anciens, tant Grecs que Romains, tint lieu de tout mérite dans l'Europe littéraire. Les Anglais, les Italiens et les Français prirent des routes différentes. Les deux premiers de ces peuples, surtout les Anglais, se piquèrent d'imiter la nature avec une vérité souvent grossière et rebutante. La preuve qu'ils n'étaient point dirigés, dans cette marche, par le désir d'opérer une illusion parfaite, mais seulement par une rusticité qui n'est point incompatible avec les élans du génie, c'est qu'en même temps qu'ils copiaient la nature commune, ils choquaient toutes les vraisemblances, en resserrant dans l'espace d'un jour des événemens qui avaient rempli trente années. Les Italiens imitèrent la nature dans ces détails moins odieux, mais peu intéressans. Dans la *Mérope* de Maffei, le vieillard qui vient chercher le jeune Égiste, se permet de parler beaucoup, et de dire plusieurs choses inutiles à l'action. Blâmez, en Italie, cette absurdité; on vous répondra : Telle est la nature. En France, nous pensons qu'il pourrait exister un vieillard qui, ayant élevé le fils de son roi, et l'ayant laissé échapper de ses bras, viendrait le réclamer sans bavardage.

Combien cette imitation servile de la nature est peu intéressante! Dès lors, le goût, ce conducteur du génie, est banni de l'empire des arts; dès lors, plus de nécessité de porter du choix dans les parties, pour en former un ensemble intéressant: une vérité, souvent désagréable, tiendra lieu de mérite. Plus de ces nuances, de ces adoucissemens que la perfection du goût a introduits dans le langage, dans la peinture des passions, et dont Racine a le premier donné l'idée. Si vous peignez les anciens exactement tels qu'ils sont, vous présentez le tableau de mœurs grossières à des hommes dont les mœurs se sont épurées par le temps ; vous rappelez à un nouveau noble le souvenir de sa roture.

Exiger toujours cette froide ressemblance, c'est refuser d'accéder au traité secret, mais réel, en vertu duquel l'artiste dit au public : Admettez telle et telle supposition, et je m'engage à affecter votre âme de telle et telle manière. Ces conventions étant au théâtre en plus grand nombre que partout ailleurs, vous proscrirez toute représentation dramatique ; la tragédie en musique vous deviendra tout à fait insupportable ; vous n'aurez guère plus d'indulgence pour la tragédie parlée ; vous demanderez pourquoi Pulcherie insulte Phocas en vers alexandrins, et la perfection même de l'art va devenir un défaut pour vous. Dans un chef-d'œuvre où de grands événemens sont représentés et réunis d'une manière attachante, vous serez en droit de remarquer que la nature ne place pas ainsi, l'un auprès de l'autre, plusieurs événemens extraordinaires. Si vous continuez à vous tenir rigueur, vous demanderez pourquoi César parle français; vous serez le plus cruel ennemi de vos plaisirs : vous aurez vu *Mérope*, et n'aurez pas pleuré.

Voulez-vous voir combien la nature a besoin d'être embellie? Jetez les yeux sur la pastorale. Il est à croire que les guerres civiles d'Auguste et d'Antoine, les troubles de l'Italie dans le siècle du Guarini et du Tasse, l'abrutissement où les paysans ont toujours été plongés en France, n'ont pas permis que la patrie des Tityres, des Amyntes, des Tyrcis, des Céladons, ait été le séjour du parfait bonheur. Toutefois, nous sentons que les habitans de la campagne, libres des travaux trop pénibles de leur état, abandonnés à la simplicité de leurs goûts, seraient plus près du bonheur que nous ne le sommes dans nos villes, où toutes les passions exaltées au plus haut degré se livrent sans cesse, dans notre âme, un combat qui l'accable et qui la déchire. Le poète, traçant à notre imagination le tableau des plaisirs champêtres, fait pour nous les frais d'une agréable maison de campagne, où nous pourrons nous retirer quand nous serons fatigués des plaisirs bruyans de la ville. Qu'il prenne garde seulement de détruire le prestige, en donnant à ses personnages des sentimens ou des idées étrangers à leur état ; mais qu'il ne craigne pas de me les montrer plus aimables qu'ils ne le sont en effet. Ses bergers sont-ils de beaux esprits ? je ne suis point à la campagne, ni Fontenelle non plus : sont-ils grossiers ? je m'y déplais, fût-ce avec Théocrite.

Un philosophe a dit que, hors Dieu, rien n'est beau, dans la nature, que ce qui n'existe pas. On ne peut pas condamner plus fortement la représentation de la nature commune. Parmi nous, quelques auteurs, prenant pour guide cette philosophie froide et fausse qui, pour mieux mesurer le champ des beaux-arts, commence par en arracher les fleurs et les fruits, ont cru, comme nos voisins, qu'il fallait réduire les arts à cette vérité rigoureuse qui fait de la ressemblance la chose même qu'on a voulu imiter. Si l'artiste qui cherche à la peindre, se propose de tromper tout à fait le spectateur, il méconnaît l'objet de son art. Il faut donner à l'âme le plaisir de s'exercer; et les copistes, en quelque genre que ce soit, ne donnent jamais ce plaisir. Ce tableau du Poussin me saisit d'admiration : toutefois l'illusion n'opère pas sur moi, au point de me faire adresser la parole aux êtres qui paraissent animés sur la toile; ce n'est pas même ce plaisir que je cherche. Cette statue dont j'admire la beauté, essayez de la peindre des véritables couleurs de la nature, que la carnation soit exactement semblable à celle d'un homme, assurez l'effet du prestige en le couvrant d'habits semblables aux nôtres : mon plaisir est évanoui ; une ridicule surprise prend la place de l'admiration ; je vois qu'on a voulu créer un homme, et qu'on n'a pas réussi. Je me demande pourquoi cette figure ressemble à un homme, et n'en est point un. Je souhaite avec Pigmalion que la statue soit animée ; je sens l'insuffisance de l'artiste : elle me rappelle la mienne ; et c'est cette idée qu'il doit toujours écarter. Il est à croire que le sentiment de la difficulté vaincue est un charme secret et toujours agissant, qui se mêle au plaisir que nous éprouvons à la vue d'une belle imitation de la nature.

D'après ces considérations, on est en état de décider si la philosophie peut faire autant de tort à la poésie, que le prétendent la plupart des gens de lettres. Il est vrai que quelques écrivains en ont abusé, en la faisant dégénérer en une vaine métaphysique. Mais observez les avantages qu'elle peut produire en éclairant la marche d'un talent véritable. Un auteur célèbre a dit que tout ouvrage dramatique est une expérience faite sur le cœur humain. C'est le philosophe qui la dirige ; le poète ne fait que passionner le langage de ses acteurs. L'un place le modèle, l'autre dessine avec feu. Je sais que le génie peint à grandes touches et dédaigne les nuances ; mais je ne puis croire qu'il soit toujours emporté par une impulsion violente : il peut laisser échapper subitement un morceau plein de sensibilité ; il peut même concevoir un plan rempli de chaleur ; mais il a besoin de la méditation pour présider à l'ordondonnance des parties, et les diriger à un but moral ; il a pu fournir à Molière l'idée de la cassette ; mais il a été secondé par de profondes réflexions, lorsqu'il a compromis un père avare usurier, avec un fils libertin qui emprunte à un intérêt ruineux. Je vois le doigt de la philosophie empreint sur chaque vers du *Tartuffe* et du *Misantrope*. Ne croyons pas que cette habitude de réfléchir puisse jamais refroidir un poète. Elle trace au contraire, dans son imagination, l'image d'un beau idéal qui le dirige à son insu, même dans la chaleur de sa composition. Un philosophe pourrait donc composer un nouvel *Art poétique*, dans lequel il remonterait aux sources de l'intérêt et du comique, où il approfondirait l'art de tracer les caractères, où il ferait voir les progrès que cet art a faits, et où il pourrait donner la solution de plusieurs problèmes littéraires. On peut assurer à celui qui exécuterait cet ouvrage, un trèsgrand succès, dont l'auteur ne serait jamais témoin. Mais s'il se trouvait un homme digne de l'entreprendre, il est à croire que cette dernière réflexion ne serait point capable de l'arrêter.

FIN DE LA DISSERTATION SUR L'IMITATION DE LA NATURE.

DIALOGUE

ENTRE

SAINT-RÉAL, ÉPICURE, SÉNÈQUE, JULIEN ET LOUIS-LE-GRAND.

ÉPICURE.

Je sors d'une illustre assemblée des morts, où l'on m'a parlé du dessein que vous aviez eu de donner un ouvrage sur la bizarrerie de quelques réputations anciennes et modernes. J'aurais pu vous fournir un exemple...

SAINT-RÉAL.

Ces exemples sont innombrables. Combien cette journée m'en a-t-elle offert! Tantôt, c'est un aumônier qui m'apprend qu'on lui doit le succès d'un siége qui immortalise tel général; tantôt, c'est un poëte qui me prie de revendiquer pour lui une comédie, qu'il a cédée pour quatre louis à un comédien. C'est un auteur inconnu du troisième siècle, qui se plaint que quelques écrivains modernes se font un nom à ses dépens, en s'appropriant et en développant ses idées. Je viens d'entendre un maréchal de France, revenu des vanités du siècle, qui s'avoue redevable du bâton à un mouvement savant d'un officier subalterne qui ne put obtenir la croix de Saint-Louis.

ÉPICURE.

Je n'ose me comparer, beaucoup moins me préférer à personne; mais j'espère que vous ne me confondrez point avec ces morts, dont la réputation est moins bizarre que la mienne. Épicure doit croire...

SAINT-RÉAL.

Quoi! vous êtes ce philosophe sévère, sage adorateur d'un dieu dont le nom est le mot de ralliement pour les voluptueux et les esprits forts!

ÉPICURE.

Oui, c'est moi-même. Je suis né dans un petit bourg de l'Attique. Je fis quelque séjour dans Athènes, où je fus absolument inconnu. Je m'aperçus que les richesses étaient le fléau de la plupart de ceux qui les possédaient, grâce à leur imprudence; que quelques-uns devaient dire : j'ai des richesses, comme on dit : j'ai la fièvre, j'ai la colique; je conçus que le seul moyen d'être heureux, était de se conformer à la nature; je me retirai dans mon petit bourg. J'y vivais de pain et d'eau; je jouissais de la santé, de l'égalité d'esprit, de la tranquillité d'âme. J'allai à Athènes remercier Jupiter de m'avoir conduit au bonheur par une route si simple. Il plut à un citoyen de s'étonner de me voir dans le temple, et me voilà devenu le patron de l'impiété. Je retournai dans ma retraite, bien résolu de cacher ma vie : c'était mon principal axiôme. Ma morale était celle d'Épictète, si ce n'est que j'avais le ridicule de prétendre qu'il vaut mieux jouir d'une santé parfaite, que d'être tourmenté des douleurs de la gravelle. Je n'avais qu'un disciple, nommé Métrodore, à qui je reprochais sa somptuosité, parce qu'il dépensait un sou et demi par jour ; je lui écrivais : *Non toto asse quotidiè vivo* (ma dépense ne se monte pas à un sou par jour). Nous étions heureux, et nous disions que nous avions trouvé la volupté. Je mourus, sans que personne se doutât que j'eusse vécu : mon disciple fit part aux siens de quelques-unes de mes lettres, où je prêchais la volupté, c'est-à-dire, la sobriété et le désintéressement. D'après mes idées, les fermiers de la république donnèrent aux Laïs et aux Phrynés des soupés où ils dépensaient vingt-cinq mines : ils dirent qu'ils étaient épicuriens, et on les crut.

SAINT-RÉAL.

J'ai souvent déploré l'injustice du sort à votre égard : j'avais quelques matériaux ; je me proposais de donner un précis de votre doctrine, de votre morale et de vos écrits. Mais qu'auriez-vous pu y gagner? J'aurais, tout au plus, réhabilité votre réputation dans l'esprit de quelques hommes sensés; mais le vulgaire sera toujours pour vous le vulgaire. Le poids de vingt siècles pesera éternellement sur votre renommée; et, quoique votre morale soit aussi pure que sensée, on dira toujours le *poison d'Épicure*... Mais quel est celui qui vient troubler une conversation si intéressante?

ÉPICURE.

C'est un philosophe qui a, presque autant que moi, à se plaindre de la renommée. C'est un des plus fermes appuis du portique, un sage qui m'a rendu justice en rapprochant ma doctrine de celle de Zénon, et dont le suffrage n'a pas beaucoup influé sur l'idée qu'on a conçue de moi: c'est Sénèque.

SÉNÈQUE.

Oui, c'est moi, qui ai été le collègue de Burrhus dans l'éducation du fils d'Énobardus; c'est moi qu'on a accusé, sans aucun fondement, d'avoir souillé la couche de mon maître et de mon bienfaiteur. On m'a soupçonné d'avarice, parce que la fastueuse reconnaissance de mon disciple m'environna de richesses qui n'approchèrent jamais de mon cœur. Je fus quelque temps gouverneur de la Bretagne, où j'arrêtai les brigandages de mes subalternes dans l'administration des deniers publics : on me supposa des raisons qui n'avaient rien de commun avec l'intérêt de l'état. Quelques beaux esprits dirent que j'écrivais, sur une table d'or, mes invectives contre les richesses ; mes ennemis agréèrent cette idée. La vérité est pourtant que je vivais, comme les poètes du temps, c'est-à-dire, que je passais la journée dans mon lit à lire et à composer, et en me contentant d'un peu de pain et d'eau. On sait que j'ai refusé le trône, où les vœux de tout l'empire m'appelaient, refus que ma mort a suivi de près. Cependant ma réputation de philosophe est fort équivoque, et celle d'homme de lettres n'est pas infiniment respectée.

SAINT-RÉAL.

J'avais déjà vu l'absurdité de ces accusations ; et Sénèque aurait joué, dans l'ouvrage que je méditais, un rôle intéressant. Vos écrits sont votre éloge, et vous vous y êtes peint sans vous flatter. Vos lettres sont un cours complet de morale stoïcienne, où l'homme, l'orateur et le philosophe sont réunis. Quoiqu'en disent vos ennemis, votre philosophie ne s'est pas répandue en paroles ; elle a passé dans vos actions. On croirait que vous fûtes insensible à votre exil, si le *Traité de la Consolation*, adressé à votre mère, ne prouvait que vous eûtes besoin de votre philosophie pour supporter son absence. Vous prouvâtes que la plupart des malheurs ne sont guère qu'une nécessité de faire plus d'usage de sa raison que n'en font les autres hommes. Votre ouvrage est animé de la double chaleur de l'imagination et du sentiment. L'île de Corse attendait un exilé, et ce triste séjour vit un contemplateur de la nature. Vous tournâtes autour de plusieurs vérités, et vous connûtes l'équilibre des liqueurs. Malgré vos vertus et vos talens, vous passez pour un philosophe dont la conduite et les principes sont peu conséquens, pour un physicien médiocre; et quelques littérateurs vous ont traité comme un académicien de province de mauvais goût.

SÉNÈQUE.

Avoir et n'avoir point de réputation, est une chose bien indifférente; mais en avoir une mauvaise, est un malheur que j'avais tâché d'éviter.

SAINT-RÉAL.

Voici, ce me semble, la cause de l'injustice de votre siècle et de la postérité : trop d'emphase dans votre morale, trop de faste (pardonnez, je parle à un philosophe), trop d'apprêt dans votre éloquence, trop de mépris pour les hommes, ont révolté quelques-uns de vos contemporains. Vous ne les avez pas assez intéressés à dire de vous : Sénèque est un grand homme. Ils ont cherché, dans vos vertus, les semences des vices opposés : cette ressource est précieuse et nécessaire à la plupart des hommes. Mais vous eûtes des admirateurs, quoique vous vécussiez sous Néron ; Rome recueillit et adora vos dernières paroles ; et les sages de tous les siècles vous regarderont comme un vrai philosophe, comme un homme éloquent, dont l'âme fut sensible, l'esprit vaste et étendu, et dont les écrits nous offrent une forêt immense d'arbres élevés, où aucun n'est remarquable, parce qu'ils sont tous d'une égale hauteur.

SÉNÈQUE.

Cette réputation est plus que suffisante ; il y a long-temps que j'écrivais à mon ami Lucilius, d'après Épicure : *Satis magnum alter alteri theatrum sumus* (nous sommes l'un pour l'autre un théâtre assez étendu). Mais j'aperçois une ombre qui m'est tout-à-fait inconnue ; elle vient, sans doute, pour le même sujet qui nous amène. Ah ! je la reconnais : c'est Julien le Philosophe.

SAINT-RÉAL.

Qui ? Julien le Philosophe ! N'enseigna-t-il pas la grammaire à Alexandrie ?

SÉNÈQUE.

Non ; c'est Julien que, parmi vous autres modernes, on appelle vulgairement Julien l'Apostat.

SAINT-RÉAL.

Ce fut un philosophe, sans doute ; mais j'ignorais qu'il en portât le nom.

JULIEN.

Je supporterais patiemment le nom d'Apostat, si, dans l'esprit de la plupart des hommes, il n'emportait l'idée d'apostat de toutes les vertus. L'on sait que je ne fus pas insensible à la gloire : c'est la dernière passion du sage ; c'est la chemise de l'âme, m'a dit tout à l'heure un philosophe aimable, né parmi mes chers Gaulois.

SAINT-RÉAL.

Ah ! je reconnais Montaigne.

JULIEN.

Je me flatte que ce n'est point sous ce nom odieux, que vous m'eussiez fait connaître, si j'avais eu quelque place dans votre ouvrage. On me força d'embrasser la religion de mes persécuteurs ; et j'abjurai, dès que je fus le maître, une religion que j'ai eu le malheur de ne pas croire. Voici ma vie : Je fus gouverneur des Gaules, où je fus adoré des peuples. Les Gaulois m'aidèrent à chasser les Germains des terres de l'empire. Je les vainquis dans une grande bataille ; je fis beaucoup de prisonniers, et je ne traitai point les vaincus comme fit, avant moi, votre grand Constantin : je ne les fis point égorger dans le cirque. Devenu empereur, je tâchai de régner comme eût fait Platon. Il fallut faire la guerre aux Perses ; je passai par Antioche : ce vil peuple me prodigua les insultes et les railleries ; je voulus croire que Julien seul était offensé, et non l'empereur ; je ne punis point mes sujets, comme fit, après moi, votre grand Théodose ; je ne les fis pas égorger dans le cirque. Je fus blessé à mort dans une action, et l'on me prête un discours dont rougiraient l'imbécile Caligula et le gladiateur Commode.

SAINT-RÉAL.

Vous devez vous consoler que mon projet n'ait pas eu lieu : une main habile a tracé votre portrait ; il me semble bien saisi. On vous rend justice ; on répand, sur votre héroïsme philosophique, un soupçon de singularité, dont vous parûtes n'avoir pas été toujours exempt ; si la postérité eût eu quelque égard pour mon suffrage, vous porteriez désormais, sur la terre, le nom dont on vous honore ici ; et, pour vous le donner, je l'eusse ôté à un de vos successeurs nommé Léon-le-Philosophe, prince estimable, à la vérité, mais qui fut un dialecticien et non pas un sage. Montrez-vous tout à fait digne de ce dernier titre, en méprisant le nom d'Apostat, qui pourra bien vous rester, parce qu'on ne renonce pas aisément aux anciennes habitudes.

Voici une ombre que je n'ai point encore vue dans ces lieux, et je lis dans vos yeux que personne de vous ne la connaît.

LOUIS-LE-GRAND.

Oui, Louis-le-Grand est ignoré dans ces lieux, et son titre ne le garantit pas d'une éternelle obscurité.

SAINT-RÉAL.

Louis-le-Grand ignoré! Ce roi qui fut son propre ouvrage! ce roi qui écrivait au comte d'Estrades, du vivant même de Mazarin : *Ecrivez-moi sous l'adresse de Lionne, je veux tout faire par moi-même*; qui, le premier, montra à l'Europe des armées innombrables; qui créa, en deux ans, une flotte de cent vaisseaux; qui soutint la guerre contre toute l'Europe; qui fit fleurir les les arts et le commerce; qui pensionna tous les savans, excepté moi pourtant; ce roi, enfin, qui fut grand par la guerre, par la paix, par le bonheur et par l'adversité.

LOUIS-LE-GRAND.

Je n'ai point écrit au comte d'Estrades ; je n'ai point couvert la mer de vaisseaux ; je n'ai point soutenu la guerre contre toute l'Europe ; je l'ai faite, malgré moi, à quelques voisins ambitieux ; j'ai conçu, malgré l'ignorance de mon siècle, qu'il y avait quelque grandeur à encourager les arts ; j'ai fait des pensions à quelques professeurs de grec et de latin ; j'ai fait le bonheur de mes peuples : je suis Louis-le-Grand, roi de Hongrie et de Pologne.

SAINT-RÉAL.

Je l'avoue, à ma honte : votre nom n'était pas pas présent à mon esprit. Votre récit me le rappelle : vous viviez à la fin du quatorzième siècle.

LOUIS-LE-GRAND.

Il m'honora du nom de grand. Plusieurs hommes respectables sont ignorés ; mais la renommée ne leur avait point accordé un surnom capable de les arracher à l'oubli ; il n'appartenait qu'à moi d'être appellé grand, et d'être inconnu.

SAINT-RÉAL.

Vous avez mérité votre nom. Votre mémoire a pu être célèbre quelque temps après votre mort ; mais les siècles suivans n'ont pas regardé votre siècle comme dépositaire de la grandeur. Peut-être les hommes parviendront-ils à se faire une autre idée de la gloire ; et, dans ce cas, combien de héros dégradés ! L'injustice des hommes les confrontera avec des préjugés contraires à ceux d'après lesquels ils ont vécu. Tel est le sort des héros de la gloire : son théâtre est immense et fragile ; le théâtre de la vertu est borné, mais inébranlable.

Je parle à des philosophes et à des rois. Vous connaissez le néant des idées et des grandeurs humaines. Mon dessein fut de juger les réputations et le hasard qui y préside. Quelle a été la bizarrerie de la mienne ! mes ouvrages furent estimés : ma personne fut inconnue. Je vécus pauvre, sous un grand prince ami des arts. On ignore mon véritable nom, l'âge, le temps et le lieu où j'ai terminé ma destinée. Mais quelle foule d'ombres accourt vers nous ! Retirons-nous à l'écart, et sauvons nos réflexions de leur importunité.

FIN DU DIALOGUE.

QUESTION.

SI, DANS UNE SOCIÉTÉ, UN HOMME DOIT OU PEUT LAISSER PRENDRE SUR LUI CES DROITS QUI SOUVENT HUMILIENT L'AMOUR-PROPRE?

Cette question est plus difficile à résoudre qu'elle ne le paraît d'abord. Ceux qui sont pour l'affirmative, prétendent que l'amitié véritable est un contrat par lequel chacune des parties consacre à l'autre toute son existence. Ils disent que, si l'amitié ne laisse pas le droit de donner des secours à son ami, ou d'en recevoir, elle est une chimère ridicule ; que son principal bonheur consiste à lever ou déchirer ce voile de décence que les hommes ont jeté sur leurs besoins, pour se dispenser de se secourir, en continuant de se prodiguer les marques de l'affection la plus vive ; que c'est celui qui donne, qui est honoré et obligé, etc. Ceux qui sont pour la négative, me paraissent appuyer leur opinion par des raisons plus solides. Ils disent que l'amitié, étant une union pure des âmes, ne doit pas se laisser soupçonner d'un autre motif. On peut appliquer cette réflexion à l'amour même. En tout état de cause, on fait toujours très-bien de ne donner, que le moins qu'on peut, atteinte à cette règle. Celui qui reçoit, n'accepte sûrement que parce qu'il respecte l'âme de celui qui donne : mais d'où sait-il que cette âme ne se dégradera point? et alors quel désespoir de lui avoir obligation ! d'où sait-il que cette âme, en supposant qu'elle reste noble, ne cessera point de l'aimer, voudra bien ne jamais se prévaloir de ses avantages? Quelle âme il faut avoir pour laisser à celle d'une autre la liberté de tous ses mouvemens, tandis que je pourrais les contraindre et les diriger vers mon bonheur apparent ! Ce sacrifice continuel de mon intérêt est peut-être plus difficile que le sacrifice momentané de ma personne; et le bienfaiteur qui en est capable, a nécessairement l'avantage sur celui qu'il a obligé, en leur supposant d'ailleurs une égale élévation dans le caractère. Or, j'ai peine à croire que l'homme puisse supporter l'idée de la supériorité d'une âme sur la sienne. J'en juge par la peine avec laquelle les âmes les plus fortes voient une supériorité fondée sur des choses moins essentielles. Il suit, au moins, de tout ceci que, dès que je reçois un bienfait, je m'engage, pour mon bienfaiteur, qu'il sera toujours vertueux; qu'il n'aura jamais tort avec moi; qu'il ne cessera point de m'aimer, ni moi de lui être attaché. Si les deux premières de ces conditions n'ont pas lieu, c'est au bienfaiteur à rougir; mais celui qui a reçu le bienfait, doit pleurer.

FIN DE LA QUESTION.

PETITS
DIALOGUES PHILOSOPHIQUES.

Dialogue 1ᵉʳ.—*A.* Comment avez-vous fait pour n'être plus sensible?

B. Cela s'est fait par degrés.

A. Comment?

B. Dieu m'a fait la grâce de n'être plus aimable; je m'en suis apperçu, et le reste a été tout seul.

Dial. II. — *A.* Vous ne voyez plus M.....?

B. Non, il n'est plus possible.

A. Comment?

B. Je l'ai vu, tant qu'il n'était que de mauvaises mœurs; mais, depuis qu'il est de mauvaise compagnie, il n'y a pas moyen.

Dial. III. — *A.* Je suis brouillé avec elle.

B. Pourquoi?

A. J'en ai dit du mal.

B. Je me charge de vous raccommoder : quel mal en avez-vous dit?

A. Qu'elle est coquette.

B Je vous réconcilie.

A. Quelle n'est pas belle.

B. Je ne m'en mêle plus.

Dial. iv.—*A.* Croiriez-vous que j'ai vu madame de..... pleurer son ami, en présence de quinze personnes ?

B. Quand je vous disois que c'étoit une femme qui réussiroit à tout ce qu'elle voudroit entreprendre !

Dial. v. — *A.* Vous marierez-vous?

B. Non.

A. Pourquoi ?

B. Parce que je serais chagrin.

A. Pourquoi?

B. Parce que je serais jaloux.

A. Et pourquoi seriez-vous jaloux?

B. Parce que je serais cocu.

A. Qui vous a dit que vous seriez cocu ?

B. Je serais cocu, parce que je le mériterais.

A. Et pourquoi le mériteriez-vous?

B. Parce que je me serais marié.

Dial. vi.—*Le Cuisinier.* Je n'ai pu acheter ce saumon.

Le Docteur en Sorbonne. Pourquoi ?

Le C. Un conseiller le marchandait.

Le D. Prends ces cent écus; et va m'acheter le saumon et le conseiller.

Dial. vii. —*A*. Vous êtes bien au fait des intrigues de nos ministres ?

B. C'est que j'ai vécu avec eux.

A. Vous vous en êtes bien trouvé, j'espère ?

B. Point du tout. Ce sont des joueurs qui m'ont montré leurs cartes, qui ont même, en ma présence, regardé dans le talon ; mais qui n'ont point partagé avec moi les profits du gain de la partie.

Dial. viii. —*Le Vieillard*. Vous êtes misantrope de bien bonne heure. Quel âge avez-vous ?

Le Jeune Homme. Vingt-cinq ans.

Le V. Comptez-vous vivre plus de cent ans ?

Le J. H. Pas tout à fait.

Le V. Croyez-vous que les hommes seront corrigés dans soixante-quinze ans ?

Le J. H. Cela serait absurde à croire.

Le V. Il faut que vous le pensiez pourtant, puisque vous vous emportez contre leurs vices.... Encore cela ne serait-il pas raisonnable, quand ils seraient corrigés d'ici à soixante-quinze ans ; car il ne vous resterait plus de temps pour jouir de la réforme que vous auriez opérée.

Le J. H. Votre remarque mérite quelque considération : j'y penserai.

Dial. ix. —*A*. Il a cherché à vous humilier.

B. Celui qui ne peut être honoré que par lui-même, n'est guère humilié par personne.

Dial. x. — *A.* La femme qu'on me propose n'est pas riche.

B. Vous l'êtes.

A. Je veux une femme qui le soit. Il faut bien s'assortir.

Dial. xi. — *A.* Je l'ai aimée à la folie ; j'ai cru que j'en mourrais de chagrin.

B. Mourir de chagrin! mais vous l'avez eue?

A. Oui.

B. Elle vous aimait?

A. A la fureur! et elle a pensé en mourir aussi.

B. Eh bien! comment donc pouviez-vous mourir de chagrin?

A. Elle voulait que je l'épousasse.

B. Eh bien! une jeune femme, belle et riche qui vous aimait, dont vous étiez fou!

A. Cela est vrai; mais épouser, épouser! Dieu merci, j'en suis quitte à bon marché.

Dial. xii. — *A.* La place est honnête.

B. Vous voulez dire lucrative.

A. Honnête ou lucratif, c'est tout un.

Dial. xiii. — *A.* Ces deux femmes sont fort amies, je crois.

B. Amies! là..... vraiment?

A. Je le crois, vous dis-je; elles passent leur

vie ensemble : au surplus, je ne vis pas assez dans leur société, pour savoir si elles s'aiment ou se haïssent.

Dial. xiv. — *A*. M. de R........ parle mal de vous.
B. Dieu a mis le contrepoison de ce qu'il peut dire, dans l'opinion qu'on a de ce qu'il peut faire.

Dial. xv. — *A*. Vous connaissez M. le comte de....... ; est-il aimable ?
B. Non. C'est un homme plein de noblesse, d'élévation, d'esprit, de connaissance : voilà tout.

Dial. xvi. *A*. Je lui ferais du mal volontiers.
B. Mais il ne vous en a jamais fait.
A. Il faut bien que quelqu'un commence.

Dial. xvii. — *Damon*. Clitandre est plus jeune que son âge. Il est trop exalté. Les maux publics, les torts de la société, tout l'irrite et le révolte.
Célimène. Oh ! il est jeune encore, mais il a un bon esprit ; il finira par se faire vingt mille livres de rente, et prendre son parti sur tout le reste.

Dial. xviii. — *A*. Il paraît que tout le mal dit par vous sur madame de....... n'est que pour vous conformer au bruit public ; car il me semble que vous ne la connaissez point ?
B. Moi, point du tout.

Dial. xix. — *A.* Pouvez-vous me faire le plaisir de me montrer le portrait en vers que vous avez fait de madame de....?

B. Par le plus grand hasard du monde, je l'ai sur moi.

A. C'est pour cela que je vous le demande.

Dial. xx. — *Damon.* Vous me paraissez bien revenu des femmes, bien désintéressé à leur égard.

Clitandre. Si bien que, pour peu de chose, je vous dirais ce que je pense d'elles.

Dam. Dites-le moi.

Clit. Un moment. Je veux attendre encore quelques années. C'est le parti le plus prudent.

Dial. xxi. — *A.* J'ai fait comme les gens sages, quand ils font une sottise.

B. Que font-ils?

A. Ils remettent la sagesse à une autre fois.

Dial. xxii. — *A.* Voilà quinze jours que nous perdons. Il faut pourtant nous remettre.

B. Oui, dès la semaine prochaine.

A. Quoi! sitôt?

Dial. xxiii. — *A.* On a dénoncé à M. le garde des sceaux une phrase de M. de L......

B. Comment retient-on une phrase de L......?

A. Un espion.

Dial. xxiv. — *A.* Il faut vivre avec les vivans.

B. Cela n'est pas vrai ; il faut vivre avec les morts (1).

Dial. xxv. — *A.* Non, monsieur votre droit n'est point d'être enterré dans cette chapelle.

B. C'est mon droit ; cette chapelle a été bâtie par mes ancêtres.

A. Oui ; mais il y a eu depuis une transaction qui ordonne qu'après monsieur votre père qui est mort, ce soit mon tour.

B. Non, je n'y consentirai pas. J'ai le droit d'y être enterré, d'y être enterré tout à l'heure.

Dial. xxvi. — *A.* Monsieur, je suis un pauvre comédien de province qui veut rejoindre sa troupe : je n'ai pas de quoi...

B. Vieille ruse ! Monsieur, il n'y a point là d'invention, point de talent.

A. Monsieur, je venais sur votre réputation....

B. Je n'ai point de réputation, et ne veux point en avoir.

A. Ah, monsieur !

B. Au surplus, vous voyez à quoi elle sert, et ce qu'elle rapporte.

---

(1) C'est-à-dire, avec ses livres.

Dial. XXVII. — *A.* Vous aimez mademoiselle.... elle sera une riche héritière.

B. Je l'ignorais : je croyais seulement qu'elle serait un riche héritage.

Dial. XXVIII. — *Le Notaire.* Fort bien, monsieur, dix mille écus de legs ensuite?

Le Mourant. Deux mille écus au notaire.

Le N. Monsieur, mais où prendra-t-on l'argent de tous ces legs?

Le M. Eh! mais vraiment, voilà ce qui m'embarrasse.

Dial. XXIX. — *A.* Madame..., jeune encore, avait épousé un homme de soixante-dix-huit ans qui lui fit cinq enfans.

B. Ils n'étaient peut-être pas de lui.

A. Je crois qu'ils en étaient, et je l'ai jugé à la haine que la mère avait pour eux.

Dial. XXX. — *La Bonne à l'Enfant.* Cela vous a-t-il amusée ou ennuyée?

Le Père. Quelle étrange question! Plus de simplicité. Ma petite!

La petite Fille. Papa!

Le Père. Quand tu es revenue de cette maison-là, quelle était ta sensation?

Dial. XXXI. — *A.* Connaissez-vous madame de B....?

B. Non.

A. Mais vous l'avez vue souvent.

B. Beaucoup.

A. Eh bien ?

B. Je ne l'ai pas étudiée.

A. J'entends.

Dial. xxxii. *Clitandre.* Mariez-vous.

Damis. Moi, point du tout ; je suis bien avec moi, je me conviens et je me suffis. Je n'aime point, je ne suis point aimé. Vous voyez que c'est comme si j'étais en ménage, ayant maison et vingt-cinq personnes à souper tous les jours.

Dial. xxxiii. — *A.* M. de...... vous trouve une conversation charmante (1).

B. Je ne dois pas mon succès à mon partner, lorsque je cause avec lui.

Dial. xxxiv. — *A.* Concevez-vous M... ? comme il a été peu étonné d'une infamie qui nous a confondus !

B. Il n'est pas plus étonné des vices d'autrui que des siens.

Dial. xxxv. — *A.* Jamais la cour n'a été si ennemie des gens d'esprit.

B. Je le crois ; jamais elle n'a été plus sotte : et

---

(1) C'était un sot.

quand les deux extrêmes s'éloignent, le rapprochement est plus difficile.

Dial. xxxvi. — *Dam.* Vous marierez-vous?

Clit. Quand je songe que, pour me marier, il faudrait que j'aimasse, il me paraît, non pas impossible, mais difficile que je me marie; mais quand je songe qu'il faudrait que j'aimasse et que je fusse aimé, alors je crois qu'il est impossible que je me marie.

Dial. xxxvii. — *Dam.* Pourquoi n'avez-vous rien dit, quand on a parlé de M....?

Clit. Parce que j'aime mieux que l'on calomnie mon silence que mes paroles.

Dial. xxxviii. — *Madame de....* Qui est-ce qui vient vers nous?

M. de C. C'est madame de Ber.....

Mad. d.... Est-ce que vous la connaissez?

M. de C. Comment? vous ne vous souvenez donc pas du mal que nous en avons dit hier!

Dial. xxxix. — *A.* Ne pensez-vous pas que le changement arrivé dans la constitution sera nuisible aux beaux-arts?

B. Au contraire. Il donnera aux âmes, aux génies un caractère plus ferme, plus noble, plus imposant. Il nous restera le goût, fruit des beaux ouvrages du siècle de Louis xiv, qui, se mêlant à l'énergie nouvelle qu'aura prise l'esprit national, nous fera sortir du cercle des petites conventions qui avaient gêné son essor.

Dial. XL.—*A.* Détournez la tête. Voilà M. de L.

B. N'ayez pas peur : il a la vue basse.

A. Ah! que vous me faites de plaisir! Moi, j'ai la vue longue, et je vous jure que nous ne nous rencontrerons jamais.

SUR UN HOMME SANS CARACTÈRE.

Dial. XLI. — *Dor.* Il aime beaucoup M. de B.....
Philinte. D'où le sait-il? qui lui a dit cela?

DE DEUX COURTISANS.

Dial. XLII. — *A.* Il y a long-temps que vous n'avez vu M. Turgot?

B. Oui.

A. Depuis sa disgrâce, par exemple?

B. Je le crois : j'ai peur que ma présence ne lui rappelle l'heureux temps où nous nous rencontrions tous les jours chez le roi.

DU ROI DE PRUSSE ET DE DARGET.

Dial. XLIII. — *Le Roi.* Allons, Darget, divertis-moi : conte-moi l'étiquette du roi de France : commence par son lever.

(Alors Darget entre dans tout le détail de ce

qui se fait, dénombre les officiers, valets-de-chambre, leurs fonctions, etc.)

Le Roi (*en éclatant de rire.*) Ah! grand Dieu! si j'étais roi de France, je ferais un autre roi pour faire toutes ces choses-là à ma place.

DE L'EMPEREUR ET DU ROI DE NAPLES.

Dial. XLIV. — *Le Roi.* Jamais éducation ne fut plus négligée que la mienne.

L'Empereur. Comment? (*A part.*) Cet homme vaut quelque chose.

Le Roi. Figurez-vous qu'à vingt ans, je ne savais pas faire une fricassée de poulet; et le peu de cuisine que je sais, c'est moi qui me le suis donné.

ENTRE MADAME DE B.... ET M. DE L...

Dial. XLV. — *M. de L....* C'est une plaisante idée de nous faire dîner tous ensemble. Nous étions sept, sans compter votre mari.

Mad. de B.... J'ai voulu rassembler tout ce que j'ai aimé, tout ce que j'aime encore d'une manière différente, et qui me le rend. Cela prouve qu'il y a encore des mœurs en France; car je n'ai eu à me plaindre de personne, et j'ai été fidèle à chacun pendant son règne.

M. de L... Cela est vrai; il n'y a que votre mari qui, à toute force, pourrait se plaindre.

Mad. de B.... J'ai bien plus à me plaindre de lui, qui m'a épousée sans que je l'aimasse.

M. de L.... Cela est juste. A propos ; mais un tel, vous ne me l'avez point avoué : est-ce avant ou après moi?

Mad. de B.... C'est avant ; je n'ai jamais osé vous le dire ; j'étais si jeune quand vous m'avez eue !

M. de L..... Une chose m'a surpris.

Mad. de B..... Qu'est-ce?

M. de L.... Pourquoi n'aviez-vous pas prié le chevalier de S....? Il nous manquait.

Mad. de B.... J'en ai été bien fâchée. Il est parti, il y a un mois, pour l'Isle de France.

M. de L.... Ce sera pour son retour.

ENTRE LES MÊMES.

Dial. xlvi.—*M. de L....* Ah! ma chère amie, nous sommes perdus : votre mari sait tout.

Mad. de B.... Comment? Quelque lettre surprise?

M. de L... Point du tout.

Mad. de B... Une indiscrétion ? Une méchanceté de quelques-uns de nos amis?

M. de L... Non.

Mad. de B... Eh bien ! quoi? qu'est-ce?

M. de L... Votre mari est venu ce matin m'emprunter cinquante louis.

Mad. de. B... Les lui avez-vous prêtés?

M. de L... Sur-le-champ.

Mad. de B... Oh bien! il n'y a pas de mal; il ne sait plus rien.

ENTRE QUELQUES PERSONNES, APRÈS LA PREMIÈRE REPRÉSENTATION DE L'OPÉRA DES DANAIDES, PAR LE BARON DE TSCHOUDY.

DIAL. XLVII. *A.* Il y a, dans cet opéra, quatre-vingt-dix-huit morts.

B. Comment?

C. Oui. Toutes les filles de Danaüs, hors Hypermnestre, et tous les fils d'Égyptus, hors Lyncée.

D. Cela fait bien quatre-vingt-dix-huit morts.

E., *Médecin de profession.* Cela fait bien des morts; mais il y a en effet bien des épidémies.

F., *Prêtre de son métier.* Dites-moi un peu; dans quelle paroisse cette épidémie s'est-elle déclarée? Cela a dû rapporter beaucoup au curé.

ENTRE D'ALEMBERT ET UN SUISSE DE PORTE.

DIAL. XLVIII. — *Le Suisse.* Monsieur, où allez-vous?

D'Alembert. Chez M. de....

Le S. Pourquoi ne me parlez-vous pas?

D'Al. Mon ami, on s'adresse à vous pour savoir si votre maître est chez lui.

Le S. Eh bien donc!

D'Al. Je sais qu'il y est, puisqu'il m'a donné rendez-vous.

Le S. Cela est égal ; on parle toujours. Si on ne me parle pas, je ne suis rien.

ENTRE LE NONCE PAMPHILI ET SON SECRÉTAIRE.

Dial. XLIX. — *Le Nonce.* Qu'est-ce qu'on dit de moi dans le monde.

Le Secrétaire. On vous accuse d'avoir empoisonné un tel, votre parent, pour avoir sa succession.

Le N. Je l'ai fait empoisonner, mais pour une autre raison. Après ?

Le S. D'avoir assassiné la Signora... pour vous avoir trompé.

Le N. Point du tout ; c'est parce que je craignais pour un secret que je lui avais confié. Ensuite ?

Le S. D'avoir donné la....... à un de vos pages.

Le N. Tout le contraire ; c'est lui qui me la donnée. Est-ce là tout ?

Le S. On vous accuse de faire le bel esprit, de n'être point l'auteur de votre dernier sonnet.

Le N. Cazzo ! Coquin ; sors de ma présence.

QUESTION.

Pourquoi ne donnez-vous plus rien au public?

RÉPONSE.

C'est que le public me paraît avoir le comble du mauvais goût et la rage du dénigrement.

C'est qu'un homme raisonnable ne peut agir sans motif, et qu'un succès ne me ferait aucun plaisir, tandis qu'une disgrâce me ferait peut-être beaucoup de peine.

C'est que je ne dois pas troubler mon repos, parce que la compagnie prétend qu'il faut divertir la compagnie.

C'est que je travaille pour les Variétés amusantes, qui sont le Théâtre de la Nation; et que je mène de front, avec cela, un ouvrage philosophique, qui doit être imprimé à l'imprimerie royale.

C'est que le public en use avec les gens de lettres, comme les racoleurs du pont Saint-Michel avec ceux qu'ils enrôlent : enivrés le premier jour, dix écus, et des coups de bâton le reste de leur vie.

C'est qu'on me presse de travailler, par la même raison que, quand on se met à sa fenêtre, on souhaite de voir passer, dans les rues, des singes ou des meneurs d'ours.

Exemple de M. Thomas, insulté pendant toute sa vie et loué après sa mort.

Gentilshommes de la chambre, comédiens, censeurs, la police, Beaumarchais.

C'est que j'ai peur de mourir, sans avoir vécu.

C'est que tout ce qu'on me dit pour m'engager à me produire, est bon à dire à Saint-Ange et à Murville.

C'est que j'ai à travailler, et que les succès perdent du temps.

C'est que je ne voudrais pas faire comme les gens de lettres, qui ressemblent à des ânes, ruant et se battant devant un râtelier vide.

C'est que, si j'avais donné à mesure les bagatelles dont je pouvais disposer, il n'y aurait plus pour moi de repos sur la terre.

C'est que j'aime mieux l'estime des honnêtes gens et mon bonheur particulier, que quelques éloges, quelques écus, avec beaucoup d'injures et de calomnies.

C'est que, s'il y a un homme sur la terre qui ait le droit de vivre pour lui, c'est moi, après les méchancetés qu'on m'a faites à chaque succès que j'ai obtenu.

C'est que jamais, comme dit Bacon, on n'a vu marcher ensemble la gloire et le repos.

Parce que le public ne s'intéresse qu'aux succès qu'il n'estime pas.

Parce que je resterais à moitié chemin de la gloire de Jeannot.

Parce que j'en suis à ne plus vouloir plaire qu'à qui me ressemble.

C'est que plus mon affiche littéraire s'efface, plus je suis heureux.

C'est que j'ai connu presque tous les hommes célèbres de notre temps, et que je les ai vus malheureux par cette belle passion de célébrité, et mourir après avoir dégradé par elle leur caractère moral.

MAXIMES ET PENSÉES.

CHAPITRE PREMIER.

Maximes générales.

Les maximes, les axiômes sont, ainsi que les abrégés, l'ouvrage des gens d'esprit qui ont travaillé, ce semble, à l'usage des esprits médiocres ou paresseux. Le paresseux s'accommode d'une maxime qui le dispense de faire lui-même les observations qui ont mené l'auteur de la maxime au résultat dont il fait part à son lecteur. Le paresseux et l'homme médiocre se croient dispensés d'aller au delà, et donnent à la maxime une généralité que l'auteur, à moins qu'il ne soit lui-même médiocre (ce qui arrive quelquefois), n'a pas prétendu lui donner. L'homme supérieur saisit tout d'un coup les ressemblances, les différences qui font que la maxime est plus ou moins applicable à tel ou tel cas, ou ne l'est pas du tout. Il en est de cela, comme de l'histoire naturelle, où le désir de simplifier a imaginé les classes et les divisions. Il a fallu avoir de l'esprit pour les faire; car il a fallu rapprocher et observer des rapports: mais le grand naturaliste, l'homme de génie, voit que la nature prodigue des êtres individuellement différens, et voit l'insuffisance des divisions et des classes, qui sont d'un si grand usage aux esprits médiocres ou paresseux. On peut les associer : c'est souvent la même chose, c'est souvent la cause et l'effet.

— La plupart des faiseurs de recueils de vers ou de bons mots ressemblent à ceux qui mangent des cerises ou des huitres, choisissant d'abord les meilleurs, et finissant par tout manger.

— Ce serait une chose curieuse qu'un livre qui indiquerait toutes les idées corruptrices de l'esprit humain, de la société, de la morale, et qui se trouvent développées ou supposées dans les écrits les plus célèbres, dans les auteurs les plus consacrés ; les idées qui propagent la superstition religieuse, les mauvaises maximes politiques, le despotisme, la vanité de rang, les préjugés populaires de toute espèce. On verrait que presque tous les livres sont des corrupteurs, que les meilleurs font presque autant de mal que de bien.

— On ne cesse d'écrire sur l'éducation ; et les ouvrages écrits sur cette matière ont produit quelques idées heureuses, quelques méthodes utiles ; ont fait, en un mot, quelque bien partiel. Mais quelle peut être, en grand, l'utilité de ces écrits, tant qu'on ne fera pas marcher de front les réformes relatives à la législation, à la religion, à l'opinion publique? L'éducation n'ayant d'autre objet que de conformer la raison de l'enfance à la raison publique relativement à ces trois objets, quelle instruction donner, tant que ces trois objets se combattent? En formant la raison de l'enfance, que faites-vous que de la préparer à voir plutôt l'absurdité des opinions et des mœurs consacrées par le sceau de l'autorité sacrée, publique, ou législative ; par conséquent, à lui en inspirer le mépris ?

— C'est une source de plaisir et de philosophie, de faire l'analyse des idées qui entrent dans les divers jugemens que portent tel ou tel homme, telle ou telle société. L'examen des idées qui déterminent telle ou telle opinion publique, n'est pas moins intéressant, et l'est souvent davantage.

— Il en est de la civilisation, comme de la cuisine. Quand on voit sur une table des mêts légers, sains et bien préparés, on est fort aise que la cuisine soit devenue une science ; mais quand on y voit des jus, des coulis, des pâtés de truffes, on maudit les cuisiniers et leur art funeste : à l'application.

— L'homme, dans l'état actuel de la société, me paraît plus corrompu par sa raison que par ses passions. Ses passions (j'entends ici celles qui appartiennent à l'homme primitif) ont conservé, dans l'ordre social, le peu de nature qu'on y retrouve encore.

— La société n'est pas, comme on le croit d'ordinaire, le développement de la nature, mais bien sa décomposition et sa refonte entière. C'est un second édifice, bâti avec des décombres du premier. On en trouve les débris, avec un plaisir mêlé de surprise. C'est celui qu'occasionne l'expression naïve d'un sentiment naturel qui échappe dans la société; il arrive même qu'il plaît davantage, si la personne à laquelle il échappe est d'un rang plus élevé, c'est-à-dire, plus loin de la nature. Il charme dans un roi, parce qu'un roi est dans l'extrémité opposée. C'est un débris d'ancienne architecture dorique ou corinthienne, dans un édifice grossier et moderne.

— En général, si la société n'était pas une composition factice, tout sentiment simple et vrai ne produirait pas le grand effet qu'il produit: il plairait sans étonner; mais il étonne et il plaît. Notre surprise est la satire de la société, et notre plaisir est un hommage à la nature.

— Des fripons ont toujours un peu besoin de leur honneur, à peu près comme les espions de police, qui sont payés moins cher, quand ils voient moins bonne conpagnie.

— Un homme du peuple, un mendiant, peut se laisser mépriser, sans donner l'idée d'un homme vil, si le mépris ne paraît s'adresser qu'à son extérieur: mais ce même mendiant, qui laisserait insulter sa conscience, fût-ce par le premier souverain de l'Europe, devient alors aussi vil par sa personne que par son état.

— Il faut convenir qu'il est impossible de vivre

dans le monde, sans jouer de temps en temps la comédie. Ce qui distingue l'honnête homme du fripon, c'est de ne la jouer que dans les cas forcés, et pour échapper au péril ; au lieu que l'autre va au-devant des occasions.

— On fait quelquefois dans le monde un raisonnement bien étrange. On dit à un homme, en voulant récuser son témoignage en faveur d'un autre homme : C'est votre ami. Eh! morbleu, c'est mon ami, parce que le bien que j'en dis est vrai, parce qu'il est tel que je le peins. Vous prenez la cause pour l'effet, et l'effet pour la cause. Pourquoi supposez-vous que j'en dis du bien, parce qu'il est mon ami? et pourquoi ne supposez-vous pas plutôt qu'il est mon ami, parce qu'il y a du bien à en dire?

— Il y a deux classes de moralistes et de politiques : ceux qui n'ont vu la nature humaine que du côté odieux ou ridicule, et c'est le plus grand nombre ; Lucien, Montaigne, Labruyère, Larochefoucault, Swift, Mandeville, Helvétius, etc: ceux qui ne l'ont vue que du beau côté et dans ses perfections; tels sont Shaftersbury et quelques autres. Les premiers ne connaissent pas le palais dont ils n'ont vu que les latrines; les seconds sont des enthousiastes qui détournent leurs yeux loin de ce qui les offense, et qui n'en existe pas moins. *Est in medio verum.*

— Veut-on avoir la preuve de la parfaite inutilité de tous les livres de morale, de sermons, etc.?

Il n'y a qu'à jeter les yeux sur le préjugé de la noblesse héréditaire. Y a-t-il un travers contre lequel les philosophes, les orateurs, les poètes, aient lancé plus de traits satiriques, qui ait plus exercé les esprits de toute espèce, qui ait fait naître plus de sarcasmes? cela a-t-il fait tomber les présentations, la fantaisie de monter dans les carosses? cela a-t-il fait supprimer la place de Cherin?

— Au théâtre, on vise à l'effet; mais ce qui distingue le bon et le mauvais poète, c'est que le premier veut faire effet par des moyens raisonnables; et, pour le second, tous les moyens sont excellens. Il en est de cela comme des honnêtes gens et des fripons, qui veulent également faire fortune : les premiers n'emploient que des moyens honnêtes; et les autres, toutes sortes de moyens.

— La philosophie, ainsi que la médecine, a beaucoup de drogues, très-peu de bons remèdes, et presque point de spécifiques.

— On compte environ cent cinquante millions d'âmes en Europe, le double en Afrique, plus du triple en Asie; en admettant que l'Amérique et les Terres Australes n'en contiennent que la moitié de ce que donne notre hémisphère, on peut assurer qu'il meurt tous les jours, sur notre globe, plus de cent mille hommes. Un homme qui n'aurait vécu que trente ans, aurait encore échappé environ mille quatre cents fois à cette épouvantable destruction.

— J'ai vu des hommes qui n'étaient doués que d'une raison simple et droite, sans une grande étendue ni sans beaucoup d'élévation d'esprit ; et cette raison simple avait suffi pour leur faire mettre à leur place les vanités et les sottises humaines, pour leur donner le sentiment de leur dignité personnelle, leur faire apprécier ce même sentiment dans autrui. J'ai vu des femmes à peu près dans le même cas, qu'un sentiment vrai, éprouvé de bonne heure, avait mises au niveau des mêmes idées. Il suit, de ces deux observations, que ceux qui mettent un grand prix à ces vanités, à ces sottises humaines, sont de la dernière classe de notre espèce.

— Celui qui ne sait point recourir à propos à la plaisanterie, et qui manque de souplesse dans l'esprit, se trouve très-souvent placé entre la nécessité d'être faux ou d'être pédant : alternative fâcheuse à laquelle un honnête homme se soustrait, pour l'ordinaire, par de la grâce et de la gaîté.

— Souvent une opinion, une coutume commence à paraître absurde dans la première jeunesse ; et en avançant dans la vie, on en trouve la raison ; elle paraît moins absurde. En faudrait-il conclure que de certaines coutumes sont moins ridicules ? On serait porté à penser quelquefois qu'elles ont été établies par des gens qui avaient lu le livre entier de la vie, et qu'elles sont jugées par des gens qui, malgré leur esprit, n'en ont lu que quelques pages.

—Il semble que, d'après les idées reçues dans le monde et la décence sociale, il faut qu'un prêtre, un curé croie un peu pour n'être pas hypocrite, ne soit pas sûr de son fait pour n'être pas intolérant. Le grand-vicaire peut sourire à un propos contre la religion, l'évêque rire tout-à-fait, le cardinal y joindre son mot.

— La plupart des nobles rappellent leurs ancêtres, à peu près comme un *Cicerone* d'Italie rappelle Cicéron.

— J'ai lu, dans je ne sais quel voyageur, que certains sauvages de l'Afrique croient à l'immortalité de l'âme. Sans prétendre expliquer ce qu'elle devient, il la croient errante, après la mort, dans les broussailles qui environnent leurs bourgades, et la cherchent plusieurs matinées de suite. Ne la trouvant pas, ils abandonnent cette recherche, et n'y pensent plus. C'est à peu près ce que nos philosophes ont fait, et avaient de meilleur à faire.

—Il faut qu'un honnête homme ait l'estime publique sans y avoir pensé, et, pour ainsi dire, malgré lui. Celui qui l'a cherchée, donne sa mesure.

— C'est une belle allégorie, dans la Bible, que cet arbre de la science du bien et du mal qui produit la mort. Cet emblême ne veut-il pas dire que, lorsqu'on a pénétré le fond des choses, la perte des illusions amène la mort de l'âme, c'est-à-dire, un désintéressement complet sur tout ce qui touche et occupe les autres hommes ?

— Il faut qu'il y ait de tout dans le monde ; il faut que, même dans les combinaisons factices du système social, il se trouve des hommes qui opposent la nature à la société, la vérité à l'opinion, la réalité à la chose convenue. C'est un genre d'esprit et de caractère fort piquant, et dont l'empire se fait sentir plus souvent qu'on ne croit. Il y a des gens à qui on n'a besoin que de présenter le vrai, pour qu'ils y courent avec une surprise naïve et intéressante. Ils s'étonnent qu'une chose frappante (quand on sait la rendre telle) leur ait échappé jusqu'alors.

— On croit le sourd malheureux dans la société. N'est-ce pas un jugement prononcé par l'amour-propre de la société, qui dit : cet homme-là n'est-il pas trop à plaindre de n'entendre pas ce que nous disons ?

— La pensée console de tout, et rémédie à tout. Si quelquefois elle vous fait du mal, demandez-lui le remède du mal qu'elle vous a fait, elle vous le donnera.

— Il y a, on ne peut le nier, quelques grands caractères dans l'histoire moderne, et on ne peut comprendre comment ils se sont formés : ils y semblent comme déplacés ; ils y sont comme des cariatides dans un entresol.

— La meilleure philosophie, relativement au monde, est d'allier, à son égard, le sarcasme de la gaîté avec l'indulgence du mépris.

— Je ne suis pas plus étonné de voir un homme

fatigué de la gloire, que je ne le suis d'en voir un autre importuné du bruit qu'on fait dans son antichambre.

— J'ai vu, dans le monde, qu'on sacrifiait sans cesse l'estime des honnêtes gens à la considération, et le repos à la célébrité.

— Une forte preuve de l'existence de Dieu, selon Dorilas, c'est l'existence de l'homme, de l'homme par excellence, dans le sens le moins succeptible d'équivoque, dans le sens le plus exact, et, par conséquent, un peu circonscrit : en un mot, de l'homme de qualité. C'est le chef-d'œuvre de la providence, ou plutôt le seul ouvrage immédiat de ses mains. Mais on prétend, on assure qu'il existe des êtres d'une ressemblance parfaite avec cet être privilégié. Dorilas a dit : Est-il vrai ? quoi ! même figure ! même conformation extérieure ! Eh bien ! l'existence de ces individus, de ces hommes (puisqu'on les appelle ainsi), qu'il a niée autrefois, qu'il a vue, à sa grande surprise, reconnue par plusieurs de ses égaux ; que, par cette raison seule, il ne nie plus formellement; sur laquelle il n'a plus que des nuages, des doutes bien pardonnables, tout-à-fait involontaires ; contre laquelle il se contente de protester simplement par des hauteurs, par l'oubli des bienséances, ou par des bontés dédaigneuses ; l'existence de tous ces êtres, sans doute mal définis, qu'en fera-t-il ? comment l'expliquera-t-il ? comment accorder ce phénomène avec sa théorie ?

dans quel système physique, méthaphysique, ou, s'il le faut, mythologique, ira-t-il chercher la solution de ce problème ? Il réfléchit, il rêve, il est de bonne foi ; l'objection est spécieuse ; il en est ébranlé. Il a de l'esprit, des connaissances ; il va trouver le mot de l'énigme ; il l'a trouvé, il le tient ; la joie brille dans ses yeux. Silence. On connaît, dans la théorie persanne, la doctrine des deux principes, celui du bien et celui du mal. Eh quoi ! vous ne saisissez pas ? Rien de plus simple. Le génie, les talens, les vertus, sont des inventions du mauvais principe d'Orimane, du Diable, pour mettre en évidence, pour produire au grand jour certains misérables, plébéiens reconnus, vrais roturiers, ou à peine gentilshommes.

— Combien de militaires distingués, combien d'officiers généraux sont morts, sans avoir transmis leurs noms à la postérité : en cela, moins heureux que Bucéphale, et même que le dogue espagnol Bérécillo, qui dévorait les Indiens de Saint-Domingue, et qui avait la paie de trois soldats !

— On souhaite la paresse d'un méchant et le silence d'un sot.

— Ce qui explique le mieux comment le malhonnête homme, et quelquefois même le sot, réussissent presque toujours mieux, dans le monde, que l'honnête homme et que l'homme d'esprit, à faire leur chemin : c'est que le malhonnête homme et le sot ont moins de peine à se mettre au courant et au ton du monde, qui, en général, n'est que malhonnêteté et sottise; au lieu que l'honnête homme et l'homme sensé, ne pouvant pas entrer sitôt en commerce avec le monde, perdent un temps précieux pour la fortune. Les uns sont des marchands qui, sachant la langue du pays, vendent et s'approvisionnent tout de suite; tandis que les autres sont obligés d'apprendre la langue de leurs vendeurs et de leurs chalands, avant que d'exposer leur marchandise, et d'entrer en traité avec eux : souvent même ils dédaignent d'apprendre cette langue, et alors ils s'en retournent sans étrenner.

—Il y a une prudence supérieure à celle qu'on qualifie ordinairement de ce nom : l'une est la prudence de l'aigle, et l'autre celle des taupes. La première consiste à suivre hardiment son caractère, en acceptant avec courage les désavantages et les inconvéniens qu'il peut produire.......

—Pour parvenir à pardonner à la raison le mal qu'elle fait à la plupart des hommes, on a besoin de considérer ce que ce serait que l'homme sans sa raison. C'était un mal nécessaire.

—Il y a des sottises bien habillées, comme il y a des sots très-bien vêtus.

—Si l'on avait dit à Adam, le lendemain de la mort d'Abel, que, dans quelques siècles, il y aurait des endroits où, dans l'enceinte de quatre lieues carrées, se trouveraient réunis et amoncelés sept ou huit cent mille hommes, aurait-il cru que ces multitudes pussent jamais vivre ensemble? ne se serait-il pas fait une idée encore plus affreuse de ce qui s'y commet de crimes et de monstruosités? C'est la réflexion qu'il faut faire, pour se consoler des abus attachés à ces étonnantes réunions d'hommes.

— Les prétentions sont une source de peines, et l'époque du bonheur de la vie commence au moment où elles finissent. Une femme est-elle encore jolie au moment où sa beauté baisse? ses prétentions la rendent ou ridicule ou malheureuse: dix ans après, plus laide ou vieille, elle est calme et tranquille. Un homme est dans l'âge où l'on peut réussir et ne pas réussir auprès des femmes; il s'expose à des inconvéniens, et même à des affronts : il devient nul ; dès lors plus d'incertitudes, et il est tranquille. En tout, le mal vient de ce que les idées ne sont pas fixes et arrêtées : il vaut mieux être moins, et être ce qu'on est incontestablement. L'état des ducs et pairs, bien constaté, vaut mieux que celui des princes étrangers, qui ont à lutter sans cesse pour la prééminence. Si Chapelain eût pris le parti que lui conseillait Boileau, par le fameux hémistiche: *Que n'écrit-t-il en prose?* il se fût épargné bien des tourmens, et se fût peut-être fait un nom, autrement que par le ridicule.

— N'as-tu pas honte de vouloir parler mieux que tu ne peux? disait Sénèque à l'un de ses fils, qui ne pouvait trouver l'exorde d'une harangue qu'il avait commencée. On pourrait dire de même à ceux qui adoptent des principes plus forts que leur caractère : N'as-tu pas honte de vouloir être philosophe plus que tu ne peux ?

— La plupart des hommes qui vivent dans le monde, y vivent si étourdiment, pensent si peu, qu'ils ne connaissent pas ce monde qu'ils ont toujours sous les yeux. Ils ne le connaissent pas, disait plaisamment M. de B., par la raison qui fait que les hannetons ne savent pas l'histoire naturelle.

— En voyant Bacon, dans le commencement du seizième siècle, indiquer à l'esprit humain la marche qu'il doit suivre pour reconstruire l'édifice des sciences, on cesse presque d'admirer les grands hommes qui lui ont succédé, tels que Boile, Loke, etc. Il leur distribue d'avance le terrain qu'ils ont à défricher ou à conquérir. C'est César, maître du monde après la victoire de Pharsale, donnant des royaumes et des provinces à ses partisans ou à ses favoris.

— Notre raison nous rend quelquefois aussi malheureux que nos passions ; et on peut dire de l'homme, quand il est dans ce cas, que c'est un malade empoisonné par son médecin.

— Le moment où l'on perd les illusions, les passions de la jeunesse, laisse souvent des regrets ; mais quelquefois on hait le prestige qui nous a trompé. C'est Armide qui brûle et détruit le palais où elle fut enchantée.

— Les médecins et le commun des hommes ne voient pas plus clair les uns que les autres dans les maladies et dans l'intérieur du corps humain. Ce sont tous des aveugles ; mais les médecins sont des quinze-vingts, qui connaissent mieux les rues, et qui se tirent mieux d'affaire.

— Vous demandez comment on fait fortune. Voyez ce qui se passe au parterre d'un spectacle, le jour où il y a foule ; comme les uns restent en arrière, comme les premiers reculent, comme les derniers sont portés en avant. Cette image est si juste, que le mot qui l'exprime a passé dans le langage du peuple. Il appelle faire fortune, *se pousser. Mon fils, mon neveu se poussera.* Les honnêtes gens disent, *s'avancer, avancer, arriver*, termes adoucis, qui écartent l'idée accessoire de force, de violence, de grossièreté ; mais qui laissent subsister l'idée principale.

— Le monde physique paraît l'ouvrage d'un être puissant et bon, qui a été obligé d'abandonner à un être malfaisant l'exécution d'une partie de son plan. Mais le monde moral paraît être le produit des caprices d'un diable devenu fou.

— Ceux qui ne donnent que leur parole pour garant d'une assertion qui reçoit sa force de ses preuves, ressemblent à cet homme qui disait : J'ai l'honneur de vous assurer que la terre tourne autour du soleil.

— Dans les grandes choses, les hommes se montrent comme il leur convient de se montrer ;

dans les petites, ils se montrent comme ils sont.

— Qu'est-ce qu'un philosophe? C'est un homme qui oppose la nature à la loi, la raison à l'usage, sa conscience à l'opinion, et son jugement à l'erreur.

— Un sot qui a un moment d'esprit, étonne et scandalise, comme des chevaux de fiacre au galop.

— Ne tenir dans la main de personne, être l'*homme de son cœur*, de ses principes, de ses sentimens : c'est ce que j'ai vu de plus rare.

— Au lieu de vouloir corriger les hommes de certains travers insupportables à la societé, il aurait fallu corriger la faiblesse de ceux qui les souffrent.

— Les trois-quarts des folies ne sont que des sottises.

— L'opinion est la reine du monde, parce que la sottise est la reine des sots.

— Il faut savoir faire les sottises que nous demande notre caractère.

— L'importance sans mérite obtient des égards sans estime.

— Grands et petits, on a beau faire, il faut toujours se dire comme le fiacre aux courtisanes dans le moulin de Javelle : *Vous autres et nous autres, nous ne pouvons nous passer les uns des autres.*

— Quelqu'un disait que la Providence était le nom de baptême du hasard : quelque dévot dira que le hasard est un sobriquet de la Providence.

— Il y a peu d'hommes qui se permettent un usage rigoureux et intrépide de leur raison, et osent l'appliquer à tous les objets dans toute sa force. Le temps est venu où il faut l'appliquer ainsi à tous les objets de la morale, de la politique et de la société, aux rois, aux ministres, aux grands, aux philosophes, aux principes des sciences, des beaux-arts, etc. : sans quoi, on restera dans la médiocrité.

— Il y a des hommes qui ont le besoin de primer, de s'élever au-dessus des autres, à quelque prix que ce puisse être. Tout leur est égal, pourvu qu'ils soient en évidence sur des tréteaux de charlatan ; sur un théâtre, un trône, un échafaud, ils seront toujours bien, s'ils attirent les yeux.

— Les hommes deviennent petits en se rassemblant : ce sont les diables de Milton, obligés de se rendre pygmées, pour entrer dans le Pandœmonion.

— On anéantit son propre caractère dans la crainte d'attirer les regards et l'attention ; et on se précipite dans la nullité, pour échapper au danger d'être peint.

— L'ambition prend aux petites âmes plus facilement qu'aux grandes, comme le feu prend plus aisément à la paille, aux chaumières qu'aux palais.

— L'homme vit souvent avec lui-même, et il a besoin de vertu ; il vit avec les autres, et il a besoin d'honneur.

— Les fléaux physiques et les calamités de la nature humaine ont rendu la société nécessaire. La société a ajouté aux malheurs de la nature. Les inconvéniens de la société ont amené la nécessité du gouvernement, et le gouvernement ajoute aux malheurs de la société. Voilà l'histoire de la nature humaine.

— La fable de Tantale n'a presque jamais servi d'emblême qu'à l'avarice ; mais elle est, pour le moins, autant celui de l'ambition, de l'amour de la gloire, de presque toutes les passions.

— La nature, en faisant naître à la fois la raison et les passions, semble avoir voulu, par le second présent, aider l'homme à s'étourdir sur le mal qu'elle lui a fait par le premier ; et, en ne le laissant vivre que peu d'années après la perte de ses passions, semble prendre pitié de lui, en le délivrant bientôt d'une vie qui le réduisait à sa raison pour toute ressource.

— Toutes les passions sont exagératrices ; et elles ne sont des passions, que parce qu'elles exagèrent.

— Le philosophe qui veut éteindre ses passions, ressemble au chimiste qui voudrait éteindre son feu.

— Le premier des dons de la nature est cette force de raison qui vous élève au-dessus de vos propres passions et de vos faiblesses, et qui vous fait gouverner vos qualités même, vos talens et vos vertus.

— Pourquoi les hommes sont-ils si sots, si subjugués par la coutume ou par la crainte de faire un testament, en un mot, si imbéciles, qu'après eux ils laissent aller leurs biens à ceux qui rient de leur mort, plutôt qu'à ceux qui la pleurent?

— La nature a voulu que les illusions fussent pour les sages comme pour les fous, afin que les premiers ne fussent par trop malheureux par leur propre sagesse.

— A voir la manière dont on en use envers les malades dans les hôpitaux, on dirait que les hommes ont imaginé ces tristes asiles, non pour soigner les malades, mais pour les soustraire aux regards des heureux, dont ces infortunés troubleraient les jouissances.

— De nos jours, ceux qui aiment la nature sont accusés d'être romanesques.

— Le théâtre tragique a le grand inconvénient moral de mettre trop d'importance à la vie et à la mort.

— La plus perdue de toutes les journées est celle où l'on n'a pas ri.

— La plupart des folies ne viennent que de sottise.

— On fausse son esprit, sa conscience, sa raison, comme on gâte son estomac.

— Les lois du secret et du dépôt sont les mêmes.

— L'esprit n'est souvent au cœur que ce que

la bibliothèque d'un château est à la personne du maître.

— Ce que les poètes, les orateurs, même quelques philosophes nous disent sur l'amour de la gloire, on nous le disait au collége pour nous encourager à avoir les prix. Ce que l'on dit aux enfans pour les engager à préférer à une tartelette les louanges de leurs bonnes, c'est ce qu'on répète aux hommes pour leur faire préférer à un intérêt personnel les éloges de leurs contemporains ou de la postérité.

— Quand on veut devenir philosophe, il ne faut pas se rebuter des premières découvertes affligeantes qu'on fait dans la connaissance des hommes. Il faut, pour les connaître, triompher du mécontentement qu'ils donnent, comme l'anatomiste triomphe de la nature, de ses organes et de son dégoût, pour devenir habile dans son art.

— En apprenant à connaître les maux de la nature, on méprise la mort; en apprenant à connaître ceux de la société, on méprise la vie.

— Il en est de la valeur des hommes comme de celle des diamans, qui, à une certaine mesure de grosseur, de pureté, de perfection, ont un prix fixe et marqué; mais qui, par-delà cette mesure, restent sans prix, et ne trouvent point d'acheteurs.

CHAPITRE II.

Suite des Maximes générales.

En France, tout le monde paraît avoir de l'esprit, et la raison en est simple : comme tout y est une suite de contradictions, la plus légère attention possible suffit pour les faire remarquer, et rapprocher deux choses contradictoires. Cela fait des contrastes tout naturels, qui donnent à celui qui s'en avise, l'air d'un homme qui a beaucoup d'esprit. Raconter, c'est faire des grotesques. Un simple nouvelliste devient un bon plaisant, comme l'historien un jour aura l'air d'un auteur satirique.

— Le public ne croit point à la pureté de certaines vertus et de certains sentimens ; et, en général, le public ne peut guère s'élever qu'à des idées basses.

— Il n'y a pas d'homme qui puisse être, à lui tout seul, aussi méprisable qu'un corps. Il n'y a point de corps qui puisse être aussi méprisable que le public.

— Il y a des siècles où l'opinion publique est la plus mauvaise des opinions.

— L'espérance n'est qu'un charlatan qui nous trompe sans cesse. Et, pour moi, le bonheur n'a commencé que lorsque je l'ai eu perdue. Je mettrais volontiers, sur la porte du paradis, le vers que le Dante a mis sur celle de l'enfer :

Lasciate ogni speranza, voi ch' entrate.

— L'homme pauvre, mais indépendant des hommes, n'est qu'aux ordres de la nécessité. L'homme riche, mais dépendant, est aux ordres d'un autre homme ou de plusieurs.

— L'ambitieux qui a manqué son objet, et qui vit dans le désespoir, me rappelle Ixion mis sur la roue pour avoir embrassé un nuage.

— Il y a, entre l'homme d'esprit, méchant par caractère, et l'homme d'esprit, bon et honnête, la différence qui se trouve entre un assassin et un homme du monde qui fait bien des armes.

— Qu'importe de paraître avoir moins de foiblesses qu'un autre, et donner aux hommes moins de prises sur vous? Il suffit qu'il y en ait une, et qu'elle soit connue. Il faudrait être un Achille *sans talon*, et c'est ce qui paraît impossible.

—Telle est la misérable condition des hommes, qu'il leur faut chercher, dans la société, des consolations aux maux de la nature ; et, dans la nature, des consolations aux maux de la société. Combien d'hommes n'ont trouvé, ni dans l'une ni dans l'autre, des distractions à leurs peines!

— La prétention la plus inique et la plus absurde en matière d'intérêt, qui serait condamnée avec mépris, comme insoutenable, dans une société d'honnêtes gens choisis pour arbitres, faites en la matière d'un procès en justice réglée. Tout procès peut se perdre ou se gagner, et il n'y a pas plus à parier pour que contre : de même, toute opinion, toute assertion, quelque ridicule qu'elle soit, faites-en la matière d'un débat entre des partis différens dans un corps, dans une assemblée, elle peut emporter la pluralité des suffrages.

— C'est une vérité reconnue que notre siècle a remis les mots à leur place; qu'en bannissant les subtilités scolastiques, dialecticiennes, métaphysiques, il est revenu au simple et au vrai, en physique, en morale et en politique. Pour ne parler que de morale, on sent combien ce mot, l'*honneur*, renferme d'idées complexes et métaphysiques. Notre siècle en a senti les inconvéniens; et, pour ramener tout au simple, pour prévenir tout abus de mots, il a établi que l'*honneur* restait, dans toute son intégrité, à tout homme qui n'avait point été repris de justice. Autrefois, ce mot était une source d'équivoques et de contestations; à présent, rien de plus clair. Un homme a-t-il été mis au carcan ? n'y a-t-il pas été mis ? voilà l'état de la question. C'est une simple question de fait, qui s'éclaircit facilement par les registres du greffe. Un homme n'a pas été mis au carcan : c'est un homme d'honneur, qui peut prétendre à tout, aux places du ministère, etc.; il entre dans les corps, dans les académies, dans les cours souveraines. On sent combien la netteté et la précision épargnent de querelles et de discussions, et combien le commerce de la vie devient commode et facile.

— L'amour de la gloire, une vertu ! Étrange vertu que celle qui se fait aider par l'action de tous les vices; qui reçoit pour stimulans l'orgueil, l'ambition, l'envie, la vanité, quelquefois l'avarice même ! Titus serait-il Titus, s'il avait eu pour ministres Séjan, Narcisse et Tigellin ?

— La gloire met souvent un honnête homme aux mêmes épreuves que la fortune; c'est-à-dire, que l'une et l'autre l'obligent, avant de le laisser parvenir jusqu'à elles, à faire ou souffrir des choses indignes de son caractère. L'homme intrépidement vertueux les repousse alors également l'une et l'autre, et s'enveloppe ou dans l'obscurité ou dans l'infortune, et quelquefois dans l'une et dans l'autre.

— Celui qui est juste au milieu, entre notre ennemi et nous, nous paraît être plus voisin de notre ennemi : c'est un effet des lois de l'optique, comme celui par lequel le jet d'eau d'un bassin paraît moins éloigné de l'autre bord que de celui où vous êtes.

— L'opinion publique est une juridiction que l'honnête homme ne doit jamais reconnaître parfaitement, et qu'il ne doit jamais décliner.

— Vain veut dire vide; ainsi la vanité est si misérable, qu'on ne peut guère lui dire pis que son nom. Elle se donne elle même pour ce quelle est.

— On croit communément que l'art de plaire est un grand moyen de faire fortune : savoir s'ennuyer est un art qui réussit bien davantage. Le talent de faire fortune, comme celui de réussir auprès des femmes, se réduit presque à cet art-là.

— Il y a peu d'hommes à grand caractère qui n'aient quelque chose de romanesque dans la tête ou dans le cœur. L'homme qui en est entièrement dépourvu, quelque honnêteté, quelque esprit qu'il puisse avoir, est, à l'égard du grand caractère, ce qu'un artiste, d'ailleurs très-habile, mais qui n'aspire point au beau idéal, est à l'égard de l'artiste, homme de génie, qui s'est rendu ce beau idéal familier.

— Il y a de certains hommes dont la vertu brille davantage dans la condition privée, qu'elle ne le ferait dans une fonction publique. Le cadre les déparerait. Plus un diamant est beau, plus il faut que la monture soit légère. Plus le chaton est riche, moins le diamant est en évidence.

— Quand on veut éviter d'être charlatan, il faut fuir les tréteaux ; car, si l'on y monte, on est bien forcé d'être charlatan, sans quoi l'assemblée vous jette des pierres.

— Il y a peu de vices qui empêchent un homme d'avoir beaucoup d'amis, autant que peuvent le faire de trop grandes qualités.

— Il y a telle supériorité, telle prétention qu'il

suffit de ne pas reconnaître, pour qu'elle soit anéantie ; telle autre qu'il suffit de ne pas apercevoir, pour la rendre sans effet.

— Ce serait être très-avancé dans l'étude de la morale, de savoir distinguer tous les traits qui différencient l'orgueil et la vanité. Le premier est haut, calme, fier, tranquille, inébranlable ; la seconde est vile, incertaine, mobile, inquiète et chancelante. L'un grandit l'homme ; l'autre le renfle. Le premier est la source de mille vertus ; l'autre, celle de presque tous les vices et tous les travers. Il y a un genre d'orgueil dans lequel sont compris tous les commandemens de Dieu ; et un genre de vanité qui contient les sept péchés capitaux.

— Vivre est une maladie, dont le sommeil nous soulage toutes les seize heures ; c'est un palliatif : la mort est le remède.

— La nature paraît se servir des hommes pour ses desseins, sans se soucier des instrumens qu'elle emploie ; à peu près comme les tyrans, qui se défont de ceux dont ils se sont servis.

— Il y a deux choses auxquelles il faut se faire, sous peine de trouver la vie insupportable : ce sont les injures du temps et les injustices des hommes.

— Je ne conçois pas de sagesse sans défiance. L'écriture a dit que le commencement de la sagesse était la crainte de Dieu ; moi, je crois que c'est la crainte des hommes.

— Il y a certains défauts qui préservent de quelques vices épidémiques : comme on voit, dans un temps de peste, les malades de fièvre-quarte échapper à la contagion.

— Le grand malheur des passions n'est pas dans les tourmens qu'elles causent; mais dans les fautes, dans les turpitudes qu'elles font commettre, et qui dégradent l'homme. Sans ces inconvéniens, elles auraient trop d'avantages sur la froide raison, qui ne rend point heureux. Les passions font *vivre* l'homme ; la sagesse les fait seulement *durer*.

— Un homme sans élévation ne saurait avoir de bonté ; il ne peut avoir que de la bonhomie.

— Il faudrait pouvoir unir les contraires : l'amour de la vertu avec l'indifférence pour l'opinion publique, le goût du travail avec l'indifférence pour la gloire, et le soin de sa santé avec l'indifférence pour la vie.

— Celui-là fait plus pour un hydropique, qui le guérit de sa soif, que celui qui lui donne un tonneau de vin. Appliquez cela aux richesses.

— Les méchans font quelquefois de bonnes actions. On dirait qu'ils veulent voir s'il est vrai que cela fasse autant de plaisir que le prétendent les honnêtes gens.

— Si Diogène vivait de nos jours, il faudrait que sa lanterne fût une lanterne sourde.

— Il faut convenir que, pour être heureux en vivant dans le monde, il y a des côtés de son âme qu'il faut entièrement *paralyser*.

— La fortune et le costume qui l'entourent, font de la vie une représentation au milieu de laquelle il faut qu'à la longue l'homme le plus honnête devienne comédien malgré lui.

— Dans les choses, tout est *affaires mêlées*, dans les hommes, tout est *pièces de rapport*. Au moral et au physique, tout est mixte : rien n'est un, rien n'est pur.

— Si les vérités cruelles, les fâcheuses découcouvertes, les secrets de la société, qui composent la science d'un homme du monde parvenu à l'âge de quarante ans, avaient été connus de ce même homme à l'âge de vingt, ou il fût tombé dans le désespoir, ou il se serait corrompu par lui-même, par projet ; et cependant, on voit un petit nombre d'hommes sages, parvenus à cet âge-là, instruits de toutes ces choses et très-éclairés, n'être ni corrompus, ni malheureux. La prudence dirige leurs vertus à travers la corruption publique ; et la force de leur caractère, jointe aux lumières d'un esprit étendu, les élève au-dessus du chagrin qu'inspire la perversité des hommes.

— Voulez-vous voir à quel point chaque état de la société corrompt les hommes ? Examinez ce qu'ils sont, quand ils en ont éprouvé plus longtems l'influence, c'est-à-dire dans la vieillesse. Voyez ce que c'est qu'un vieux courtisan, un vieux prêtre, un vieux juge, un vieux procureur, un vieux chirurgien, etc.

— L'homme sans principes est aussi ordinairement un homme sans caractère ; car, s'il était né avec du caractère, il aurait senti le besoin de se créer des principes.

— Il y a à parier que toute idée publique, toute convention reçue est une sottise ; car elle a convenu au plus grand nombre.

— L'estime vaut mieux que la célébrité ; la considération vaut mieux que la renommée, et l'honneur vaut mieux que la gloire.

— C'est souvent le mobile de la vanité qui a engagé l'homme à montrer toute l'énergie de son âme. Du bois ajouté à un acier pointu fait un dard ; deux plumes ajoutées au bois font une flèche.

— Les gens faibles sont les troupes légères de l'armée des méchans. Ils font plus de mal que l'armée même ; ils infectent et ils ravagent.

— Il est plus facile de légaliser certaines choses que les légitimer.

— Célébrité : l'avantage d'être connu de ceux qui ne vous connaissent pas.

— On partage avec plaisir l'amitié de ses amis pour des personnes auxquelles on s'intéresse peu soi-même ; mais la haine, même celle qui est la plus juste, a de la peine à se faire respecter.

— Tel homme a été craint pour ses talens, haï pour ses vertus, et n'a rassuré que par son caractère. Mais, combien de temps s'est passé avant que justice se fît !

— Dans l'ordre naturel, comme dans l'ordre

social, il ne faut pas vouloir être plus qu'on ne peut.

— La sottise ne serait pas tout à fait la sottise, si elle ne craignait pas l'esprit. Le vice ne serait pas tout à fait le vice, s'il ne haïssait pas la vertu.

— Il n'est pas vrai (ce qu'a dit Rousseau, après Plutarque) que plus on pense, moins on sente; mais il est vrai que plus on juge, moins on aime. Peu d'hommes vous mettent dans le cas de faire exception à cette règle.

— Ceux qui rapportent tout à l'opinion, ressemblent à ces comédiens qui jouent mal pour être applaudis, quand le goût du public est mauvais : quelques-uns auraient le moyen de bien jouer, si le goût du public était bon. L'honnête homme joue son rôle le mieux qu'il peut, sans songer à la galerie.

— Il y a une sorte de plaisir attaché au courage, qui se met au-dessus de la fortune. Mépriser l'argent, c'est détrôner un roi; il y a du ragoût.

—Il y a un genre d'indulgence pour ses ennemis, qui paraît une sottise plutôt que de la bonté ou de la grandeur d'âme. M. de C...... me paraît ridicule par la sienne. Il me paraît ressembler à Arlequin, qui dit : « Tu me donnes un soufflet ; eh bien ! je ne suis pas encore fâché. » Il faut avoir l'esprit de haïr ses ennemis.

— Robinson, dans son île, privé de tout, et forcé aux plus pénibles travaux pour assurer sa subsistance journalière, supporte la vie, et même goûte, de son aveu, plusieurs momens de bonheur. Supposez qu'il soit dans une île enchantée, pourvue de tout ce qui est agréable à la vie, peut-être le désœuvrement lui eût-il rendu l'existence insupportable.

— Les idées des hommes sont comme les cartes et autres jeux. Des idées que j'ai vu autrefois regarder comme dangereuses et trop hardies, sont depuis devenues communes et presque triviales, et ont descendu jusqu'à des hommes peu dignes d'elles. Quelques-unes de celles à qui nous donnons le nom d'audacieuses, seront vues comme faibles et communes par nos descendans.

— J'ai souvent remarqué, dans mes lectures, que le premier mouvement de ceux qui ont fait quelque action héroïque, qui se sont livrés à quelque impression généreuse, qui ont sauvé les infortunés, couru quelque grand risque et procuré quelque grand avantage, soit au public, soit à des particuliers; j'ai, dis-je, remarqué que leur premier mouvement a été de refuser la récompense qu'on leur en offrait. Ce sentiment s'est trouvé dans le cœur des hommes les plus indigens et de la dernière classe du peuple. Quel est donc cet instinct moral qui apprend à l'homme sans éducation, que la récompense de ses actions est dans le cœur de celui qui les a faites? Il semble qu'en nous les payant, on nous les ôte.

— Un acte de vertu, un sacrifice ou de ses intérêts ou de soi-même, est le besoin d'une âme noble : l'amour-propre d'un cœur généreux est, en quelque sorte, l'égoïsme d'un grand caractère.

— La concorde des frères est si rare, que la fable ne cite que deux frères amis ; et elle suppose qu'ils ne se voyaient jamais, puisqu'ils passaient tour à tour de la terre aux champs élysées, ce qui ne laissait pas d'éloigner tout sujet de dispute et de rupture.

— Il y a plus de fous que de sages ; et dans le sage même, il y a plus de folies que de sagesse.

— Les maximes générales sont, dans la conduite de la vie, ce que les routines sont dans les arts.

— La conviction est la conscience de l'esprit.

— On est heureux ou malheureux par une foule de choses qui ne paraissent pas, qu'on ne dit point et qu'on ne peut dire.

— Le plaisir peut s'appuyer sur l'illusion ; mais le bonheur repose sur la vérité : il n'y a qu'elle qui puisse nous donner celui dont la nature humaine est susceptible. L'homme heureux par l'illusion, a sa fortune en agiotage ; l'homme heureux par la vérité, a sa fortune en fonds de terre et en bonnes constitutions.

— Il y a, dans le monde, bien peu de choses sur lesquelles un honnête homme puisse reposer agréablement son âme ou sa pensée.

— Quand on soutient que les gens les moins sensibles sont, à tout prendre, les plus heureux, je me rappelle le proverbe indien : « Il vaut mieux être assis que debout, être couché qu'assis ; mais il vaut mieux être mort que tout cela.

— L'habileté est à la ruse, ce que la dextérité est à la filouterie.

— L'entêtement représente le *caractère*, à peu près comme le tempérament représente l'*amour*.

— Amour, folie aimable ; ambition, sottise sérieuse.

— Préjugé, vanité, calcul : voilà ce qui gouverne le monde. Celui qui ne connaît pour règles de sa conduite, que raison, vérité, sentiment, n'a presque rien de commun avec la société. C'est en lui-même qu'il doit chercher et trouver presque tout son bonheur.

— Il faut être juste avant d'être généreux, comme on a des chemises avant d'avoir des dentelles.

— Les Hollandais n'ont aucune commisération de ceux qui font des dettes. Ils pensent que tout homme endetté vit aux dépens de ses concitoyens s'il est pauvre, et de ses héritiers s'il est riche.

— La fortune est souvent comme les femmes riches et dépensières, qui ruinent les maisons où elles ont apporté une riche dot.

— Le changement de modes est l'impôt que l'industrie du pauvre met sur la vanité du riche.

— L'intérêt d'argent est la grande épreuve des petits caractères ; mais ce n'est encore que la plus petite pour les caractères distingués ; et il y a loin de l'homme qui méprise l'argent, à celui qui est véritablement honnête.

— Le plus riche des hommes, c'est l'économe : le plus pauvre, c'est l'avare.

— Il y a quelquefois, entre deux hommes, de fausses ressemblances de caractère, qui les rapprochent et qui les unissent pour quelque temps. Mais la méprise cesse par degrés ; et ils sont tout étonnés de se trouver très-écartés l'un de l'autre, et repoussés, en quelque sorte, par tous leurs points de contact.

— N'est-ce pas une chose plaisante de considérer que la gloire de plusieurs grands hommes soit d'avoir employé leur vie entière à combattre des préjugés ou des sottises qui font pitié, et qui semblaient ne devoir jamais entrer dans une tête humaine ? La gloire de Bayle, par exemple, est d'avoir montré ce qu'il y a d'absurde dans les subtilités philosophiques et scolastiques, qui feraient lever les épaules à un paysan du Gâtinais doué d'un grand sens naturel ; celle de Loke, d'avoir prouvé qu'on ne doit point parler sans s'entendre, ni croire entendre ce qu'on n'entend pas ; celle de plusieurs philosophes, d'avoir composé de gros livres contre des idées superstitieuses qui feraient fuir, avec mépris, un sauvage du Canada ; celle de Montesquieu, et de quelques auteurs avant lui, d'avoir (en respectant une foule de préjugés misérables) laissé entrevoir que les gouvernans sont faits pour les gouvernés, et non les gouvernés pour les gouvernans. Si le rêve des philosophes qui croient au perfectionnement de la société, s'accomplit, que dira la postérité, de voir qu'il ait fallu tant d'efforts pour arriver à des résultats si simples et si naturels?

— Un homme sage, en même temps qu'honnête, se doit à lui-même de joindre à la pureté qui satisfait sa conscience, la prudence qui devine et prévient la calomnie.

— Le rôle de l'homme prévoyant est assez triste; il afflige ses amis, en leur annonçant les malheurs auxquels les expose leur imprudence. On ne le croit pas ; et, quand ces malheurs sont arrivés, ces mêmes amis lui savent mauvais gré du mal qu'il a prédit ; et leur amour-propre baisse les yeux devant l'ami qui doit être leur consolateur, et qu'ils auraient choisi, s'ils n'étaient pas humiliés en sa présence.

— Celui qui veut trop faire dépendre son bonheur de sa raison, qui le soumet à l'examen, qui chicane, pour ainsi dire, ses jouissances, et n'admet que des plaisirs délicats, finit par n'en plus avoir. C'est un homme qui, à force de faire carder son matelas, le voit diminuer, et finit par coucher sur la dure.

— Le temps diminue chez nous l'intensité des plaisirs *absolus*, comme parlent les métaphysiciens ; mais il paraît qu'il accroît les plaisirs *relatifs* : et je soupçonne que c'est l'artifice par lequel la nature a su lier les hommes à la vie, après la perte des objets ou des plaisirs qui la rendaient le plus agréable.

— Quand on a été bien tourmenté, bien fatigué par sa propre sensibilité, on s'aperçoit qu'il faut vivre au jour le jour, oublier beaucoup, enfin *éponger la vie* à mesure qu'elle s'écoule.

— La fausse modestie est le plus décent de tous les mensonges.

— On dit qu'il faut s'efforcer de retrancher tous les jours de nos besoins. C'est surtout aux besoins de l'amour-propre qu'il faut appliquer cette maxime : ce sont les plus tyranniques, et qu'on doit le plus combattre.

— Il n'est pas rare de voir des âmes faibles qui, par la fréquentation avec des âmes d'une trempe plus vigoureuse, veulent s'élever au-dessus de leur caractère. Cela produit des disparates aussi plaisans, que les prétentions d'un sot à l'esprit.

— La vertu, comme la santé, n'est pas le souverain bien. Elle est la place du bien, plutôt que le bien même. Il est plus sûr que le vice rend malheureux, qu'il ne l'est que la vertu donne le bonheur. La raison pour laquelle la vertu est le plus désirable, c'est parce qu'elle est ce qu'il y a de plus opposé au vice.

CHAPITRE III.

De la Société, des Grands, des Riches, des Gens du Monde.

Jamais le monde n'est connu par les livres ; on l'a dit autrefois ; mais ce qu'on n'a pas dit, c'est la raison ; la voici : c'est que cette connaissance est un résultat de mille observations fines, dont l'amour-propre n'ose faire confidence à personne, pas même au meilleur ami. On craint de se montrer comme un homme occupé de petites choses, quoique ces petites choses soient très-importantes au succès des plus grandes affaires.

— En parcourant les mémoires et monumens du siècle de Louis xiv, on trouve, même dans la mauvaise compagnie de ce temps-là, quelque chose qui manque à la bonne d'aujourd'hui.

— Qu'est-ce que la société, quand la raison n'en forme pas les nœuds, quand le sentiment n'y jette pas d'intérêt, quand elle n'est pas un échange de pensées agréables et de vraie bienveillance ? Une foire, un tripot, une auberge, un bois, un mauvais lieu et des petites-maisons ; c'est tout ce qu'elle est tour à tour pour la plupart de ceux qui la composent.

— On peut considérer l'édifice métaphysique de la société, comme un édifice matériel qui serait composé de différentes niches ou compartimens, d'une grandeur plus ou moins considérable. Les places avec leurs prérogatives, leurs droits, etc., forment ces divers compartimens, ces différentes niches. Elles sont durables, et les hommes passent. Ceux qui les occupent, sont tantôt grands, tantôt petits; et aucun ou presque aucun n'est fait pour sa place. Là, c'est un géant courbé ou accroupi dans sa niche; là, c'est un nain sous une arcade : rarement la niche est faite pour la statue. Autour de l'édifice, circule une foule d'hommes de différentes tailles. Ils attendent tous qu'il y ait une niche de vide, afin de s'y placer, quelle qu'elle soit. Chacun fait valoir ses droits, c'est-à-dire, sa naissance ou ses protections, pour y être admis. On sifflerait celui qui, pour avoir la préférence, ferait valoir la proportion qui existe entre la niche et l'homme, entre l'instrument et l'étui. Les concurrens même s'abstiennent d'objecter à leurs adversaires cette disproportion.

— On ne peut vivre, dans la société, après l'âge des passions. Elle n'est tolérable que dans l'époque où l'on se sert de son estomac pour s'amuser, et de sa personne pour tuer le temps.

— Les gens de robe, les magistrats, connaissent la cour, les intérêts du moment, à peu près comme les écoliers qui ont obtenu un *exeat*, et qui ont dîné hors du collége, connaissent le monde.

— Ce qui se dit dans les cercles, dans les sallons, dans les soupés, dans les assemblées publiques, dans les livres, même ceux qui ont pour objet de faire connaître la société, tout cela est faux ou insuffisant. On peut dire sur cela le mot italien *per la predica*, ou le mot latin *ad populum phaleras*. Ce qui est vrai, ce qui est instructif, c'est ce que la conscience d'un honnête homme qui a beaucoup vu et bien vu, dit à son ami au coin du feu : quelques-unes de ces conversations-là m'ont plus instruit que tous les livres et le commerce ordinaire de la société. C'est qu'elles me mettaient mieux sur la voie, et me faisaient réfléchir davantage.

— L'influence qu'exerce sur notre âme une idée morale, contrastante avec des objets physiques et matériels, se montre dans bien des occasions ; mais on ne la voit jamais mieux que quand le passage est rapide et imprévu. Promenez-vous sur le boulevard, le soir : vous voyez un jardin charmant, au bout duquel est un salon illuminé avec goût; vous entrevoyez des groupes de jolies femmes, des bosquets, entr'autres une allée fuyante où vous entendez rire ; ce sont des nymphes ; vous en jugez par leur taille svelte, etc ; vous demandez quelle est cette femme, et on vous répond ; c'est madame de B......, la maîtresse de la maison : il se trouve par malheur que vous la connaissez, et le charme a disparu.

— Vous rencontrez le baron de Breteuil; il vous entretient de ses bonnes fortunes, de ses amours grossières, etc. ; il finit par vous montrer le portrait de la reine au milieu d'une rose garnie de diamans.

— Un sot, fier de quelque cordon, me paraît au-dessous de cet homme ridicule qui, dans ses plaisirs, se faisait mettre des plumes de paon au derrière par ses maîtresses. Au moins, il y gagnait le plaisir de.... Mais l'autre!... Le baron de Breteuil est fort au-dessous de Peixoto.

— On voit, par l'exemple de Breteuil, qu'on peut balloter dans ses poches les portraits en diamans de douze ou quinze souverains, et n'être qu'un sot.

— C'est un sot, c'est un sot, c'est bientôt dit : voilà comme vous êtes extrême en tout. A quoi cela se réduit-il? Il prend sa place pour sa personne, son importance pour du mérite, et son crédit pour une vertu. Tout le monde n'est-il pas comme cela? Y a-t-il là de quoi tant crier ?

— Quand les sots sortent de place, soit qu'ils aient été ministres ou premiers commis, ils conservent une morgue ou une importance ridicule.

—Ceux qui ont de l'esprit ont mille bons contes à faire sur les sottises et les valetages dont ils ont été témoins : et c'est ce qu'on peut voir par cent exemples. Comme c'est un mal aussi ancien que la monarchie, rien ne prouve mieux combien il est irrémédiable. De mille traits que j'ai entendu raconter, je conclurais que si les singes avaient le talent des perroquets, on en ferait volontiers des ministres.

—Rien de si difficile à faire tomber, qu'une idée triviale ou un proverbe accrédité. Louis xv a fait banqueroute en détail trois ou quatre fois, et on n'en jure pas moins *foi de gentilhomme.* Celle de M. de Guimenée n'y réussira pas mieux.

— Les gens du monde ne sont pas plutôt attroupés, qu'ils se croient en société.

— J'ai vu des hommes trahir leur conscience, pour complaire à un homme qui a un mortier ou une simare : étonnez-vous ensuite de ceux qui l'échangent pour le mortier, ou pour la simare même. Tous également vils, et les premiers absurdes plus que les autres.

— La société est composée de deux grandes classes : ceux qui ont plus de dînés que d'appétit, et ceux qui ont plus d'appétit que de dînés.

— On donne des repas de dix louis ou de vingt à des gens en faveur de chacun desquels on ne donnerait pas un petit écu, pour qu'ils fissent une bonne digestion de ce même dîné de vingt louis.

— C'est une règle excellente à adopter sur l'art de la raillerie et de la plaisanterie, que le plaisant et le railleur doivent être garans du succès de leur plaisanterie à l'égard de la personne plaisantée, et que, quand celle-ci se fâche, l'autre a tort.

—M*** me disait que j'avais un grand malheur; c'était de ne pas me faire à la toute-puissance des sots. Il avait raison : et j'ai vu qu'en entrant dans le monde, un sot avait de grands avantages, celui de se trouver parmi ses pairs. C'est comme frère Lourdis dans le temple de la sottise :

> Tout lui plaisait, et même en arrivant,
> Il crut encore être dans son couvent.

— En voyant quelquefois les friponneries des petits et les brigandages des hommes en place, on est tenté de regarder la société comme un bois rempli de voleurs, dont les plus dangereux sont les archers préposés pour arrêter les autres.

— Les gens du monde et de la cour donnent aux hommes et aux choses une valeur conventionnelle, dont ils s'étonnent de se trouver dupes. Ils ressemblent à des calculateurs qui, en faisant un compte, donneraient aux chiffres une valeur variable et arbitraire, et qui, ensuite, dans l'addition, leur rendant leur valeur réelle et réglée, seraient tout surpris de ne pas trouver leur compte.

— Il y a des momens où le monde paraît s'apprécier lui-même ce qu'il vaut. J'ai souvent démêlé qu'il estimait ceux qui n'en faisaient aucun cas; et il arrive souvent que c'est une recommandation auprès de lui, que de le mépriser souverainement, pourvu que ce mépris soit vrai, sincère, naïf, sans affectation, sans jactance.

— Le monde est si méprisable que le peu de gens honnêtes qui s'y trouvent, estiment ceux qui le méprisent, et y sont déterminés par ce mépris même.

— Amitié de cour, foi de renards, et société de loups.

— Je conseillerais à quelqu'un qui veut obtenir une grâce d'un ministre, de l'aborder d'un air triste, plutôt que d'un air riant. On n'aime pas à voir plus heureux que soi.

— Une vérité cruelle, mais dont il faut convenir, c'est que, dans le monde, et surtout dans un monde choisi, tout est art, science, calcul, même l'apparence de la simplicité, de la facilité la plus aimable. J'ai vu des hommes dans lesquels ce qui paraissait la grâce d'un premier mouvement, était une combinaison, à la vérité très-prompte, mais très-fine et très-savante. J'en ai vu associer le calcul le plus réfléchi à la naïveté apparente de l'abandon le plus étourdi. C'est le négligé savant d'une coquette, d'où l'art a banni tout ce qui ressemble à l'art. Cela est fâcheux, mais nécessaire. En général, malheur à l'homme qui, même dans l'amitié la plus intime, laisse découvrir son faible et sa prise ! J'ai vu les plus intimes amis faire des blessures à l'amour-propre de ceux dont ils avaient surpris le secret. Il paraît impossible que, dans l'état actuel de la société (je parle de la société du grand monde), il y ait un seul homme qui puisse montrer le fond de son âme et les détails de son caractère, et surtout de ses faiblesses à son meilleur ami. Mais, encore une fois, il faut porter (dans ce monde-là) le raffinement si loin, qu'il ne puisse pas même y être suspect, ne fût-ce que pour ne pas être méprisé comme acteur dans une troupe d'excellens comédiens.

— Les gens qui croient aimer un prince dans l'instant où ils viennent d'en être bien traités, me rappellent les enfans qui veulent être prêtres le lendemain d'une belle procession, ou soldats le lendemain d'une revue à laquelle ils ont assisté.

— Les favoris, les hommes en place mettent quelquefois de l'intérêt à s'attacher des hommes de mérite; mais ils en exigent un avilissement préliminaire, qui repousse loin d'eux tous ceux qui ont quelque pudeur. J'ai vu des hommes dont un favori ou un ministre aurait eu bon marché, aussi indignés de cette disposition, qu'auraient pu l'être des hommes d'une vertu parfaite. L'un d'eux me disait : Les grands veulent qu'on se dégrade, non pour un bienfait, mais pour une espérance; ils prétendent vous acheter, non par un lot, mais par un billet de loterie; et je sais des fripons, en apparence bien traités par eux, qui, dans le fait, n'en ont pas tiré meilleur parti, que ne l'auraient fait les plus honnêtes gens du monde.

— Les actions utiles, même avec éclat, les services réels et les plus grands qu'on puisse rendre à la nation et même à la cour, ne sont, quand on n'a point la faveur de la cour, que des péchés splendides, comme disent les théologiens.

— On n'imagine pas combien il faut d'esprit pour n'être pas ridicule.

— Tout homme qui vit beaucoup dans le monde, me persuade qu'il est peu sensible ; car je ne vois presque rien qui puisse y intéresser le cœur, ou plutôt rien qui ne l'endurcisse ; ne fût-ce que le spectacle de l'insensibilité, de la frivolité et de la vanité qui y règnent.

— Quand les princes sortent de leurs misérables étiquettes, ce n'est jamais en faveur d'un homme de mérite, mais d'une fille ou d'un bouffon. Quand les femmes s'affichent, ce n'est presque jamais pour un honnête homme, c'est pour une *espèce*. En tout, lorsque l'on brise le joug de l'opinion, c'est rarement pour s'élever au-dessus, mais presque toujours pour descendre au-dessous.

— Il y a des fautes de conduite que, de nos jours, on ne fait plus guère, ou qu'on fait beaucoup moins. On est tellement raffiné que, mettant l'esprit à la place de l'âme, un homme vil, pour peu qu'il ait réfléchi, s'abstient de certaines platitudes, qui autrefois pouvaient réussir. J'ai vu des hommes malhonnêtes avoir quelquefois une conduite fière et décente avec un prince, un ministre, ne point fléchir, etc. Cela trompe les jeunes gens et les novices qui ne savent pas, ou bien qui oublient qu'il faut juger un homme par l'ensemble de ses principes et de son caractère.

— A voir le soin que les conventions sociales paraissent avoir pris d'écarter le mérite de toutes les places où il pourrait être utile à la société, en examinant la ligue des sots contre les gens d'esprit, on croirait voir une conjuration de valets pour écarter les maîtres.

— Que trouve un jeune homme, en entrant dans le monde? Des gens qui veulent le protéger, prétendent l'*honorer*, le gouverner, le conseiller. Je ne parle point de ceux qui veulent l'écarter, lui nuire, le perdre ou le tromper. S'il est d'un caractère assez élevé pour vouloir n'être protégé que par ses mœurs, ne s'honorer de rien ni de personne, se gouverner par ses principes, se conseiller par ses lumières, par son caractère et d'après sa position qu'il connaît mieux que personne, on ne manque pas de dire qu'il est original, singulier, indomptable. Mais, s'il a peu d'esprit, peu d'élévation, peu de principes, s'il ne s'aperçoit pas qu'on le protége, qu'on veut le gouverner, s'il est l'instrument des gens qui s'en emparent, on le trouve charmant, et c'est, comme on dit, le meilleur enfant du monde.

— La société, ce qu'on appelle le monde, n'est que la lutte de mille petits intérêts opposés, une lutte éternelle de toutes les vanités qui se croisent, se choquent, tour à tour blessées, humiliées l'une par l'autre, qui expient le lendemain, dans le dégoût d'une défaite, le triomphe de la veille. Vivre solitaire, ne point être froissé dans ce choc misérable où l'on attire un instant les yeux pour être écrasé l'instant d'après, c'est ce qu'on appelle n'être rien, n'avoir pas d'existence. Pauvre humanité !

— Il y a une profonde insensibilité aux vertus, qui surprend et scandalise beaucoup plus que le vice. Ceux que la bassesse publique appelle grands seigneurs, ou grands, les hommes en place, paraissent, pour la plupart, doués de cette insensibilité odieuse. Cela ne viendrait-il pas de l'idée vague et peu développée dans leur tête, que les hommes, doués de ces vertus, ne sont pas propres à être des instrumens d'intrigue? Ils les négligent, ces hommes, comme inutiles à eux-mêmes et aux autres, dans un pays où, sans l'intrigue, la fausseté et la ruse, on n'arrive à rien!

— Que voit-on dans le monde? Partout un respect naïf et sincère pour des conventions absurdes, pour une sottise (les sots saluent leur reine), ou bien des ménagemens forcés pour cette même sottise (les gens d'esprit craignent leur tyran).

— Les bourgeois, par une vanité ridicule, font de leur fille un fumier pour les terres des gens de qualité.

— Supposez vingt hommes, même honnêtes, qui tous connaissent et estiment un homme d'un mérite reconnu, Dorilas, par exemple; louez, vantez ses talens et ses vertus; que tous conviennent de ses vertus et de ses talens; l'un des assistans ajoute: C'est dommage qu'il soit si peu favorisé de la fortune. Que dites-vous? reprend un autre, c'est que sa modestie l'oblige à vivre sans luxe. Savez-vous qu'il a vingt-cinq mille livres de rente? — Vraiment! — Soyez en sûr, j'en ai la preuve.

Qu'alors cet homme de mérite paraisse, et qu'il compare l'accueil de la société et la manière plus ou moins froide, quoique distinguée, dont il était reçu précédemment. C'est ce qu'il a fait: il a comparé, et il a gémi. Mais, dans cette société, il s'est trouvé un homme dont le maintien a été le même à son égard. Un sur vingt, dit notre philosophe, je suis content.

— Quelle vie que celle de la plupart des gens de la cour! Ils se laissent ennuyer, excéder, asservir, tourmenter pour des intérêts misérables. Ils attendent pour vivre, pour être heureux, la mort de leurs ennemis, de leurs rivaux d'ambition, de ceux même qu'ils appellent leurs amis; et pendant que leurs vœux appellent cette mort, ils sèchent, ils dépérissent, meurent eux-mêmes, en demandant des nouvelles de la santé de monsieur tel, de madame telle, qui s'obstinent à ne pas mourir.

— Quelques folies qu'aient écrites certains physionomistes de nos jours, il est certain que l'habitude de nos pensées peut déterminer quelques traits de notre physionomie. Nombre de courtisans ont l'œil faux, par la même raison que la plupart des tailleurs sont cagneux.

— Il n'est peut-être pas vrai que les grandes fortunes supposent toujours de l'esprit, comme je l'ai souvent ouï dire même à des gens d'esprit: mais il est bien plus vrai qu'il y a des choses d'esprit et d'habileté, à qui la fortune ne saurait échapper, quand bien même celui qui les a posséderait l'honnêteté la plus pure, obstacle qui, comme on sait, est le plus grand de tous pour la fortune.

— Lorsque Montaigne a dit, à propos de la grandeur: « Puisque nous ne pouvons y atteindre, » vengeons-nous en à en médire », il a dit une chose plaisante, souvent vraie, mais scandaleuse, et qui donne des armes aux sots que la fortune a favorisés. Souvent, c'est par petitesse qu'on hait l'inégalité des conditions; mais un vrai sage et un honnête homme pourraient la haïr comme la barrière qui sépare des âmes faites pour se rapprocher. Il est peu d'hommes d'un caractère distingué qui ne se soient refusés aux sentimens que leur inspirait tel ou tel homme d'un rang supérieur; qui n'aient repoussé, en s'affligeant eux-mêmes, telle ou telle amitié qui pouvait être pour eux une source de douceurs et de consolations. Chacun d'eux, au lieu de répéter le mot de Montaigne, peut dire : Je hais la grandeur qui m'a fait fuir ce que j'aimais, ou ce que j'aurais aimé.

— Qui est-ce qui n'a que des liaisons entièrement honorables? Qui est-ce qui ne voit pas quelqu'un dont il demande pardon à ses amis? Quelle est la femme qui ne s'est pas vue forcée d'expliquer à sa société, la visite de telle ou telle femme qu'on a été surpris de voir chez elle?

— Êtes-vous l'ami d'un homme de la cour, d'un homme de qualité, comme on dit; et souhaitez-vous lui inspirer le plus vif attachement dont le cœur humain soit susceptible? Ne vous bornez pas à lui prodiguer les soins de la plus tendre amitié, à le soulager dans ses maux, à le consoler dans ses peines, à lui consacrer tous vos momens, à lui sauver dans l'occasion la vie ou l'honneur ; ne perdez point votre temps à ces bagatelles : faites plus, faites mieux, faites sa généalogie.

— Vous croyez qu'un ministre, un homme en place, a tel ou tel principe ; et vous le croyez parce que vous le lui avez entendu dire. En conséquence, vous vous abstenez de lui demander telle ou telle chose qui le mettrait en contradiction avec sa maxime favorite. Vous apprenez bientôt que vous avez été dupe, et vous lui voyez faire des choses qui vous prouvent qu'un ministre n'a point de principes, mais seulement l'habitude, le tic de dire telle ou telle chose.

— Plusieurs courtisans sont haïs sans profit, et pour le plaisir de l'être. Ce sont des lézards, qui, à ramper, n'ont gagné que de perdre leur queue.

— Cet homme n'est pas propre à avoir jamais de la considération : il faut qu'il fasse fortune, et vive avec de la canaille.

— Les corps (parlemens, académies, assemblées) ont beau se dégrader, ils se soutiennent par leur masse, et on ne peut rien contre eux. Le déshonneur, le ridicule glissent sur eux, comme les balles de fusil sur un sanglier, sur un crocodile.

— En voyant ce qui se passe dans le monde,

l'homme le plus misantrope finirait par s'égayer, et Héraclite par mourir de rire.

— Il me semble qu'à égalité d'esprit et de lumières, l'homme né riche ne doit jamais connaître aussi bien que le pauvre, la nature, le cœur humain et la société. C'est que, dans le moment où l'autre plaçait une jouissance, le second se consolait par une réflexion.

— En voyant les princes faire, de leur propre mouvement, certaines choses honnêtes, on est tenté de reprocher à ceux qui les entourent la plus grande partie de leurs torts ou de leurs faiblesses; on se dit : quel malheur que ce prince ait pour amis Damis ou Aramont! On ne songe pas que, si Damis ou Aramont avaient été des personnages qui eussent de la noblesse ou du caractère, ils n'auraient pas été les amis de ce prince.

— A mesure que la philosophie fait des progrès, la sottise redouble ses efforts pour établir l'empire des préjugés. Voyez la faveur que le gouvernement donne aux idées de la gentilhommerie. Cela est venu au point qu'il n'y a plus que deux états pour les femmes : femmes de qualité, ou filles; le reste n'est rien. Nulle vertu n'élève une femme au-dessus de son état; elle n'en sort que par le vice.

— Parvenir à la fortune, à la considération, malgré le désavantage d'être sans ayeux, et cela à travers de tant de gens qui ont tout apporté en naissant, c'est gagner ou remettre une partie d'échecs, ayant donné la tour à son adversaire. Souvent aussi les autres ont sur vous trop d'avantages conventionnels, et alors il faut renoncer à la partie. On peut bien céder une tour, mais non la dame.

— Les gens qui élèvent les princes et qui prétendent leur donner une bonne éducation, après s'être soumis à leurs formalités et à leurs avilissantes étiquettes, ressemblent à des maîtres d'arithmétique qui voudraient former de grands calculateurs, après avoir accordé à leurs élèves que trois et trois font huit.

— Quel est l'être le plus étranger à ceux qui l'environnent? est-ce un Français à Pékin ou à Macao? est-ce un Lapon au Sénégal? ou ne serait-ce pas par hasard un homme de mérite sans or et sans parchemin, au milieu de ceux qui possèdent l'un de ces deux avantages, ou tous les deux réunis? n'est-ce pas une merveille que la société subsiste avec la convention tacite d'exclure du partage de ses droits les dix-neuf vingtièmes de la société?

— Le monde et la société ressemblent à une bibliothèque où au premier coup-d'œil tout paraît en règle, parce que les livres y sont placés suivant le format et la grandeur des volumes; mais où dans le fond tout est en désordre, parce que rien n'y est rangé suivant l'ordre des sciences, des matières ni des auteurs.

— Avoir des liaisons considérables, ou même

illustres, ne peut plus être un mérite pour personne, dans un pays où l'on plaît souvent par ses vices, et où l'on est quelquefois recherché pour ses ridicules.

— Il y a des hommes qui ne sont point aimables, mais qui n'empêchent pas les autres de l'être : leur commerce est quelquefois supportable. Il y en a d'autres qui n'étant point aimables, nuisent encore par leur seule présence au développement de l'amabilité d'autrui; ceux-là sont insupportables : c'est le grand inconvénient de la pédanterie.

— L'expérience, qui éclaire les particuliers, corrompt les princes et les gens en place.

— Le public de ce moment-ci est, comme la tragédie moderne, absurde, atroce et plat.

— L'état de *courtisan* est un métier dont on a voulu faire une science. Chacun cherche à se hausser.

— La plupart des liaisons de société, la camaraderie, etc., tout cela est à l'amitié ce que le sigisbéisme est à l'amour.

— L'art de la parenthèse est un des grands secrets de l'éloquence dans la société.

— A la cour tout est courtisan : le prince du sang, le chapelain de semaine, le chirurgien de quartier, l'apothicaire.

— Les magistrats chargés de veiller sur l'ordre public, tels que le lieutenant-criminel, le lieutenant-civil, le lieutenant de police, et tant d'autres, finissent presque toujours par avoir une opinion horrible de la société. Ils croient connaître les hommes et n'en connaissent que le rebut. On ne juge pas d'une ville par ses égoûts, et d'une maison par ses latrines. La plupart de ces magistrats me rappellent toujours le collége où les correcteurs ont une cabane auprès des commodités, et n'en sortent que pour donner le fouet.

— C'est la plaisanterie qui doit faire justice de tous les travers des hommes et de la société ; c'est par elle qu'on évite de se compromettre ; c'est par elle qu'on met tout en place sans sortir de la sienne ; c'est elle qui atteste notre supériorité sur les choses et sur les personnes dont nous nous moquons, sans que les personnes puissent s'en offenser, à moins qu'elles ne manquent de gaîté ou de mœurs. La réputation de savoir bien manier cette arme donne à l'homme d'un rang inférieur, dans le monde et dans la meilleure compagnie, cette sorte de considération que les militaires ont pour ceux qui manient supérieurement l'épée. J'ai entendu dire à un homme d'esprit : Otez à la plaisanterie son empire, et je quitte demain la société. C'est une sorte de duel où il n'y a pas de sang versé, et qui, comme l'autre, rend les hommes plus mesurés et plus polis.

— On ne se doute pas, au premier coup d'œil, du mal que fait l'ambition de mériter cet éloge si commun : *Monsieur un tel est très-aimable.* Il arrive, je ne sais comment, qu'il a un genre de facilité, d'insouciance, de foiblesse, de déraison, qui plaît beaucoup, quand ces qualités se trouvent mêlées avec de l'esprit ; que l'homme, dont on fait ce qu'on veut, qui appartient au moment, est plus agréable que celui qui a de la suite, du caractère, des principes, qui n'oublie pas son ami malade ou absent, qui sait quitter une partie de plaisir pour lui rendre service, etc. Ce serait une liste ennuyeuse que celle des défauts, des torts et des travers qui plaisent. Aussi, les gens du monde, qui ont réfléchi sur l'art de plaire plus qu'on ne croit et qu'ils ne croient eux-mêmes, ont la plupart de ces défauts, et cela vient de la nécessité de faire dire de soi : Monsieur un tel est très-aimable.

— Il y a des choses indevinables pour un jeune homme bien né. Comment se défierait-on, à vingt ans, d'un espion de police qui a le cordon rouge?

— Les coutumes les plus absurdes, les étiquettes les plus ridicules, sont en France et ailleurs sous la protection de ce mot : *C'est l'usage*. C'est précisément ce même mot que répondent les Hottentots, quand les Européens leur demandent pourquoi ils mangent des sauterelles ; pourquoi ils dévorent la vermine dont ils sont couverts. Ils disent aussi : C'est l'usage.

— La prétention la plus absurde et la plus injuste, qui serait sifflée dans une assemblée d'honnêtes gens, peut devenir la matière d'un procès ; et dès-lors être déclarée légitime ; car tout procès peut se perdre ou se gagner : de même que, dans les corps, l'opinion la plus folle et la plus ridicule peut être admise, et l'avis le plus sage rejeté avec mépris. Il ne s'agit que de faire regarder l'un ou l'autre comme une affaire de parti, et rien n'est si facile entre les deux partis opposés qui divisent presque tous les corps.

— Qu'est-ce que c'est qu'un fat sans sa fatuité ? Otez les ailes à un papillon, c'est une chenille.

— Les courtisans sont des pauvres enrichis par la mendicité.

— Il est aisé de réduire à des termes simples la valeur précise de la célébrité : celui qui se fait connaître par quelque talent ou quelque vertu, se dénonce à la bienveillance inactive de quelques honnêtes gens, et à l'active malveillance de tous les hommes malhonnêtes. Comptez les deux classes, et pesez les deux forces.

— Peu de personnes peuvent aimer un philosophe. C'est presque un ennemi public qu'un homme qui, dans les différentes prétentions des hommes, et dans le mensonge des choses, dit à chaque homme et à chaque chose : « Je ne te prends que pour ce que tu es ; je ne t'apprécie que ce que tu vaux. » Et ce n'est pas une petite entreprise de se faire aimer et estimer, avec l'annonce de ce ferme propos.

— Quand on est trop frappé des maux de la société universelle et des horreurs que présentent la capitale ou les grandes villes, il faut se dire :

Il pouvait naître de plus grands malheurs encore de la suite des combinaisons qui a soumis vingt-cinq millions d'hommes à un seul, et qui a réuni sept cent mille hommes sur une espace de deux lieues carrées.

— Des qualités trop supérieures rendent souvent un homme moins propre à la société. On ne va pas au marché avec des lingots ; on y va avec de l'argent ou de la petite monnaie.

— La société, les cercles, les salons, ce qu'on appelle le monde, est une pièce misérable, un mauvais opéra, sans intérêt, qui se soutient un peu par les machines et les décorations.

— Pour avoir une idée juste des choses, il faut prendre les mots dans la signification opposée à celle qu'on leur donne dans le monde. Misantrope, par exemple, cela veut dire philantrope ; mauvais Français, cela veut dire bon citoyen qui indique certains abus monstrueux ; philosophe ; homme simple, qui sait que deux et deux font quatre, etc.

— De nos jours, un peintre fait votre portrait en sept minutes ; un autre vous apprend à peindre en trois jours ; un troisième vous enseigne l'anglais en quatre leçons. On veut vous apprendre huit langues, avec des gravures qui représentent les choses et leurs noms au-dessous, en huit langues. Enfin, si on pouvait mettre ensemble les plaisirs, les sentimens, ou les idées de la vie entière, et les réunir dans l'espace de vingt-quatre heures ;

on le ferait; on vous ferait avaler cette pilule, et on vous dirait : « allez-vous en. »

— Il ne faut pas regarder Burrhus comme un homme vertueux absolument : il ne l'est qu'en opposition avec Narcisse. Sénèque et Burrhus sont les honnêtes gens d'un siècle où il n'y en avait pas.

— Quand on veut plaire dans le monde, il faut se résoudre à se laisser apprendre beaucoup de choses qu'on sait, par des gens qui les ignorent.

— Les hommes qu'on ne connaît qu'à moitié, on ne les connaît pas; les choses qu'on ne sait qu'aux trois-quarts, on ne les sait pas du tout. Ces deux réflexions suffisent pour faire apprécier presque tous les discours qui se tiennent dans le monde.

— Dans un pays où tout le monde cherche à *paraître*, beaucoup de gens doivent croire, et croient en effet qu'il vaut mieux être banqueroutier que de n'être rien.

— La menace du *rhume négligé* est pour les médecins ce que le purgatoire est pour les prêtres, un *Pérou*.

— Les conversations ressemblent aux voyages qu'on fait sur l'eau : on s'écarte de la terre sans presque le sentir, et l'on ne s'aperçoit qu'on a quitté le bord que quand on est déjà bien loin.

— Un homme d'esprit prétendait, devant des millionnaires, qu'on pouvait être heureux avec deux mille écus de rente. Ils soutinrent le contraire avec aigreur, et même avec emportement.

Au sortir de chez eux, il cherchait la cause de cette aigreur, de la part de gens qui avaient de l'amitié pour lui ; il la trouva enfin. C'est que, par là, il leur faisait entrevoir qu'il n'était pas dans leur dépendance. Tout homme qui a peu de besoins, semble menacer les riches d'être toujours prêt à leur échapper. Les tyrans voient par là qu'ils perdent un esclave. On peut appliquer cette réflexion à toutes les passions en général. L'homme qui a vaincu le penchant à l'amour, montre une indifférence toujours odieuse aux femmes : elles cessent aussitôt de s'intéresser à lui. C'est peut-être pour cela que personne ne s'intéresse à la fortune d'un philosophe : il n'a pas les passions qui émeuvent la société. On voit qu'on ne peut presque rien faire pour son bonheur, et on le laisse là.

— Il est dangereux, pour un philosophe attaché à un grand (si jamais les grands ont eu auprès d'eux un philosophe), de montrer tout son désintéressement ; on le prendrait au mot. Il se trouve dans la nécessité de cacher ses vrais sentimens : et c'est, pour ainsi dire, un hypocrite d'ambition.

CHAPITRE IV.

Du Goût pour la retraite, et de la Dignité du caractère.

Un philosophe regarde ce qu'on appelle *un état*

dans le monde, comme les Tartares regardent les villes, c'est-à-dire comme une prison : c'est un cercle où les idées se resserrent, se concentrent, en ôtant à l'âme et à l'esprit leur étendue et leur développement. Un homme qui a un grand état dans le monde, a une prison plus grande et plus ornée; celui qui n'y a qu'un petit état, est dans un cachot ; l'homme sans état est le seul homme libre, pourvu qu'il soit dans l'aisance, ou du moins qu'il n'ait aucun besoin des hommes.

— L'homme le plus modeste, en vivant dans le monde, doit, s'il est pauvre, avoir un maintien très-assuré et une certaine aisance qui empêchent qu'on ne prenne quelque avantage sur lui. Il faut, dans ce cas, parer sa modestie de sa fierté.

— La faiblesse de caractère ou le défaut d'idées, en un mot, tout ce qui peut nous empêcher de vivre avec nous mêmes, sont les choses qui préservent beaucoup de gens de la misantropie.

— On est plus heureux dans la solitude que dans le monde. Cela ne viendrait-il pas de ce que, dans la solitude, on pense aux choses, et que, dans le monde, on est forcé de penser aux hommes ?

— Les pensées d'un solitaire, homme de sens, et fût-il d'ailleurs médiocre, seraient bien peu de chose, si elles ne valaient pas ce qui se dit et se fait dans le monde.

— Un homme qui s'obstine à ne laisser ployer ni sa raison, ni sa probité, ou du moins sa délicatesse, sous le poids d'aucune des conventions absurdes ou malhonnêtes de la société ; qui ne fléchit jamais dans les occasions où il a intérêt de fléchir, finit infailliblement par rester sans appui, n'ayant d'autre ami qu'un être abstrait qu'on appelle la vertu, qui vous laisse mourir de faim.

— Il ne faut pas ne savoir vivre qu'avec ceux qui veulent nous apprécier : ce serait le besoin d'un amour-propre trop délicat et trop difficile à contenter ; mais il faut ne placer le fond de sa vie habituelle qu'avec ceux qui peuvent sentir ce que nous valons. Le philosophe même ne blâme point ce genre d'amour-propre.

— On dit quelquefois d'un homme qui vit seul : il n'aime pas la société. C'est souvent comme si on disait d'un homme, qu'il n'aime pas la promenade, sous prétexte qu'il ne se promène pas volontiers le soir dans la forêt de Bondy.

— Est-il bien sûr qu'un homme qui aurait une raison parfaitement droite, un sens moral parfaitement exquis, pût vivre avec quelqu'un ? Par vivre, je n'entends pas se trouver ensemble sans se battre : j'entends se plaire ensemble, s'aimer, commercer avec plaisir.

— Un homme d'esprit est perdu, s'il ne joint pas à l'esprit l'énergie de caractère. Quand on a la lanterne de Diogène, il faut avoir son bâton.

— Il n'y a personne qui ait plus d'ennemis dans le monde, qu'un homme droit, fier et sensible, disposé à laisser les personnes et les choses pour ce qu'elles sont, plutôt qu'à les prendre pour ce qu'elles ne sont pas.

— Le monde endurcit le cœur à la plupart des hommes; mais ceux qui sont moins susceptibles d'endurcissement, sont obligés de se créer une sorte d'insensibilité factice, pour n'être dupes ni des hommes, ni des femmes. Le sentiment qu'un homme honnête emporte, après s'être livré quelques jours à la société, est ordinairement pénible et triste: le seul avantage qu'il produira, c'est de faire trouver la retraite aimable.

— Les idées du public ne sauraient manquer d'être presque toujours viles et basses. Comme il ne lui revient guère que des scandales et des actions d'une indécence marquée, il teint, de ces mêmes couleurs, presque tous les faits ou les discours qui passent jusqu'à lui. Voit-il une liaison, même de la plus noble espèce, entre un grand seigneur et un homme de mérite, entre un homme en place et un particulier? Il ne voit, dans le premier cas, qu'un protecteur et un client; dans le second, que du manége et de l'espionnage. Souvent, dans un acte de générosité mêlé de circonstances nobles et intéressantes, il ne voit que de l'argent prêté à un homme habile par une dupe. Dans le fait qui donne de la publicité à une passion quelquefois très-intéressante d'une femme honnête et d'un homme digne d'être aimé, il ne voit que du catinisme ou du libertinage. C'est que ses jugemens sont déterminés d'avance par le grand nombre de cas où il a dû condamner et mépriser. Il résulte de ces observations, que ce qui peut arriver de mieux aux honnêtes gens, c'est de lui échapper.

— La nature ne m'a point dit : ne sois point pauvre; encore moins : sois riche; mais elle me crie : sois indépendant.

— Le philosophe, se portant pour un être qui ne donne aux hommes que leur valeur véritable, il est fort simple que cette manière de juger ne plaise à personne.

— L'homme du monde, l'ami de la fortune, même l'amant de la gloire, tracent tous devant eux une ligne directe qui les conduit à un terme inconnu. Le sage, l'ami de lui-même, décrit une ligne circulaire, dont l'extrémité le ramène à lui. C'est le *totus teres atque rotundus* d'Horace.

— Il ne faut point s'étonner du goût de J.-J. Rousseau pour la retraite : de pareilles âmes sont exposées à se voir seules, à vivre isolées, comme l'aigle; mais, comme lui, l'étendue de leurs regards et la hauteur de leur vol sont le charme de leur solitude.

— Quiconque n'a pas de caractère, n'est pas un homme : c'est une chose.

— On a trouvé le *moi* de Médée sublime; mais celui qui ne peut pas le dire dans tous les accidens de la vie, est bien peu de chose, ou plutôt n'est rien.

— On ne connaît pas du tout l'homme qu'on

ne connaît pas très-bien ; mais peu d'hommes méritent qu'on les étudie. De là vient que l'homme d'un vrai mérite doit avoir en général peu d'empressement d'être connu. Il sait que peu de gens peuvent l'apprécier, que, dans ce petit nombre, chacun a ses liaisons, ses intérêts, son amour-propre, qui l'empêchent d'accorder au mérite l'attention qu'il faut pour le mettre à sa place. Quant aux éloges communs et usés qu'on lui accorde, quand on soupçonne son existence, le mérite ne saurait en être flatté.

— Quand un homme s'est élevé par son caractère, au point de mériter qu'on devine quelle sera sa conduite dans toutes les occasions qui intéressent l'honnêteté, non seulement les fripons, mais les demi-honnêtes gens le décrient et l'évitent avec soin ; il y a plus, les gens honnêtes, persuadés que, par un effet de ses principes, ils le trouveront dans les rencontres où ils auront besoin de lui, se permettent de le négliger, pour s'assurer de ceux sur lesquels ils ont des doutes.

— Presque tous les hommes sont esclaves, par la raison que les Spartiates donnaient de la servitude des Perses, faute de savoir prononcer la syllabe *non*. Savoir prononcer ce mot et savoir vivre seul, sont les deux seuls moyens de conserver sa liberté et son caractère.

— Quand on a pris le parti de ne voir que ceux qui sont capables de traiter avec vous aux termes de la morale, de la vertu, de la raison, de la vérité, en ne regardant les conventions, les vanités, les étiquettes, que comme les supports de la société civile; quand, dis-je, on a pris ce parti (et il faut bien le prendre, sous peine d'être sot, faible, ou vil), il arrive qu'on vit à peu près solitaire.

— Tout homme qui se connaît des sentimens élevés, a le droit, pour se faire traiter comme il convient, de partir de son caractère plutôt que de sa position.

CHAPITRE V.

Pensées Morales.

Les philosophes reconnaissent quatre vertus principales, dont ils font dériver toutes les autres. Ces vertus sont la justice, la tempérance, la force et la prudence. On peut dire que cette dernière renferme les deux premières, la justice et la tempérance; et qu'elle supplée, en quelque sorte, à la force, en sauvant à l'homme qui a le malheur d'en manquer, une grande partie des occasions où elle est nécessaire.

— Les moralistes, ainsi que les philosophes qui ont fait des systèmes en physique ou en métaphysique, ont trop généralisé, ont trop multiplié les maximes. Que devient, par exemple, le mot de Tacite: *Neque mulier, amissâ pudicitiâ, alia abnuerit*, après l'exemple de tant de femmes qu'une faiblesse n'a pas empêchées de pratiquer plusieurs vertus? J'ai vu madame de L...., après une jeunesse peu différente de celle de Manon Lescaut, avoir, dans l'âge mûr, une passion digne d'Héloïse. Mais ces exemples sont d'une morale dangereuse à établir dans les livres. Il faut seulement les observer, afin de n'être pas dupe de la charlatanerie des moralistes.

— On a, dans le monde, ôté des mauvaises mœurs tout ce qui choque le bon goût : c'est une réforme qui date des dix dernières années.

— L'âme, lorsqu'elle est malade, fait précisément comme le corps : elle se tourmente et s'agite en tout sens, mais finit par trouver un peu de calme; elle s'arrête enfin sur le genre de sentimens et d'idées le plus nécessaire à son repos.

— Il y a des hommes à qui les illusions sur les choses qui les intéressent, sont aussi nécessaires que la vie. Quelquefois cependant ils ont des aperçus qui feraient croire qu'ils sont près de la vérité; mais ils s'en éloignent bien vite, et ressemblent aux enfans qui courent après un masque, et qui s'enfuient si le masque vient à se retourner.

— Le sentiment qu'on a, pour la plupart des bienfaiteurs, ressemble à la reconnaissance qu'on a pour les arracheurs de dents. On se dit qu'ils vous ont fait du bien, qu'ils vous ont délivré d'un mal : mais on se rappelle la douleur qu'ils ont causée, et on ne les aime guère avec tendresse.

— Un bienfaiteur délicat doit songer qu'il y a,

dans le bienfait, une partie matérielle dont il faut dérober l'idée à celui qui est l'objet de sa bienfaisance. Il faut, pour ainsi dire, que cette idée se perde et s'enveloppe dans le sentiment qui a produit le bienfait; comme, entre deux amans, l'idée de la jouissance s'enveloppe et s'anoblit dans le charme de l'amour qui l'a fait naître.

— Tout bienfait, qui n'est pas cher au cœur, est odieux. C'est une relique, ou un os de mort : il faut l'en chasser ou le fouler aux pieds.

— La plupart des bienfaiteurs qui prétendent être cachés, après vous avoir fait du bien, s'enfuient comme la Galatée de Virgile : *Et se cupit ante videri*.

— On dit communément qu'on s'attache par ses bienfaits. C'est une bonté de la nature. Il est juste que la récompense de bien faire soit d'aimer.

— La calomnie est comme la guêpe qui vous importune, et contre laquelle il ne faut faire aucun mouvement, à moins qu'on ne soit sûr de la tuer, sans quoi elle revient à la charge plus furieuse que jamais.

— Les nouveaux amis que nous faisons après un certain âge, et par lesquels nous cherchons à remplacer ceux que nous avons perdus, sont à nos anciens amis ce que les yeux de verre, les dents postiches et les jambes de bois sont aux véritables yeux, aux dents naturelles et aux jambes de chair et d'os.

— Dans les naïvetés d'un enfant bien né, il y a quelquefois une philosophie bien aimable.

— La plupart des amitiés sont hérissées de *si* et de *mais*, et aboutissent à de simples liaisons, qui subsistent à force de *sous-entendus*.

— Il y a, entre les mœurs anciennes et les nôtres, le même rapport qui se trouve entre Aristide, contrôleur-général des Athéniens, et l'abbé Terray.

— Le genre humain, mauvais de sa nature, est devenu plus mauvais par la société. Chaque homme y porte les défauts : 1° de l'humanité ; 2° de l'individu ; 3° de la classe dont il fait partie dans l'ordre social. Ces défauts s'accroissent avec le temps ; et chaque homme, en avançant en âge, blessé de tous ces travers d'autrui, et malheureux par les siens mêmes, prend, pour l'humanité et pour la société, un mépris qui ne peut tourner que contre l'une et l'autre.

— Il en est du bonheur comme des montres. Les moins compliquées sont celles qui se dérangent le moins. La montre à répétition est plus sujette aux variations ; si elle marque de plus les minutes, nouvelle cause d'inégalité ; puis celle qui marque le jour de la semaine et le mois de l'année, toujours plus prête à se détraquer.

— Tout est également vain dans les hommes, leurs joies et leurs chagrins ; mais il vaut mieux que la boule de savon soit d'or ou d'azur, que noire ou grisâtre.

— Celui qui déguise la tyrannie, la protection ou même les bienfaits, sous l'air et le nom de l'amitié, me rappelle ce prêtre scélérat qui empoisonnait dans une hostie.

— Il y a peu de bienfaiteurs qui ne disent comme Satan : *Si cadens adoraveris me*.

— La pauvreté met le crime au rabais.

— Les stoïciens sont des espèces d'inspirés, qui portent dans la morale l'exaltation et l'enthousiasme poétiques.

— S'il était possible qu'une personne sans esprit pût sentir la grâce, la finesse, l'étendue et les différentes qualités de l'esprit d'autrui, et montrer qu'elle le sent, la société d'une telle personne, quand même elle ne produirait rien d'elle-même, serait encore très-recherchée. Même résultat de la même supposition, à l'égard des qualités de l'âme.

— En voyant ou en éprouvant les peines attachées aux sentimens extrêmes, en amour, en amitié, soit par la mort de ce qu'on aime, soit par les accidens de la vie, on est tenté de croire que la dissipation et la frivolité ne sont pas de si grandes sottises, et que la vie ne vaut guère que ce qu'en font les gens du monde.

— Dans de certaines amitiés passionnées, on a le bonheur des passions, et l'aveu de la raison par-dessus le marché.

— L'amitié extrême et délicate est souvent blessée du repli d'une rose.

— La générosité n'est que la pitié des âmes nobles.

— Jouis et fais jouir, sans faire de mal ni à toi, ni à personne : voilà, je crois, toute la morale.

— Pour les hommes vraiment honnêtes, et qui ont de certains principes, les commandemens de Dieu ont été mis en abrégé sur le frontispice de l'abbaye de Thélème : *Fais ce que tu voudras.*

— L'éducation doit porter sur deux bases, la morale et la prudence : la morale, pour appuyer la vertu ; la prudence, pour vous défendre contre les vices d'autrui. En faisant pencher la balance du côté de la morale, vous ne faites que des dupes ou des martyrs ; en la faisant pencher de l'autre côté, vous faites des calculateurs égoïstes. Le principe de toute société est de se rendre justice à soi-même et aux autres. Si l'on doit aimer son prochain comme soi-même, il est au moins aussi juste de s'aimer comme son prochain.

— Il n'y a que l'amitié entière qui développe toutes les qualités de l'âme et de l'esprit de certaines personnes. La société ordinaire ne leur laisse déployer que quelques agrémens. Ce sont de beaux fruits, qui n'arrivent à leur maturité qu'au soleil, et qui, dans la serre chaude, n'eussent produit que quelques feuilles agréables et inutiles.

— Quand j'étais jeune, ayant les besoins des passions, et attiré par elles dans le monde, forcé de chercher, dans la société et dans les plaisirs, quelques distractions à des peines cruelles; on me prêchait l'amour de la retraite, du travail, et on m'assommait de sermons pédantesques sur ce sujet. Arrivé à quarante ans, ayant perdu les passions qui rendent la société supportable, n'en voyant plus que la misère et la futilité, n'ayant plus besoin du monde pour échapper à des peines qui n'existaient plus, le goût de la retraite et du travail est devenu très-vif chez moi, et a remplacé tout le reste; j'ai cessé d'aller dans le monde : alors, on n'a cessé de me tourmenter pour que j'y revinsse; j'ai été accusé d'être misantrope, etc. Que conclure de cette bizarre différence? Le besoin que les hommes ont de tout blâmer.

— Je n'étudie que ce qui me plaît; je n'occupe mon esprit que des idées qui m'intéressent. Elles seront utiles ou inutiles, soit à moi, soit aux autres; le temps amènera ou n'amènera pas les circonstances qui me feront faire de mes acquisitions un emploi profitable. Dans tous les cas, j'aurai eu l'avantage inestimable de ne me pas contrarier, et d'avoir obéi à ma pensée et à mon caractère.

— J'ai détruit mes passions, à peu près comme un homme violent tue son cheval, ne pouvant le gouverner.

— Les premiers sujets de chagrin m'ont servi de cuirasse contre les autres.

— Je conserve pour M. de la B..... le sentiment qu'un honnête homme éprouve en passant devant le tombeau d'un ami.

— J'ai à me plaindre des choses très-certainement, et peut-être des hommes ; mais je me tais sur ceux-ci : je ne me plains que des choses ; et, si j'évite les hommes, c'est pour ne pas vivre avec ceux qui me font porter le poids des choses.

— La fortune, pour arriver à moi, passera par les conditions que lui impose mon caractère.

— Lorsque mon cœur a besoin d'attendrissement, je me rappelle la perte des amis que je n'ai plus, des femmes que la mort m'a ravies ; j'habite leur cercueil, j'envoie mon âme errer autour des leurs. Hélas ! je possède trois tombeaux.

— Quand j'ai fait quelque bien et qu'on vient à le savoir, je me crois puni, au lieu de me croire récompensé.

— En renonçant au monde et à la fortune, j'ai trouvé le bonheur, le calme, la santé, même la richesse ; et, en dépit du proverbe, je m'aperçois que qui quitte la partie la gagne.

— La célébrité est le châtiment du mérite et la punition du talent. Le mien, quel qu'il soit, ne me paraît qu'un délateur, né pour troubler mon repos. J'éprouve, en le détruisant, la joie de triompher d'un ennemi. Le sentiment a triomphé chez moi de l'amour-propre même, et la vanité littéraire a péri dans la destruction de l'intérêt que je prenais aux hommes.

— L'amitié délicate et vraie ne souffre l'alliage d'aucun autre sentiment. Je regarde comme un grand bonheur que l'amitié fût déjà parfaite entre

M.... et moi, avant que j'eusse occasion de lui rendre le service que je lui ai rendu, et que je pouvais seul lui rendre. Si tout ce qu'il a fait pour moi avait pu être suspect d'avoir été dicté par l'intérêt de me trouver tel qu'il m'a trouvé dans cette circonstance, s'il eût été possible qu'il la prévît, le bonheur de ma vie était empoisonné pour jamais.

— Ma vie entière est un tissu de contrastes apparens avec mes principes. Je n'aime point les princes, et je suis attaché à une princesse et à un prince. On me connaît des maximes républicaines, et plusieurs de mes amis sont revêtus de décorations monarchiques. J'aime la pauvreté volontaire, et je vis avec des gens riches. Je fuis les honneurs, et quelques-uns sont venus à moi. Les lettres sont presque ma seule consolation, et je ne vois point de beaux-esprits, et ne vais point à l'académie. Ajoutez que je crois les illusions nécessaires à l'homme, et je vis sans illusion; que je crois les passions plus utiles que la raison, et je ne sais plus ce que c'est que les passions, etc.

— Ce que j'ai appris, je ne le sais plus. Le peu que je sais encore, je l'ai deviné.

— Un des grands malheurs de l'homme, c'est que ses bonnes qualités même lui sont quelquefois inutiles, et que l'art de s'en servir et de les bien gouverner n'est souvent qu'un fruit tardif de l'expérience.

— L'indécision, l'anxiété sont à l'esprit et à l'âme ce que la question est au corps.

— L'honnête homme, détrompé de toutes les illusions, est l'homme par excellence. Pour peu qu'il ait d'esprit, sa société est très-aimable. Il ne saurait être pédant, ne mettant d'importance à rien. Il est indulgent, parce qu'il se souvient qu'il a eu des illusions, comme ceux qui en sont encore occupés. C'est un effet de son insouciance d'être sûr dans le commerce, de ne se permettre ni redites ni tracasseries. Si on se les permet à son égard, il les oublie ou les dédaigne. Il doit être plus gai qu'un autre, parce qu'il est constamment en état d'épigramme contre son prochain. Il est dans le vrai; et rit des faux pas de ceux qui marchent à tatons dans le faux. C'est un homme qui, d'un endroit éclairé, voit dans une chambre obscure les gestes ridicules de ceux qui s'y promènent au hasard. Il brise en riant les faux poids et les fausses mesures qu'on applique aux hommes et aux choses.

— On s'effraie des partis violens; mais ils conviennent aux âmes fortes, et les caractères vigoureux se reposent dans l'extrême.

— La vie contemplative est souvent misérable. Il faut agir davantage, penser moins, et ne pas se regarder vivre.

— L'homme peut aspirer à la vertu, il ne peut raisonnablement prétendre de trouver la vérité.

— Le jansénisme des chrétiens, c'est le stoïcisme des payens, dégradé de figure et mis à la portée d'une populace chrétienne; et cette secte a eu des Pascal et des Arnaud pour défenseurs!

CHAPITRE VI.

Des Femmes, de l'Amour, du Mariage et de la Galanterie.

Je suis honteux de l'opinion que vous avez de moi. Je n'ai pas toujours été aussi Céladon que vous me voyez. Si je vous comptais trois ou quatre traits de ma jeunesse, vous verriez que cela n'est pas trop honnête, et que cela appartient à la meilleure compagnie.

— L'amour est un sentiment qui, pour paraître honnête, a besoin de n'être composé que de lui-même, de ne vivre et de ne subsister que par lui.

— Toutes les fois que je vois de l'engoûment dans une femme, ou même dans un homme, je commence à me défier de sa sensibilité. Cette règle ne m'a jamais trompé.

— En fait de sentimens, ce qui peut être évalué n'a pas de valeur.

— L'amour est comme les maladies épidémiques : plus on les craint, plus on y est exposé.

— Un homme amoureux est un homme qui veut être plus aimable qu'il ne peut, et voilà pourquoi presque tous les amoureux sont ridicules.

— Il y a telle femme qui s'est rendue malheureuse pour la vie, qui s'est perdue et déshonorée pour un amant qu'elle a cessé d'aimer parce qu'il a mal ôté sa poudre, ou mal coupé un de ses ongles, ou mis son bas à l'envers.

— Une âme fière et honnête, qui a connu les passions fortes, les fuit, les craint, dédaigne la galanterie ; comme l'âme qui a senti l'amitié, dédaigne les liaisons communes et les petits intérêts.

— On demande pourquoi les femmes affichent les hommes ; on en donne plusieurs raisons dont la plupart sont offensantes pour les hommes. La véritable, c'est qu'elles ne peuvent jouir de leur empire sur eux que par ce moyen.

— Les femmes d'un état mitoyen, qui ont l'espérance ou la manie d'être quelque chose dans le monde, n'ont ni le bonheur de la nature, ni celui de l'opinion : ce sont les plus malheureuses créatures que j'aie connues.

— La société, qui rapetisse beaucoup les hommes, réduit les femmes à rien.

— Les femmes ont des fantaisies, des engoûmens, quelquefois des goûts ; elles peuvent même s'élever jusqu'aux passions : ce dont elles sont le moins susceptibles, c'est l'attachement. Elles sont faites pour commercer avec nos faiblesses, avec notre folie, mais non avec notre raison. Il existe, entre elles et les hommes, des sympathies d'épiderme, et très-peu de sympathies d'esprit, d'âme et de caractère. C'est ce qui est prouvé par le peu de cas qu'elles font d'un homme de quarante ans ; je dis, même celles qui sont à peu près de cet âge. Observez que, quand elles lui accordent une préférence, c'est toujours d'après quelques vues malhonnêtes, d'après un calcul d'intérêt ou de vanité ; et alors l'exception prouve la règle, et même plus que la règle. Ajoutons que ce n'est pas ici le cas de l'axiôme : *Qui prouve trop ne prouve rien.*

— C'est par notre amour-propre que l'amour nous séduit. Eh ! comment résister à un sentiment qui embellit à nos yeux ce que nous avons, nous rend ce que nous avons perdu, et nous donne ce que nous n'avons pas ?

— Quand un homme et une femme ont l'un pour l'autre une passion violente, il me semble toujours que, quels que soient les obstacles qui les séparent, un mari, des parens, etc., les deux amans sont l'un à l'autre, *de par la nature;* qu'ils s'appartiennent *de droit divin*, malgré les lois et les conventions humaines.

— Otez l'amour-propre de l'amour, il en reste trop peu de chose. Une fois purgé de vanité, c'est un convalescent affaibli, qui peut à peine se traîner.

— L'amour, tel qu'il existe dans la société, n'est que l'échange de deux fantaisies et le contact de deux épidermes.

— On vous dit quelquefois, pour vous engager à aller chez telle ou telle femme : *Elle est très-aimable;* mais, si je ne veux pas l'aimer ! Il vaudrait mieux dire : *Elle est très-aimante,* parce qu'il y a plus de gens qui veulent être aimés, que de gens qui veulent aimer eux-mêmes.

— Si l'on veut se faire une idée de l'amour-propre des femmes dans leur jeunesse, qu'on en juge par celui qui leur reste, après qu'elles ont passé l'âge de plaire.

— Il me semble, disait M. de..... à propos des faveurs des femmes, qu'à la vérité cela se dispute au concours ; mais que cela ne se donne ni au sentiment, ni au mérite.

— Les jeunes femmes ont un malheur qui leur est commun avec les rois, celui de n'avoir point d'amis ; mais, heureusement, elles ne sentent pas ce malheur plus que les rois eux-mêmes : la grandeur des uns et la vanité des autres leur en dérobent le sentiment.

— On dit, en politique, que les sages ne font point de conquêtes : cela peut aussi s'appliquer à la galanterie.

— Il est plaisant que le mot, *connaître une femme*, veuille dire, coucher avec une femme, et cela dans plusieurs langues anciennes, dans les mœurs les plus simples, les plus approchantes de la nature ; comme si on ne connaissait point une femme sans cela. Si les patriarches avaient fait cette découverte, ils étaient plus avancés qu'on ne croit.

— Les femmes font avec les hommes une guerre où ceux-ci ont un grand avantage, parce qu'ils ont les *filles* de leur côté.

— Il y a telle fille qui trouve à se vendre, et ne trouverait pas à se donner.

— L'amour le plus honnête ouvre l'âme aux

petites passions : le mariage ouvre votre âme aux petites passions de votre femme, à l'ambition, à la vanité, etc.

— Soyez aussi aimable, aussi honnête qu'il est possible, aimez la femme la plus parfaite qui se puisse imaginer ; vous n'en serez pas moins dans le cas de lui pardonner ou votre prédécesseur, ou votre successeur.

— Peut-être faut-il avoir senti l'amour pour bien connaître l'amitié.

— Le commerce des hommes avec les femmes ressemble à celui que les Européens font dans l'Inde ; c'est un commerce guerrier.

— Pour qu'une liaison d'homme à femme soit vraiment intéressante, il faut qu'il y ait entre eux jouissance, mémoire ou désir.

— Une femme d'esprit m'a dit un jour un mot qui pourrait bien être le secret de son sexe : C'est que toute femme, en prenant un amant, tient plus de compte de la manière dont les autres femmes voient cet homme, que de la manière dont elle le voit elle-même.

— Madame de..... a été rejoindre son amant en Angleterre, pour faire preuve d'une grande tendresse, quoiqu'elle n'en eût guère. A présent, les scandales se donnent par respect humain.

— Je me souviens d'avoir vu un homme quitter les filles d'opéra, parce qu'il y avait vu, disait-il, autant de fausseté que dans les honnêtes femmes.

— Il y a des redites pour l'oreille et pour l'esprit ; il n'y en a point pour le cœur.

— Sentir fait penser ; on en convient assez aisément : on convient moins que penser fasse sentir ; mais cela n'est guère moins vrai.

— Qu'est-ce que c'est qu'une maîtresse ? Une femme près de laquelle on ne se souvient plus de ce qu'on sait par cœur, c'est-à-dire, de tous les défauts de son sexe.

— Le temps a fait succéder, dans la galanterie, le piquant du scandale au piquant du mystère.

— Il semble que l'amour ne cherche pas les perfections réelles ; on dirait qu'il les craint. Il n'aime que celles qu'il crée, qu'il suppose ; il ressemble à ces rois qui ne reconnaissent de grandeurs que celles qu'ils ont faites.

— Les naturalistes disent que, dans toutes les espèces animales, la dégénération commence par les femelles. Les philosophes peuvent appliquer au moral cette observation, dans la société civilisée.

— Ce qui rend le commerce des femmes si piquant, c'est qu'il y a toujours une foule de sous-entendus, et que les sous-entendus qui, entre hommes, sont gênans, ou du moins insipides, sont agréables d'un homme à une femme.

— On dit communément : La plus belle femme du monde ne peut donner que ce qu'elle a ; ce qui est très-faux : elle donne précisément ce qu'on croit recevoir, puisqu'en ce genre, c'est l'imagination qui fait le prix de ce qu'on reçoit.

— L'indécence, le défaut de pudeur sont absurdes dans tout système, dans la philosophie qui jouit, comme dans celle qui s'abstient.

— J'ai remarqué, en lisant l'Écriture, qu'en plusieurs passages, lorsqu'il s'agit de reprocher à l'humanité des fureurs ou des crimes, l'auteur dit les *enfans des hommes*, et quand il s'agit de sottises ou de faiblesses, il dit les *enfans des femmes*.

— On serait trop malheureux, si, auprès des femmes, on se souvenait le moins du monde de ce qu'on sait par cœur.

— Il semble que la nature, en donnant aux hommes un goût pour les femmes entièrement indestructible, ait deviné que, sans cette précaution, le mépris qu'inspirent les vices de leur sexe, principalement leur vanité, serait un grand obstacle au maintien et à la propagation de l'espèce humaine.

— Celui qui n'a pas beaucoup vu de filles, ne connaît point les femmes, me disait gravement un homme, grand admirateur de la sienne qui le trompait.

— Le mariage et le célibat ont tous deux des inconvéniens ; il faut préférer celui dont les inconvéniens ne sont pas sans remède.

— En amour, il suffit de se plaire par ses qualités aimables et par ses agrémens ; mais en mariage, pour être heureux, il faut s'aimer, ou du moins, se convenir par ses défauts.

— L'amour plaît plus que le mariage, par la raison que les romans sont plus amusans que l'histoire.

— L'hymen vient après l'amour, comme la fumée après la flamme.

— Le mot le plus raisonnable et le plus mesuré qui ait été dit sur la question du célibat et du mariage, est celui-ci : « Quelque parti que tu prennes, tu t'en repentiras. » Fontenelle se repentit, dans ses dernières années, de ne s'être pas marié. Il oubliait quatre-vingt-quinze ans passés dans l'insouciance.

— En fait de mariage, il n'y a de reçu que ce qui est sensé, et il n'y a d'intéressant que ce qui est fou. Le reste est un vil calcul.

— On marie les femmes avant qu'elles soient rien et qu'elles puissent rien être. Un mari n'est qu'une espèce de manœuvre qui tracasse le corps de sa femme, ébauche son esprit et dégrossit son âme.

— Le mariage, tel qu'il se pratique chez les grands, est une indécence convenue.

— Nous avons vu des hommes réputés honnêtes, des sociétés considérables, applaudir au bonheur de mademoiselle......., jeune personne, belle, spirituelle, vertueuse, qui obtenait l'avantage de devenir l'épouse de M....., vieillard malsain, repoussant, malhonnête, imbécile, mais riche. Si quelque chose caractérise un siècle infâme, c'est un pareil sujet de triomphe, c'est le ridicule d'une telle joie, c'est ce renversement de toutes les idées morales et naturelles.

— L'état de mari a cela de fâcheux, que le mari qui a le plus d'esprit peut être de trop partout, même chez lui, ennuyeux sans ouvrir la bouche, et ridicule en disant la chose la plus simple. Etre aimé de sa femme, sauve une partie de ces travers. De là vient que M..... disait à sa femme : «Ma chère amie, aidez-moi à n'être pas ridicule. »

— Le divorce est si naturel que, dans plusieurs maisons, il couche toutes les nuits entre deux époux.

— Grâce à la passion des femmes, il faut que l'homme le plus honnête soit ou un mari, ou un sigisbé ; ou un crapuleux, ou un impuissant.

— La pire de toutes les mésalliances est celle du cœur.

— Ce n'est pas tout d'être aimé, il faut être apprécié, et on ne peut l'être que par ce qui nous ressemble. De là vient que l'amour n'existe pas, ou du moins ne dure pas, entre des êtres dont l'un est trop inférieur à l'autre; et ce n'est point là l'effet de la vanité, c'est celui d'un juste amour-propre, dont il serait absurde et impossible de vouloir dépouiller la nature humaine. La vanité n'appartient qu'à la nature faible ou corrompue;

mais l'amour-propre, bien connu, appartient à la nature bien ordonnée.

— Les femmes ne donnent à l'amitié que ce qu'elles empruntent à l'amour.

— Une laide, impérieuse, et qui veut plaire, est un pauvre qui commande qu'on lui fasse la charité.

— L'amant, trop aimé de sa maîtresse, semble l'aimer moins, et *vice versâ*. En serait-il des sentimens du cœur comme des bienfaits ? Quand on n'espère plus pouvoir les payer, on tombe dans l'ingratitude.

— La femme qui s'estime plus pour les qualités de son âme ou de son esprit que pour sa beauté, est supérieure à son sexe. Celle qui s'estime plus pour sa beauté que pour son esprit ou pour les qualités de son âme, est de son sexe. Mais celle qui s'estime plus pour sa naissance ou pour son rang que pour sa beauté, est hors de son sexe et au-dessous de son sexe.

— Il paraît qu'il y a dans le cerveau des femmes une case de moins, et dans leur cœur une fibre de plus que chez les hommes. Il fallait une organisation particulière, pour les rendre capables de supporter, soigner, caresser des enfans.

— C'est à l'amour maternel que la nature a confié la conservation de tous les êtres; et, pour assurer aux mères leur récompense, elle l'a mise dans les plaisirs, et même dans les peines attachées à ce délicieux sentiment.

— En amour, tout est vrai, tout est faux; et c'est la seule chose sur laquelle on ne puisse pas dire une absurdité.

— Un homme amoureux, qui plaint l'homme raisonnable, me paraît ressembler à un homme qui lit des contes de fées, et qui raille ceux qui lisent l'histoire.

— L'amour est un commerce orageux, qui finit toujours par une banqueroute: et c'est la personne à qui on fait banqueroute qui est déshonorée.

— Une des meilleures raisons qu'on puisse avoir de ne se marier jamais; c'est qu'on n'est pas tout-à-fait la dupe d'une femme, tant qu'elle n'est point la vôtre.

— Avez-vous jamais connu une femme, qui, voyant un de ses amis assidu auprès d'une autre femme, ait supposé que cette autre femme lui fût cruelle? On voit par-là l'opinion qu'elles ont les unes des autres. Tirez vos conclusions.

— Quelque mal qu'un homme puisse penser des femmes, il n'y a pas de femme qui n'en pense encore plus mal que lui.

— Quelques hommes avaient ce qu'il faut pour s'élever au-dessus des misérables considérations qui rabaissent les hommes au-dessous de leur mérite; mais le mariage, les liaisons de femmes, les ont mis au niveau de ceux qui n'approchaient pas d'eux. Le mariage, la galanterie sont une sorte de conducteur qui fait arriver ces petites passions jusqu'à eux.

— J'ai vu, dans le monde, quelques hommes et quelques femmes qui ne demandent pas l'échange du sentiment contre le sentiment, mais du procédé contre le procédé; et qui abandonneraient ce dernier marché, s'il pouvait conduire à l'autre.

CHAPITRE VII.

Des Savans et des Gens de Lettres.

Il y a une certaine énergie ardente, mère ou compagne nécessaire de telle espèce de talens, laquelle pour l'ordinaire condamne ceux qui les possèdent au malheur, non pas d'être sans morale, de n'avoir pas de très-beaux mouvemens, mais de se livrer fréquemment à des écarts qui supposeraient l'absence de toute morale. C'est une âpreté dévorante dont ils ne sont pas maîtres, et qui les rend très-odieux. On s'afflige, en songeant que Pope et Swift en Angleterre, Voltaire et Rousseau en France, jugés non par la haine, non par la jalousie, mais par l'équité, par la bienveillance, sur la foi des faits attestés ou avoués par leurs amis et par leurs admirateurs, seraient atteints et convaincus d'actions très-condamnables, de sentimens quelquefois très-pervers. *O Altitudo!*

— On a observé que les écrivains en physique, histoire naturelle, physiologie, chimie, étaient ordinairement des hommes d'un caractère doux, égal, et en général heureux; qu'au contraire les écrivains de politique, de législation, même de morale, étaient d'une humeur triste, mélancolique, etc. Rien de plus simple : les uns étudient la nature, les autres la société ; les uns contemplent l'ouvrage du grand Être, les autres arrêtent leurs regards sur l'ouvrage de l'homme. Les résultats doivent être différens.

— Si l'on examinait avec soin l'assemblage de qualités rares de l'esprit et de l'âme qu'il faut pour juger, sentir et apprécier les bons vers, le tact, la délicatesse des organes, de l'oreille et de l'intelligence, etc., on se convaincrait que, malgré les prétentions de toutes les classes de la société à juger les ouvrages d'agrément, les poètes ont dans le fait encore moins de vrais juges que les géomètres. Alors les poètes, comptant le public pour rien, et ne s'occupant que des connaisseurs, feraient, à l'égard de leurs ouvrages, ce que le fameux mathématicien Viete faisait à l'égard des siens, dans un temps où l'étude des mathématiques était moins répandue qu'aujourd'hui. Il n'en tirait qu'un petit nombre d'exemplaires, qu'il faisait distribuer à ceux qui pouvaient l'entendre et jouir de son livre ou s'en aider. Quant aux autres, il n'y pensait pas. Mais Viete était riche, et la plupart des poètes sont pauvres. Puis un géomètre a peut-être moins de vanité qu'un poète ; ou, s'il en a autant, il doit la calculer mieux.

— Il y a des hommes chez qui l'*esprit* (cet instrument applicable à tout) n'est qu'un *talent*, par lequel ils semblent dominés, qu'ils ne gouvernent pas, et qui n'est point aux ordres de leur raison.

— Je dirais volontiers des métaphysiciens, ce que Scaliger disait des Basques : « On dit qu'ils s'entendent ; mais je n'en crois rien. »

— Le philosophe qui fait tout pour la vanité, a-t-il droit de mépriser le courtisan qui fait tout pour l'intérêt? Il me semble que l'un emporte les louis d'or, et que l'autre se retire content après en avoir entendu le bruit. D'Alembert, courtisan de Voltaire, par un intérêt de vanité, est-il bien au-dessus de tel ou tel courtisan de Louis XIV, qui voulait une pension ou un gouvernement?

— Quand un homme aimable ambitionne le petit avantage de plaire à d'autres qu'à ses amis (comme le font tant d'hommes, surtout de gens de lettres, pour qui plaire est comme un métier), il est clair qu'il ne peut y être porté que par un motif d'intérêt ou de vanité. Il faut qu'il choisisse entre le rôle d'une courtisane et celui d'une coquette, ou, si l'on veut, d'un comédien. L'homme qui se rend aimable pour une société, parce qu'il s'y plaît, est le seul qui joue le rôle d'un honnête homme.

— Quelqu'un a dit que de prendre sur les anciens, c'était pirater au-delà de la ligne ; mais que de piller les modernes, c'était filouter au coin des rues.

— Les vers ajoutent de l'esprit à la pensée de

l'homme, qui en a quelquefois assez peu; et c'est ce qu'on appelle talent. Souvent ils ôtent de l'esprit à la pensée de celui qui a beaucoup d'esprit: et c'est la meilleure preuve de l'absence du talent pour les vers.

— La plupart des livres d'à présent ont l'air d'avoir été faits en un jour, avec des livres lus de la veille.

— Le bon goût, le tact et le bon ton, ont plus de rapport que n'affectent de le croire les gens de lettres. Le tact, c'est le bon goût appliqué au maintien et à la conduite; le bon ton, c'est le bon goût appliqué aux discours et à la conversation.

— C'est une remarque excellente d'Aristote, dans sa rhétorique, que toute métaphore, fondée sur l'analogie, doit être également juste dans le sens renversé. Ainsi, l'on a dit de la vieillesse qu'elle est l'hiver de la vie; renversez la métaphore et vous la trouverez également juste, en disant que l'hiver est la vieillesse de l'année.

— Pour être un grand homme dans les lettres, ou du moins opérer une révolution sensible, il faut, comme dans l'ordre politique, trouver tout préparé et naître à propos.

— Les grands seigneurs et les beaux-esprits, deux classes qui se recherchent mutuellement, veulent unir deux espèces d'hommes dont les uns font un peu plus de poussière et les autres un peu plus de bruit.

— Les gens de lettres aiment ceux qu'ils amusent, comme les voyageurs aiment ceux qu'ils étonnent.

— Qu'est-ce que c'est qu'un homme de lettres qui n'est pas rehaussé par son caractère, par le mérite de ses amis, et par un peu d'aisance? Si ce dernier avantage lui manque au point qu'il soit hors d'état de vivre convenablement dans la société où son mérite l'appelle, qu'a-t-il besoin du monde? Son seul parti n'est-il pas de se choisir une retraite où il puisse cultiver en paix son âme, son caractère et sa raison? Faut-il qu'il porte le poids de la société, sans recueillir un seul des avantages qu'elle procure aux autres classes de citoyens? Plus d'un homme de lettres, forcé de prendre ce parti, y a trouvé le bonheur qu'il eût cherché ailleurs vainement. C'est celui-là qui peut dire qu'en lui refusant tout, on lui a tout donné. Dans combien d'occasions ne peut-on pas répéter le mot de Thémistocle : « Hélas! nous périssions, si nous n'eussions péri ! »

— Ce qui fait le succès de quantité d'ouvrages, est le rapport qui se trouve entre la médiocrité des idées de l'auteur, et la médiocrité des idées du public.

— On dit et on répète, après avoir lu quelque ouvrage qui respire la vertu : C'est dommage que les auteurs ne se peignent pas dans leurs écrits, et qu'on ne puisse pas conclure d'un pareil ouvrage que l'auteur est ce qu'il paraît être. Il est vrai que beaucoup d'exemples autorisent cette pensée; mais j'ai remarqué qu'on fait souvent cette réflexion, pour se dispenser d'honorer les vertus dont on trouve l'image dans les écrits d'un honnête homme.

— Un auteur, homme de goût, est, parmi ce public blasé, ce qu'une jeune femme est au milieu d'un cercle de vieux libertins.

— Peu de philosophie mène à mépriser l'érudition; beaucoup de philosophie mène à l'estimer.

— Le travail du poète, et souvent de l'homme de lettres, lui est bien peu fructueux à lui même; et, de la part du public, il se trouve placé entre le *grand merci* et le *va te promener*. Sa fortune se réduit à jouir de lui-même et du temps.

— Le repos d'un écrivain qui a fait de bons ouvrages, est plus respecté du public que la fécondité active d'un auteur qui multiplie les ouvrages médiocres. C'est ainsi que le silence d'un homme connu pour bien parler, impose beaucoup plus que le bavardage d'un homme qui ne parle pas mal.

— A voir la composition de l'Académie française, on croirait qu'elle a pris pour devise ce vers de Lucrèce :

Certare ingenio, contendere nobilitate.

— L'honneur d'être de l'Académie française est

comme la croix de Saint-Louis, qu'on voit également aux soupés de Marly et dans les auberges à vingt-deux sous.

— L'Académie française est comme l'Opéra, qui se soutient par des choses étrangères à lui, les pensions qu'on exige pour lui des Opéras-Comiques de province, la permission d'aller du parterre aux foyers, etc. De même, l'Académie se soutient par tous les avantages qu'elle procure. Elle ressemble à la Cidalise de Gresset :

> Ayez-la, c'est d'abord ce que vous lui devez ;
> Et vous l'estimerez après, si vous pouvez.

— Il en est un peu des réputations littéraires, et surtout des réputations de théâtre, comme des fortunes qu'on faisait autrefois dans les îles. Il suffisait presque d'y passer, pour parvenir à une grande richesse ; mais ces grandes fortunes même ont nui à celles de la génération suivante : les terres épuisées n'ont plus rendu si abondamment.

— De nos jours, les succès de théâtre et de littérature ne sont guère que des ridicules.

— C'est la philosophie qui découvre les vertus utiles de la morale et de la politique ; c'est l'éloquence qui les rend populaires : c'est la poésie qui les rend pour ainsi dire proverbiales.

— Un sophiste éloquent, mais dénué de logique, est à un orateur philosophe ce qu'un faiseur de tours de passe-passe est à un mathématicien, ce que Pinetti est à Archimède.

— On n'est point un homme d'esprit pour avoir beaucoup d'idées, comme on n'est pas un bon général pour avoir beaucoup de soldats.

— On se fâche souvent contre les gens de lettres qui se retirent du monde ; on veut qu'ils prennent intérêt à la société, dont ils ne tirent presque point d'avantage ; on veut les forcer d'assister éternellement aux tirages d'une loterie où ils n'ont point de billet.

— Ce que j'admire dans les anciens philosophes, c'est le désir de conformer leurs mœurs à leurs écrits : c'est ce que l'on remarque dans Platon, Théophraste et plusieurs autres. La morale-pratique était si bien la partie essentielle de leur philosophie, que plusieurs furent mis à la tête des écoles, sans avoir rien écrit : tels que Xénocrate, Polémon, Xentippe, etc. Socrate, sans avoir donné un seul ouvrage et sans avoir étudié aucune autre science que la morale, n'en fut pas moins le premier philosophe de son siècle.

— Ce qu'on sait le mieux, c'est 1° ce qu'on a deviné ; 2° ce qu'on a appris par l'expérience des hommes et des choses ; 3° ce qu'on a appris, non dans des livres, mais par les livres, c'est-à-dire, par les réflexions qu'ils font faire ; 4° ce qu'on a appris dans les livres ou avec des maîtres.

— Les gens de lettres, surtout les poètes, sont comme les paons, à qui on jette mesquinement quelques graines dans leur loge, et qu'on en tire quelquefois pour les voir étaler leur queue ; tandis que les coqs, les poules, les canards et les dindons se promènent librement dans la basse-cour, et remplissent leur jabot tout à leur aise.

— Les succès produisent les succès, comme l'argent produit l'argent.

— Il a des livres que l'homme qui a le plus d'esprit ne saurait faire sans un carosse de remise, c'est-à-dire, sans aller consulter les hommes, les choses, les bibliothèques, les manuscrits, etc.

— Il est presque impossible qu'un philosophe, qu'un poète ne soient pas misantropes, 1° parce que leur goût et leur talent les portent à l'observation de la société, étude qui afflige constamment le cœur ; 2° parce que leur talent n'étant presque jamais récompensé par la société (heureux même s'il n'est pas puni !), ce sujet d'affliction ne fait que redoubler leur penchant à la mélancolie.

— Les mémoires que les gens en place ou les gens de lettres, même ceux qui ont passé pour les plus modestes, laissent pour servir à l'histoire de leur vie, trahissent leur vanité secrète, et rappellent l'histoire de ce saint qui avait laissé cent mille écus pour servir à sa canonisation.

— C'est un grand malheur de perdre, par notre caractère, les droits que nos talens nous donnent sur la société.

— C'est après l'âge des passions que les grands hommes ont produit leurs chef-d'œuvres : comme c'est après les éruptions des volcans que la terre est plus fertile.

— La vanité des gens du monde se sert habilement de la vanité des gens de lettres. Ceux-ci ont fait plus d'une réputation qui a mené à de grandes places. D'abord, de part et d'autre, ce n'est que du vent; mais les intrigans adroits enflent de ce vent les voiles de leur fortune.

— Les économistes sont des chirurgiens qui ont un excellent scapel et un bistouri ébréché, opérant à merveille sur le mort et martirysant le vif.

— Les gens de lettres sont rarement jaloux des réputations quelquefois exagérées qu'ont certains ouvrages de gens de la cour; ils regardent ces succès comme les honnêtes femmes regardent la fortune des filles.

— Le théâtre renforce les mœurs ou les change. Il faut de nécessité qu'il corrige le ridicule ou qu'il le propage. On l'a vu en France opérer tour à tour ces deux effets.

— Plusieurs gens de lettres croient aimer la gloire et n'aiment que la vanité. Ce sont deux choses bien différentes et même opposées; car l'une est une petite passion, l'autre en est une grande. Il y a, entre la vanité et la gloire, la différence qu'il y a entre un fat et un amant.

— La postérité ne considère les gens de lettres que par leurs ouvrages, et non par leurs places. *Plutôt ce qu'ils ont fait que ce qu'ils ont été*, semble être leur devise.

— Spéron-Spéroni explique très-bien comment un auteur qui s'énonce très-clairement pour lui-même, est quelquefois obscur pour son lecteur : « C'est, dit-il, que l'auteur va de la pensée à l'expression, et que le lecteur va de l'expression à la pensée. »

— Les ouvrages qu'un auteur fait avec plaisir, sont souvent les meilleurs; comme les enfans de l'amour sont les plus beaux.

— En fait de beaux-arts, et même en beaucoup d'autres choses, on ne sait bien que ce que l'on n'a point appris.

— Le peintre donne une âme à une figure, et le poète prête une figure à un sentiment et à une idée.

— Quand La Fontaine est mauvais, c'est qu'il est négligé; quand Lamothe l'est, c'est qu'il est recherché.

— La perfection d'une comédie de caractère consisterait à disposer l'intrigue, de façon que cette intrigue ne pût servir à aucune autre pièce. Peut-être n'y a-t-il au théâtre que celle du Tartuffe qui pût supporter cette épreuve.

— Il y aurait une manière plaisante de prouver qu'en France les philosophes sont les plus mauvais citoyens du monde. La preuve, la voici : C'est qu'ayant imprimé une grande quantité de vérités importantes dans l'ordre politique et économique, ayant donné plusieurs conseils utiles, consignés dans leurs livres, ces conseils ont été suivis par presque tous les souverains de l'Europe, presque partout, hors en France; dont il suit que la prospérité des étrangers augmentant leur puissance, tandis que la France reste aux mêmes termes, conserve ses abus, etc., elle finira par être dans l'état d'infériorité, relativement aux autres puissances ; et c'est évidemment la faute des philosophes. On sait, à ce sujet, la réponse du duc de Toscane à un Français, à propos des heureuses innovations faites par lui dans ses états : « Vous me louez trop à cet égard, disait-il; j'ai » pris toutes mes idées dans vos livres français. »

— J'ai vu à Anvers, dans une des principales églises, le tombeau du célèbre imprimeur Plantin, orné de tableaux superbes, ouvrages de Rubens, et consacrés à sa mémoire. Je me suis rappelé, à cette vue, que les Etienne (Henri et Robert) qui, par leur érudition grecque et latine, ont rendu les plus grands services aux lettres, traînèrent en France une vieillesse misérable; et que Charles Etienne, leur successeur, mourut à l'hôpital, après avoir contribué, presqu'autant qu'eux, aux progrès de la littérature. Je me suis rappelé qu'André Duchêne, qu'on peut regarder comme le père de l'histoire de France, fut chassé de Paris par la misère, et réduit à se réfugier dans une petite ferme qu'il avait en Champagne ; il se tua, en tombant du haut d'une charrette chargée de foin, à une hauteur immense. Adrien de Valois, créateur de l'histoire métallique, n'eut guère une meilleure destinée. Samson, le père de la géographie, allait, à soixante-dix ans, faire des leçons à pied pour vivre. Tout le monde sait la destinée des Duryer, Tristan, Maynard, et de tant d'autres. Corneille manquait de bouillon à sa dernière maladie. La Fontaine n'était guère mieux. Si Racine, Boileau, Molière et Quinault eurent un sort plus heureux, c'est que leurs talens étaient consacrés au roi plus particulièrement. L'abbé de Longuerue, qui rapporte et rapproche plusieurs de ces anecdoctes sur le triste sort des hommes de lettres illustres en France, ajoute : « C'est ainsi qu'on en a toujours usé dans ce misérable pays. » Cette liste si célèbre des gens de lettres que le roi voulait pensionner, et qui fut présentée à Colbert, était l'ouvrage de Chapelain, Perrault, Talmand, l'abbé Gallois, qui omirent ceux de leurs confrères qu'ils haïssaient ; tandis qu'ils y placèrent les noms de plusieurs savans étrangers, sachant très-bien que le roi et le ministre seraient plus flattés de se faire louer à quatre cents lieues de Paris.

CHAPITRE VIII.

De l'Esclavage et de la Liberté de la France, avant et depuis la Révolution.

On s'est beaucoup moqué de ceux qui parlaient, avec enthousiasme, de l'état sauvage en opposition à l'état social. Cependant, je voudrais savoir ce qu'on peut répondre à ces trois objections: Il est sans exemple que, chez les sauvages, on ait vu 1° un fou, 2° un suicide, 3° un sauvage qui ait voulu embrasser la vie sociale; tandis qu'un grand nombre d'Européens, tant au Cap que dans les deux Amériques, après avoir vécu chez les sauvages, se trouvant ramenés chez leurs compatriotes, sont retournés dans les bois. Qu'on réplique à cela sans verbiage, sans sophisme.

— Le malheur de l'humanité, considérée dans l'état social, c'est que, quoiqu'en morale et en politique, on puisse donner comme définition que *le mal est ce qui nuit*; on ne peut pas dire que *le bien est ce qui sert*; car ce qui sert un moment, peut nuire long-temps ou toujours.

— Lorsque l'on considère que le produit du travail et des lumières de trente ou quarante siècles a été de livrer trois cents millions d'hommes répandus sur le globe à une trentaine de despotes, la plupart ignorans et imbéciles, dont chacun est gouverné par trois ou quatre scélérats; quelquefois stupides, que penser de l'humanité, et qu'attendre d'elle à l'avenir?

— Presque toute l'histoire n'est qu'une suite d'horreurs. Si les tyrans la détestent tandis qu'ils vivent, il semble que leurs successeurs souffrent qu'on transmette à la postérité les crimes de leurs devanciers, pour faire diversion à l'horreur qu'ils inspirent eux-mêmes. En effet, il ne reste guère, pour consoler les peuples, que de leur apprendre que leurs ancêtres ont été aussi malheureux, ou plus malheureux.

— Le caractère naturel du Français est composé des qualités du singe et du chien couchant. Drôle et gambadant comme le singe, et dans le fond, très-malfaisant comme lui, il est, comme le chien de chasse, né bas, caressant, léchant son maître qui le frappe, se laissant mettre à la chaîne, puis bondissant de joie quand on le délivre pour aller à la chasse.

— Autrefois, le trésor royal s'appelait l'*Épargne*. On a rougi de ce nom, qui semblait une contre-vérité, depuis qu'on a prodigué les trésors de l'état : et on l'a tout simplement appelé le *trésor royal*.

— Le titre le plus respectable de la noblesse française, c'est de descendre immédiatement de quelques-uns de ces trente mille hommes casqués, cuirassés, brassardés, cuissardés, qui, sur de grands chevaux bardés de fer, foulaient aux pieds huit ou neuf millions d'hommes nus, qui sont les ancêtres de la nation actuelle. Voilà un droit bien avéré à l'amour et au respect de leurs descendans ! Et, pour achever de rendre cette noblesse respectable, elle se recrute et se régénère par l'adoption de ces hommes, qui ont accru leur fortune en dépouillant la cabane du pauvre, hors d'état de payer les impositions. Misérables institutions humaines qui, faites pour inspirer le mépris et l'horreur, exigent qu'on les respecte et qu'on les révère !

— La nécessité d'être gentilhomme pour être capitaine de vaisseau, est tout aussi raisonnable que celle d'être secrétaire du roi pour être matelot ou mousse.

— Cette impossibilité d'arriver aux grandes places, à moins que d'être gentilhomme, est une des absurdités les plus funestes dans presque tous les pays. Il me semble voir des ânes défendre les carrousels et les tournois aux chevaux.

— La nature, pour faire un homme vertueux ou un homme de génie, ne va pas consulter Cherin.

— Qu'importe qu'il y ait sur le trône un Tibère ou un Titus, s'il a des Séjan pour ministres ?

— Si un historien, tel que Tacite, eût écrit l'histoire de nos meilleurs rois, en faisant un relevé exact de tous les actes tyranniques, de tous les abus d'autorité, dont la plupart sont ensevelis dans l'obscurité la plus profonde ; il y a peu de règnes qui ne nous inspirassent la même horreur que celui de Tibère.

— On peut dire qu'il n'y eut plus de gouvernement civil à Rome après la mort de Tiberius Gracchus ; et Scipion Nasica, en partant du sénat pour employer la violence contre le tribun, apprit aux Romains que la force seule donnerait des lois dans le *forum*. Ce fut lui qui avait révélé, avant Sylla, ce mystère funeste.

— Ce qui fait l'intérêt secret qui attache si fort à la lecture de Tacite, c'est le contraste continuel et toujours nouveau de l'ancienne liberté républicaine avec les vils esclaves que peint l'auteur ; c'est la comparaison des anciens Scaurus, Scipion, etc., avec les lâchetés de leurs descendans ; en un mot, ce qui contribue à l'effet de Tacite, c'est Tite-Live.

— Les rois et les prêtres, en proscrivant la doctrine du suicide, ont voulu assurer la durée de notre esclavage. Ils veulent nous tenir enfermés dans un cachot sans issue : semblables à ce scélérat, dans le Dante, qui fait murer la porte de la prison où était renfermé le malheureux Ugolin.

— On a fait des livres sur les intérêts des princes ; on parle d'étudier les intérêts des princes : quelqu'un a-t-il jamais parlé d'étudier les intérêts des peuples ?

— Il n'y a d'histoire digne d'attention, que celle des peuples libres : l'histoire des peuples soumis au despotisme n'est qu'un recueil d'anecdotes.

— La vraie Turquie d'Europe, c'était la France. On trouve dans vingt écrivains anglais : *Les pays despotiques, tels que la France et la Turquie.*

— Les ministres ne sont que des gens d'affaires, et ne sont si importans que parce que la terre du gentilhomme, leur maître, est très-considérable.

— Un ministre, en faisant faire à ses maîtres des fautes et des sottises nuisibles au public, ne fait souvent que s'affermir dans sa place : on dirait qu'il se lie davantage avec eux par les liens de cette espèce de complicité.

— Pourquoi arrive-t-il qu'en France un ministre reste placé, après cent mauvaises opérations ? et pourquoi est-il chassé pour la seule bonne qu'il ait faite ?

— Croirait-on que le despotisme a des partisans, sous le rapport de la nécessité d'encouragement pour les beaux-arts ? On ne saurait croire combien l'éclat du siècle de Louis XIV a multiplié le nombre de ceux qui pensent ainsi. Selon eux, le dernier terme de toute société humaine est d'avoir de belles tragédies, de belles comédies, etc. Ce sont des gens qui pardonnent à tout le mal qu'ont fait les prêtres, en considérant que, sans les prêtres, nous n'aurions pas la comédie du *Tartuffe*.

— En France, le mérite et la réputation ne donnent pas plus de droit aux places, que le chapeau de rosière ne donne à une villageoise le droit d'être présentée à la cour.

— La France, pays où il est souvent utile de montrer ses vices, et toujours dangereux de montrer ses vertus.

— Paris, singulier pays, où il faut trente sous pour dîner, quatre francs pour prendre l'air, cent louis pour le superflu dans le nécessaire, et quatre cents louis pour n'avoir que le nécessaire dans le superflu.

— Paris, ville d'amusemens, de plaisirs, etc.,

où les quatre-cinquièmes des habitans meurent de chagrin.

— On pourrait appliquer à la ville de Paris les propres termes de Sainte-Thérèse, pour définir l'enfer : « L'endroit où il pue et où l'on n'aime point. »

— C'est une chose remarquable que la multitude des étiquettes dans une nation aussi vive et aussi gaie que la nôtre. On peut s'étonner aussi de l'esprit pédantesque et de la gravité des corps et des compagnies; il semble que le législateur ait cherché à mettre un contre-poids qui arrêtât la légèreté du Français.

— C'est une chose avérée qu'au moment où M. de Guibert fut nommé gouverneur des Invalides, il se trouva aux Invalides six cents prétendus soldats qui n'étaient point blessés, et qui, presque tous, n'avaient jamais assisté à aucun siége, à aucune bataille; mais qui, en récompense, avaient été cochers ou laquais de grands seigneurs ou de gens en place. Quel texte et quelle matière à réflexions !

— En France, on laisse en repos ceux qui mettent le feu, et on persécute ceux qui sonnent le tocsin.

— Presque toutes les femmes, soit de Versailles, soit de Paris, quand ces dernières sont d'un état un peu considérable, ne sont autre chose que des bourgeoises de qualité, des madame Naquart, présentées ou non présentées.

— En France, il n'y a plus de public ni de nation, par la raison que de la charpie n'est pas du linge.

— Le public est gouverné comme il raisonne. Son droit est de dire des sottises, comme celui des ministres est d'en faire.

— Quand il se fait quelque sottise publique, je songe à un petit nombre d'étrangers qui peuvent se trouver à Paris ; et je suis prêt à m'affliger, car j'aime toujours ma patrie.

— Les Anglais sont le seul peuple qui ait trouvé le moyen de limiter la puissance d'un homme dont la figure est sur un petit écu.

— Comment se fait-il que, sous le despotisme le plus affreux on puisse se résoudre à se reproduire? C'est que la nature a ses lois plus douces mais plus impérieuses que celles des tyrans; c'est que l'enfant sourit à sa mère sous Domitien comme sous Titus.

— Un philosophe disait : « Je ne sais pas comment un Français qui a été une fois dans l'antichambre du roi, ou dans l'œil-de-bœuf, peut dire de qui que ce puisse être : « C'est un grand » seigneur. »

— Les flatteurs des princes ont dit que la chasse était une image de la guerre; et en effet, les paysans dont elle vient de ravager les champs, doivent trouver qu'elle la représente assez bien.

— Il est malheureux pour les hommes, heureux peut-être pour les tyrans, que les pauvres, les malheureux, n'aient pas l'instinct ou la fierté de l'éléphant, qui ne se reproduit point dans la servitude.

— Dans la lutte éternelle que la société amène entre le pauvre et le riche, le noble et le plébéien, l'homme accrédité et l'homme inconnu, il y a deux observations à faire. La première est que leurs actions, leurs discours sont évalués à des mesures différentes, à des poids différens, l'une d'une livre, l'autre de dix ou de cent, disproportion convenue, et dont on part comme d'une chose arrêtée : et cela même est horrible. Cette acception de personnes, autorisée par la loi et par l'usage, est un des vices énormes de la société, qui suffirait seul pour expliquer tous ses vices. L'autre observation est qu'en partant même de cette inégalité, il se fait ensuite une autre malversation ; c'est qu'on diminue la livre du pauvre, du plébéien, qu'on la réduit à un quart ; tandis qu'on porte à cent livres les dix livres du riche ou du noble, à mille ses cent livres, etc. C'est l'effet naturel et nécessaire de leur position respective : le pauvre et le plébéien ayant pour envieux tous leurs égaux ; et le riche, le noble, ayant pour appuis et pour complices le petit nombre des siens qui le secondent pour partager ses avantages et en obtenir de pareils.

— Qu'est-ce que c'est qu'un cardinal ? C'est un prêtre habillé de rouge, qui a cent mille écus du roi, pour se moquer de lui au nom du pape.

— C'est une vérité incontestable qu'il y a en France sept millions d'hommes qui demandent l'aumône, et douze millions hors d'état de la leur faire.

— La noblesse, disent les nobles, est un intermédiaire entre le roi et le peuple... Oui, comme le chien de chasse est un intermédiaire entre le chasseur et les lièvres.

— La plupart des institutions sociales paraissent avoir pour objet de maintenir l'homme dans une médiocrité d'idées et de sentimens, qui le rendent plus propre à gouverner ou à être gouverné.

— Un citoyen de Virginie, possesseur de cinquante acres de terres fertiles, paie quarante-deux sous de notre monnaie pour jouir en paix, sous des lois justes et douces, de la protection du gouvernement, de la sûreté de sa personne et de sa propriété, de la liberté civile et religieuse, du droit de voter aux élections, d'être membre du congrès, et par conséquent législateur, etc. Tel paysan français, de l'Auvergne ou du Limousin, est écrasé de tailles, de vingtièmes, de corvées de toute espèce, pour être insulté par le caprice d'un subdélégué, emprisonné arbitrairement, etc., et transmettre à une famille dépouillée cet héritage d'infortune et d'avilissement.

— L'Amérique septentrionale est l'endroit de l'univers où les droits de l'homme sont le mieux connus. Les Américains sont les dignes descendans de ces fameux républicains qui se sont expatriés pour fuir la tyrannie. C'est là que se sont formés des hommes dignes de combattre et de vaincre les Anglais mêmes, à l'époque où ceux-ci avaient recouvré leur liberté, et étaient parvenus à se former le plus beau gouvernement qui fut jamais. La révolution de l'Amérique sera utile à l'Angleterre même, en la forçant à faire un examen nouveau de sa constitution, et à en bannir les abus. Qu'arrivera-t-il? Les Anglais, chassés du continent de l'Amérique septentrionale, se jetteront sur les îles et sur les possessions françaises et espagnoles, leur donneront leur gouvernement, qui est fondé sur l'amour naturel que les hommes ont pour la liberté, et qui augmente cet amour même. Il se formera, dans ces îles espagnoles et françaises, et surtout dans le continent de l'Amérique espagnole, alors devenue anglaise, il se formera de nouvelles constitutions dont la liberté sera le principe et la base. Ainsi les Anglais auront la gloire unique d'avoir formé presque les seuls des peuples libres de l'univers, les seuls, à proprement parler, dignes du nom d'hommes, puisqu'ils seront les seuls qui aient su connaître et conserver les droits des hommes. Mais combien d'années ne faut-il pas pour opérer cette révolution? Il faut avoir purgé de Français et d'Espagnols ces terres immenses où il ne pourrait se former que des esclaves, y avoir transplanté des Anglais pour y porter les premiers germes de la liberté. Ces germes se développeront, et, produisant des fruits nouveaux, opéreront la révolution qui chassera les Anglais eux-mêmes des deux Amériques et de toutes les îles.

— L'Anglais respecte la loi, et repousse ou méprise l'autorité. Le Français, au contraire, respecte l'autorité et méprise la loi. Il faut lui enseigner à faire le contraire; et peut-être la chose est-elle impossible, vu l'ignorance dans laquelle on tient la nation; ignorance qu'il ne faut pas contester, en jugeant d'après les lumières répandues dans les capitales.

— Moi, tout; le reste, rien : voilà le despotisme, l'aristocratie et leurs partisans. Moi, c'est un autre; un autre, c'est moi : voilà le régime populaire et ses partisans. Après cela, décidez.

— Tout ce qui sort de la classe du peuple, s'arme contre lui pour l'opprimer, depuis le milicien, le négociant devenu secrétaire du roi, le prédicateur sorti d'un village pour prêcher la soumission au pouvoir arbitraire, l'historiographe fils d'un bourgeois, etc. Ce sont les soldats de Cadmus. les premiers armés se tournent contre leurs frères, et se précipitent sur eux.

— On gouverne les hommes avec la tête : on ne joue pas aux échecs avec un bon cœur.

— Semblable aux animaux qui ne peuvent respirer l'air à une certaine hauteur sans périr, l'esclave meurt dans l'atmosphère de la liberté.

— Il faut recommencer la société humaine,

comme Bacon disait qu'il faut recommencer l'entendement humain.

— Diminuez les maux du peuple, vous diminuez sa férocité ; comme vous guérissez ses maladies avec du bouillon.

— J'observe que les hommes les plus extraordinaires et qui ont fait des révolutions, lesquelles semblent être le produit de leur seul génie, ont été secondés par les circonstances les plus favorables, et par l'esprit de leur temps. On sait toutes les tentatives faites avant le grand voyage de Vasco de Gama aux Indes occidentales. On n'ignore pas que plusieurs navigateurs étaient persuadés qu'il y avait de grandes îles, et sans doute un continent à l'ouest, avant que Colomb l'eût découvert; et il avait lui-même entre les mains les papiers d'un célèbre pilote avec qui il avait été en liaison. Philippe avait tout préparé pour la guerre de Perse, avant sa mort. Plusieurs sectes d'hérétiques, déchaînées contre les abus de la communion romaine, précédèrent Luther et Calvin, et même Vicleff.

— On croit communément que Pierre-le-Grand se réveilla un jour avec l'idée de tout créer en Russie ; M. de Voltaire avoue lui-même que son père Alexis forma le dessein d'y transporter les arts. Il y a, dans tout, une maturité qu'il faut attendre. Heureux l'homme qui arrive dans le moment de cette maturité !

— Les pauvres sont les nègres de l'Europe.

— L'Assemblée nationale de 1789 a donné au peuple français une constitution plus forte que lui. Il faut qu'elle se hâte d'élever la nation à cette hauteur, par une bonne éducation publique. Les législateurs doivent faire comme ces médecins habiles qui, traitant un malade épuisé, font passer les restaurans à l'aide des stomachiques.

— En voyant le grand nombre des députés à l'Assemblée nationale de 1789, et tous les préjugés dont la plupart étaient remplis, on eût dit qu'ils ne les avaient détruits que pour les prendre, comme ces gens qui abattent un édifice pour s'approprier les décombres.

— Une des raisons pour lesquelles les corps et les assemblées ne peuvent guère faire autre chose que des sottises, c'est que, dans une délibération publique, la meilleure chose qu'il y ait à dire pour ou contre l'affaire ou la personne dont il s'agit, ne peut presque jamais se dire tout haut, sans de grands dangers ou d'extrêmes inconvéniens.

— Dans l'instant où Dieu créa le monde, le mouvement du cahos dut faire trouver le cahos plus désordonné que lorsqu'il reposait dans un désordre paisible. C'est ainsi que, chez nous, l'embarras d'une société qui se réorganise, doit paraître l'excès du désordre.

— Les courtisans et ceux qui vivaient des abus monstrueux qui écrasaient la France, sont sans cesse à dire qu'on pouvait réformer les abus, sans détruire comme on a détruit. Ils auraient bien voulu qu'on nétoyât l'étable d'Augias avec un plumeau.

— Dans l'ancien régime, un philosophe écrivait des vérités hardies. Un de ces hommes que la naissance ou des circonstances favorables appelaient aux places, lisait ces vérités, les affaiblissait, les modifiait, en prenait un vingtième, passait pour un homme inquiétant, mais pour homme d'esprit. Il tempérait son zèle et parvenait à tout ; le philosophe était mis à la Bastille. Dans le régime nouveau, c'est le philosophe qui parvient à tout : ses idées lui servent, non plus à se faire enfermer, non plus à déboucher l'esprit d'un sot, à le placer, mais à parvenir lui-même aux places. Jugez comme la foule de ceux qu'il écarte peuvent s'accoutumer à ce nouvel ordre de choses !

— N'est-il pas trop plaisant de voir le marquis de Bièvre (petit fils du chirurgien Maréchal), se croire obligé de fuir en Angleterre, ainsi que M. de Luxembourg et les grands aristocrates, fugitifs après la catastrophe du 14 juillet 1789 ?

— Les théologiens, toujours fidèles au projet d'aveugler les hommes ; les suppôts des gouvernemens, toujours fidèles à celui de les opprimer, supposent gratuitement que la grande majorité des hommes est condamnée à la stupidité qu'entraînent les travaux purement mécaniques ou manuels ; ils supposent que les artisans ne peuvent s'élever aux connaissances nécessaires pour faire valoir les droits d'hommes et de citoyens. Ne dirait-on pas que ces connaissances sont bien compliquées? Supposons qu'on eût employé, pour éclairer les dernières classes, le quart du temps et des soins qu'on a mis à les abrutir ; supposons qu'au lieu de mettre dans leurs mains un catéchisme de métaphysique absurde et inintelligible, on en eût fait un qui eût contenu les premiers principes des droits des hommes et de leurs devoirs fondés sur leurs droits, on serait étonné du terme où ils seraient parvenus en suivant cette route, tracée dans un bon ouvrage élémentaire. Supposez qu'au lieu de leur prêcher cette doctrine de patience, de souffrance, d'abnégation de soi-même et d'avilissement, si commode aux usurpateurs, on leur eût prêché celle de connaître leurs droits et le devoir de les défendre, on eût vu que la nature, qui a formé les hommes pour la société, leur a donné tout le bon sens nécessaire pour former une société raisonnable.

OBSERVATIONS

SUR LA PROCLAMATION DES LIEUTENANS, GOUVERNEURS ET CAPITAINES GÉNÉRAUX DES PAYS-BAS, EN 1792.

Si quelque chose peut prouver à quel point les gouvernemens sont condamnés à rester en arrière des nations, c'est le genre des principes et des idées que celui des Pays-Bas ose reproduire dans cette étrange pièce. On n'est nullement surpris d'y trouver les assertions les plus fausses, les imputations les plus calomnieuses, la dénégation des faits les plus notoires, tels que la protection ou la tolérance accordée aux rassemblemens hostiles des émigrés français, l'impunité des attentats commis contre les habitans ou voyageurs français attachés à la cause nationale, ou seulement soupçonnés de l'être, etc. Cette hardiesse à nier des faits connus de toute l'Europe, n'est pas nouvelle en politique : aussi ne sera-t-elle particulièrement remarquée que par les Brabançons, témoins oculaires des faits contradictoires à ceux qu'on avance dans cet écrit.

Ce qui étonnera un plus grand nombre de lecteurs, c'est la candeur avec laquelle le despotisme y fait sa profession de foi, et présente ses anciens dogmes dans toute leur simplicité primitive, sans restriction, sans modification, comme il l'eût fait il y a trente ans; le nom de *Dieu* consacrant tous les abus des gouvernemens gothiques ; la perpétuité, l'éternité des institutions les plus absurdes, érigées en principes immortels, sous le nom de respect dû aux lois fondamentales; la nullité des droits des hommes *qui ont renoncé tacitement à ces droits* pour vivre en société, sous le despotisme qui s'en est emparé authentiquement, et qui ne renonce à rien : ce sont-là les idées qu'on présente comme des principes incontestables aux Brabançons et à l'Europe, vers la fin du dix-huitième siècle.

Il est probable que, si Léopold eût vécu, la proclamation eût été conçue d'une manière plus appropriée aux circonstances. Il eût pu, dans sa qualité de despote, dire beaucoup de mal de la liberté, en faisant une peinture exagérée des désordres momentanés qu'elle entraîne, dans un pays qui passe violemment d'un régime à un régime contraire. Il eût pu appeler la nation légalement représentée, et l'immense majorité des Français, une poignée de factieux, même de jacobins ; la noblesse française, les différentes espèces d'aristocraties, qu'il appelait la partie saine et principale de la nation, il pouvait les rehausser encore ; et, par une promotion nouvelle, les qualifier de classes les *plus révérées,* comme fait la proclamation : mais il se fût bien gardé de parler *des obligations que, sous tous les rapports, la société française avait à ces classes révérées.* Il eût craint de rappeler aux Français que leurs obligations envers ces classes se bornaient au souvenir d'en avoir été opprimés pendant plusieurs siècles, et d'avoir, grâces à elles, gémi, sans droits civils ni politiques, sous le poids de toutes les servitudes féodales, sacerdotales, etc.

Léopold n'eût parlé non plus qu'avec réserve des moines, des prêtres, de leurs biens devenus nationaux. Il eût craint de rappeler au souvenir des Belges la conduite de Marie-Thérèse à cet égard, et surtout celle de Joseph II, qui chassa prêtres et moines de leurs églises, de leurs couvens; et, les réduisant à des pensions beaucoup moindres que les pensions allouées aux prêtres français, s'empara de leurs propriétés, de leurs revenus, pour en mettre le produit dans une prétendue caisse de religion, c'est-à-dire, dans sa caisse particulière. Quant à la suppression du costume des moines et à l'attentat qui les prive de leurs capuchons, cet article est très-bien traité dans la proclamation actuelle ; c'est ce qu'il y a de mieux, vu qu'il peut faire effet sur une nombreuse classe de Belges dévots à Sainte-Gudule : s'il est ainsi, Léopold même aurait pu ne pas négliger ce texte. Ce sont là de ces considérations auxquelles la politique moderne ne manque jamais de déférer.

Il est encore un point sur lequel il faut rendre justice à la proclamation, et qui prouve que, malgré soi, on se rapproche toujours un peu de la philosophie de son siècle : c'est que le gouvernement y raisonne avec le peuple, ou du moins, essaie de raisonner. Il s'efforce de prémunir les Brabançons contre cette fantaisie française, *cette égalité chimérique, nulle dans le fait, et détruite, dans l'instant même où elle pourrait exister, par cette variété dont le Créateur imprime le caractère aux hommes, dès le moment de leur naissance, en les partageant inégalement en facultés morales, industrie, patience,* etc. De cette inégalité naturelle et nécessaire (qui, dans l'état de nature, ne peut que produire les violences et les injustices dont la répression est le but de toute société politique), le philosophe, auteur de la proclamation, infère qu'il faut reporter et maintenir dans la société ce bienfait de la nature, cette inégalité précieuse ; et c'est à quoi sont merveilleusement propres les priviléges tyranniques, les avantages et les honneurs exclusifs affectés à de certaines classes ; sans compter les autres bons effets qu'elles produisent, comme le savent très-bien tous les privilégiés. Voilà comment le gouvernement raisonne avec le peuple brabançon.

Tout cela peut n'être que ridicule ; mais ce qui est affligeant pour l'humanité entière, c'est que, après la lecture de cette proclamation, il ne reste plus guère de doute sur la ligue des despotes contre la liberté. Il paraît certain qu'appelés à choisir entre *les gentilshommes* et *les hommes*, les princes ont pris parti contre les hommes. C'est donc la cause de tous ceux qui ne s'honorent ou ne daignent s'honorer que de ce dernier nom. Cette guerre est la discussion du plus grand procès qui ait jamais intéressé l'humanité; c'est le combat de la raison contre tous les préjugés, de toutes les passions généreuses contre les passions basses, de l'enthousiasme pour la liberté contre le fanatisme servile de l'orgueil et de la superstition. Du sort de cette guerre, dépend le progrès rapide ou la marche rétrograde de la civilisation. Les annales d'aucun peuple connu n'ont ouvert une pareille perspective. Français, votre nom est tracé aux premières pages de cette histoire du genre humain qui se renouvelle : c'est à vous de soutenir et d'étendre cette gloire. Placés presque au milieu de l'Europe, c'est chez vous que s'est élevé ce fanal, comme pour répandre sa lumière dans une plus grande circonférence. Vous combattrez, vous mourrez plutôt que de le laisser éteindre. Le serment que vous avez fait à votre constitution, assure le bonheur de la postérité, non chez vous seulement, mais dans les pays même d'où les despotes enlèvent maintenant les esclaves aveugles et armés qu'ils soudoient pour vous combattre.

On pourrait ajouter que ces soldats sont soudoyés aussi pour tuer les bourgeois et paysans brabançons : témoins la seconde proclamation publiée par le général Bender, d'après laquelle il paraît que le sabre et la bayonnette seront revêtus du pouvoir judiciaire aux Pays-Bas pendant toute la guerre. On y déclare qu'on est en état de détacher de l'armée des corps suffisans *contre les mal-intentionnés, villes, bourgs et villages.* Peut-on dire plus clairement qu'on est en guerre ouverte avec le peuple? C'est poser la question, comme l'eussent posée ceux qu'on appelle, à Bruxelles, des factieux, des jacobins. A cela près, la proclamation du général Bender peut avoir son utilité : combien de temps? c'est ce qu'il faudra voir.

FIN DU PREMIER VOLUME.

TABLE DES MATIÈRES

CONTENUES DANS LE PREMIER VOLUME.

pages.

Notice historique sur la vie et les ouvrages de Chamfort. . . . . j

OEUVRES DE CHAMFORT.

Éloge de Molière ; Discours qui a remporté le prix de l'Académie française, en 1769. 1

Éloge de La Fontaine ; Discours qui a remporté le prix de l'Académie de Marseille, en 1774. . 33

Notes sur les Fables de La Fontaine.

Liv. I. 77
— II. 85
— III. 90
— IV. 95
— V. 102
— VI. 108
— VII. 117
— VIII. 131
— IX. 143
— X. 154
— XI. 169
— XII. 179
Conclusion. 198

TABLE DES MATIÈRES.

pages.

DISCOURS SUR L'INFLUENCE DES GRANDS ÉCRIVAINS, qui a remporté le prix à l'Académie de Marseille, en 1767. 199

DISCOURS DE RÉCEPTION DE CHAMFORT A L'ACADÉMIE FRANÇAISE (1781). 221

DES ACADÉMIES (Ouvrage que Mirabeau devait lire à l'Assemblée nationale, sous le nom de *Rapport sur les Académies* (1791). 254

DISSERTATION SUR L'IMITATION DE LA NATURE, relativement aux caractères dans les ouvrages dramatiques. 286

DIALOGUE ENTRE St-RÉAL, SÉNÈQUE, JULIEN ET LOUIS-LE-GRAND. 305

QUESTION. — Si, dans une société, un homme doit ou peut laisser prendre sur lui ces droits qui souvent humilient l'amour-propre? 317

PETITS DIALOGUES PHILOSOPHIQUES. 319

QUESTION. — RÉPONSE. 334

MAXIMES ET PENSÉES.

CHAP. Ier. — Maximes générales. 337
— II. — Suite des Maximes générales. 357
— III. — De la Société, des Grands, des Riches et des Gens du Monde. 373
— IV. — Du goût pour la retraite ; et de la dignité du caractère. . . . 395
— V. — Pensées morales. 401
— VI. — Des Femmes, de l'Amour, du Mariage et de la Galanterie. 411

TABLE DES MATIÈRES.

pages.

Chap. VII. — Des Savans et des Gens de Lettres............ 422
— VIII. — De l'Esclavage et de la Liberté en France, avant et depuis la Révolution............ 434

Observations sur la proclamation des lieutenans, gouverneurs et capitaines généraux des Pays-Bas, en 1792.................. 450

FIN DE LA TABLE DES MATIÈRES DU PREMIER VOLUME.

www.ingramcontent.com/pod-product-compliance
Lightning Source LLC
Chambersburg PA
CBHW072109220426
43664CB00013B/2052